汽修工案头必备书系

汽车维修基础：认知·拆装·检测

主　编：肖新兴　李英海

参　编：潘婷婷　江利财　刘泽辉　罗健章　韩景顺

机械工业出版社

本书分3个模块，共含10章。3个模块所讲述的主要内容如下。

模块一，汽车维修标准与常用工量具：主要介绍了汽车维修的技术要求和安全规则、燃油汽车和新能源汽车维修常用工具及量具的使用，阐述了汽车一线维修技术要求和安全规则以及常用工量具的使用方法。

模块二，汽车机械系统：涵盖了燃油汽车的发动机机械结构、柴油发动机燃油供给系统的组成、汽车手动/自动变速器、汽车底盘、汽车车身，从结构、工作原理、拆装方面进行编写。

模块三，汽车电气系统：包括汽车电气识图、汽车电路的组成和特点、汽车电路图识读、常见电气元件的检查方法。

本书采用了大量高清彩图配合讲解，配套有操作视频。

本书适用于汽车使用、维修、检测和管理等行业的有关人员学习参考，也可作为大专院校汽车相关专业师生的参考书。

图书在版编目（CIP）数据

汽车维修基础：认知·拆装·检测 / 肖新兴，李英海主编. — 北京：机械工业出版社，2023.4

（汽修工案头必备书系）

ISBN 978-7-111-73299-0

Ⅰ.①汽… Ⅱ.①肖…②李… Ⅲ.①汽车　车辆修理　Ⅳ.①U472.4

中国国家版本馆CIP数据核字（2023）第108115号

机械工业出版社（北京市百万庄大街22号　邮政编码100037）
策划编辑：邢　琛　　　　　　责任编辑：侯力文
责任校对：薄萌钰　陈　越　　　封面设计：马精明
责任印制：张　博
北京建宏印刷有限公司印刷
2023年9月第1版第1次印刷
184mm×260mm·20印张·491千字
标准书号：ISBN 978-7-111-73299-0
定价：118.00元

电话服务　　　　　　　　　网络服务
客服电话：010-88361066　　机　工　官　网：www.cmpbook.com
　　　　　010-88379833　　机　工　官　博：weibo.com/cmp1952
　　　　　010-68326294　　金　　书　　网：www.golden-book.com
封底无防伪标均为盗版　机工教育服务网：www.cmpedu.com

前言

近年来，我国汽车工业取得了惊人的发展。目前，我国生产的汽车质量可靠、技术先进、性能优良、外形美观、乘坐舒适、行驶安全，具有功率大、耗油低、污染小、寿命长、故障少、操作简单等特点，深受广大车主的青睐！

汽车在使用过程中难免会出现这样或那样的故障，为了帮助车主和修理人员及时、规范地进行维修，我们编写了本书。

本书主要针对汽油汽车、油电混合动力汽车、纯电动汽车。

从就业形势来看，不难预测，汽车维修领域的就业空间会越来越大。因此，汽修行业日益成为国内发展空间巨大的"朝阳行业"，越来越多的人希望从事汽车维修领域的相关工作。

然而，人力资源市场并没有及时解决强烈的市场需求问题。如何让初学者能够在短时间内掌握汽车维修的知识和技能，已成为目前汽车维修培训过程中面临的最大问题。

与其他的就业岗位不同，汽车维修领域的很多工作都需要一定程度的相关实践经验，需要从业人员不仅具备专业的理论知识，同时还要知晓实践作业过程中的操作规范、掌握技能操作的要点，以及处理常见故障甚至是解决疑难故障的能力。因此，对于作为理论指导的汽车维修技能培训类图书而言，不单单要讲授专业知识，更要注重技能的培养和提高。

本书是一本适合汽车维修人员入门与提高的书籍，内容涉及汽车维修的方方面面，是汽车维修相关的从业者或专业院校师生的"充电宝"。全书分3个模块共10章介绍，以行业规范为依托，注重知识性、系统性、实操性的结合，力求以最直观的方式将最实用的内容呈现给读者。

本书由肖新兴、李英海主编，潘婷婷、江利财、刘泽辉、罗健章、韩景顺参与编写，并给本书提供了大量的真实案例。

由于编者水平有限，疏漏之处在所难免，敬请读者批评指正！

编者

资源说明页

本书附赠全套《汽车维修基础入门》讲解视频，内含 90 个微课视频，总时长 936 分钟。

获取方式：

1. 微信扫码（封底"刮刮卡"处），关注"天工讲堂"公众号。

2. 选择"我的"——"使用"，跳出"兑换码"输入页面。

3. 刮开封底处的"刮刮卡"获得"兑换码"。

4. 输入"兑换码"和"验证码"，点击"使用"。

通过以上步骤，您的微信账号即可免费观看全套课程！

首次兑换后，微信扫描本页的"课程空间码"即可直接跳转到课程空间。

《汽车维修基础入门》
课程空间码

目 录 CONTENTS

前言

模块一　汽车维修标准与常用工量具

第一章　汽车维修的技术要求和安全规则　/003

一、认识车辆识别代号　/004
二、燃油汽车维修的原则及分级　/010
三、燃油汽车维修技术要求　/018
四、燃油汽车岗位操作安全规则　/025

第二章　汽车维修常用工具及量具　/033

一、汽车维修常用的工具　/034
二、汽车维修常用的量具　/051

模块二　汽车机械系统

第三章　燃油汽车发动机的结构认知与检测　/065

一、发动机的基本类型　/066
二、发动机的总体构造　/067
三、汽油发动机的工作原理　/070
四、汽油发动机的结构认知、拆装及检测　/072
五、燃油汽车发动机电控系统的组成认知、拆装及检测　/142

第四章　柴油发动机燃油供给系统　/151

一、柴油发动机燃油供给系统的组成
与工作原理　/152
二、低压燃油供给系统的组成　/153
三、高压燃油供给系统的组成　/153
四、柴油发动机燃油供给系统的拆装　/153

第五章　汽车变速器的结构认知、拆装及检测　/161

一、汽车变速器的主要类型　/162
二、手动变速器的结构认知、
拆装及检测　/164
三、自动变速器的结构认知、拆装　/174
四、双离合器变速器的结构
认知、拆装　/184
五、无级变速器的结构认知、拆装　/199

第六章　汽车底盘结构认知、拆装　/209

一、传动系统的结构认知、拆装　/210
二、行驶系统的结构认知、拆装　/217
三、转向系统的结构认知、拆装　/224
四、制动系统的结构认知、拆装　/228

第七章　汽车车身结构认知、拆装　/235

一、车身分类　/236
二、中央控制门锁系统的结构
认知、拆装　/237
三、车窗升降器的结构认知、拆装　/241
四、座椅的结构认知、拆装　/243
五、后视镜的结构认知、拆装　/245
六、刮水器的结构认知、拆装　/246

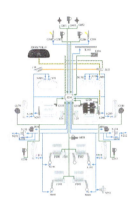

模块三 汽车电气系统

第八章 汽车电气识图基础 /251

一、常用元器件及电气符号的认知 /252
二、电路图的主要类型及认知 /271

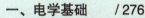

第九章 汽车电路基础 /275

一、电学基础 /276
二、汽车电路的组成与特点 /279
三、汽车电路的常用接线方法 /281
四、汽车控制电路的分类 /284
五、汽车电路图识读 /287

第十章 汽车电路中主要电气元件的检查 /297

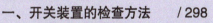

一、开关装置的检查方法 /298
二、电阻器的检查方法 /301
三、电容器的检查方法 /303
四、插接器的检查方法 /305
五、继电器的检查方法 /305
六、二极管和晶体管的检查方法 /306

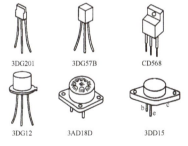

参考文献 /309

模块一

汽车维修标准与常用工量具

第一章
汽车维修的技术要求和安全规则

本章目录

一、认识车辆识别代号
二、燃油汽车维修的原则及分级
三、燃油汽车维修技术要求
四、燃油汽车岗位操作安全规则

一、认识车辆识别代号

1. 什么是车辆识别代号

车辆识别代号（Vehicle Identification Number，VIN）是指车辆生产企业为了识别某一辆车而为该车辆指定的一组字码，这个代号是由制造厂按照一定的规则，依据本厂的实际而指定的。车辆识别代号中含有车辆的制造厂家、生产年代、车型、车身型式、发动机以及其他装备的信息。

车辆识别代号经过排列组合，可以保证30年之内在世界范围内制造的所有车辆的车辆识别代号具有唯一性，因此又有人将其称为"汽车身份证"。相关管理部门利用这一特性，将其应用于各个方面的统计和计算机检索，对车辆进行科学的管理（图1-1-1）。

图1-1-1 车辆识别代号

2. 车辆识别代号的组成

车辆识别代号由三个部分共17位字码组成（图1-1-2）。第一部分是世界制造厂识别代号（World Manufacturer Identifier，WMI），由第1~3位共三位字码组成；第二部分是车辆特征代码（Vehicle Descriptor Section，VDS），由第4~9位共六位字码组成；第三部分是车辆指示部分（Vehicle Indicator Section，VIS），由第10~17位共八位字码组。

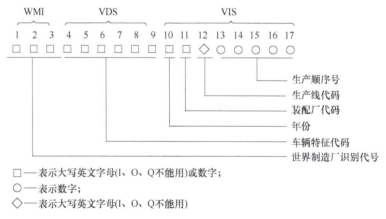

图1-1-2 车辆识别代号的组成

（1）世界制造厂识别代号（WMI）

车辆制造厂应向授权机构申请WMI，经批准、备案后方可在车辆上使用。进口车辆制造厂应向授权机构备案进口车辆产品使用的WMI。

第1位是由国际代理机构分配的、用以标明一个地理区域的字母或数字字码，根据预期的需求，可以为一个地理区域分配一个或多个字码。

第2位是由国际代理机构分配的、用以标明一个特定地理区域内的一个国家或地区的字母或数字字码，根据预期的需求，可以为一个国家或地区分配一个或多个字码。

通过第1位和第2位字码的组合使用可以确保对某个国家或地区的唯一识别。国际代理机构已经为每一个国家分配了第1位及第2位字码的组合，其中分配给中国的字码组合为 L0~L9、LA~LZ、H0~H9、HA~HZ。

第3位是由授权机构分配、用以标明特定车辆制造厂的字母或者数字字码。

通过第1位、第2位和第3位字码的组合使用可以确保对车辆制造厂的唯一识别。

（2）车辆特征代码（VDS）

VDS 由6位字码组成（即 VIN 的第4~9位）。如果车辆制造厂不使用其中的一位或几位字码，应在该位置填入车辆制造厂选定的字母或数字占位。

VDS 第1~5位（即 VIN 的第4~8位）应对车型特征进行描述，其代码及顺序由车辆制造厂决定。VDS 可从以下方面对车型特征进行描述：

① 车辆类型；
② 车辆结构特征（如车身类型、驾驶室类型、货箱类型、驱动类型、轴数及布置方式等）；
③ 车辆装置特征（如约束系统类型、发动机特征、变速器类型、悬架类型、制动型式等）；
④ 车辆技术特性参数（如车辆最大总质量、车辆长度、轴距、座位数等）。

VDS 的第6位（即 VIN 的第9位字码）为校验位。校验位可为"0~9"中任一数字或字母"X"，用以核对车辆识别代号记录的准确性。

（3）车辆指示部分（VIS）

VIS 由8位字码组成（即 VIN 的第10~17位）。

VIS 的第1位字码（即 VIN 的第10位）应代表年份，年份代码每30年循环一次。

VIS 的第2位字码（即 VIN 的第11位）应代表装配厂。

如果车辆制造厂生产的完整车辆和/或非完整车辆年产量≥500辆，则 VIS 的第3~8位字码（即 VIN 的第12~17位）用来表示生产线代码和生产顺序号。如果车辆制造厂生产的完整车辆和/或非完整车辆年产量<500辆，则此部分的第3~5位字码（即 VIN 的第12~14位）应与第一部分（WMI）一同表示一个车辆制造厂，第6~8位字码（即 VIN 的第15~17位）用来表示生产顺序号。

3. 车辆识别代号的解读示例

以吉利 VIN 某车辆为例，进行车辆识别代号的解读。

车辆识别代号（VIN）标牌位于仪表板左上角，从车外透过前风窗玻璃可以看到，如图 1-1-3 所示。每一位数字代表的含义，见表 1-1-1。

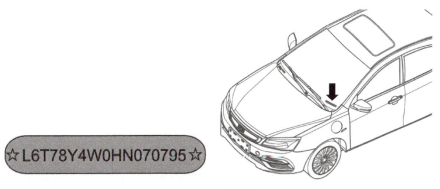

图 1-1-3　吉利某车辆 VIN

表 1-1-1　每一位数字代表的含义

位置	定义	字符	说明
1~3	世界制造厂识别代号	L6T	浙江吉利汽车有限公司
4	车辆类型代码	7	乘用车
5	车辆长度代码	8	车长大于 4.6~4.8m
6	发动机类型代码	Y	发动机峰值功率大于 30kW
7	车身类型代码	4	三厢/四门
8	驱动方式代码	W	前驱动
		—	后驱动
9	校验位	0	VIN 校验位
10	年份代码	H	2017
11	装配厂代码	N	吉利汽车有限公司
12~17	生产顺序号	070795	生产序列号

1）第 1~3 位为世界制造厂识别代码（图 1-1-4）。L6T 代表浙江吉利汽车有限公司。

2）第 4 位为车辆类型代码（图 1-1-5）。车辆类型代码按表 1-1-2 规定使用。

☆L6T78Y4W0HN070795☆

☆L6T78Y4W0HN070795☆

图 1-1-4　该车辆的世界制造厂识别代码 　　　图 1-1-5　该车辆的车辆类型代码

表 1-1-2　车辆类型代码

序号	车辆类型	轴距/m	代码
1		底盘（非完整车辆）	0
2		载货汽车	1
3		专用汽车	5
4		客车	6
5	乘用车	≤2.5m	7
6		>2.5~2.7m	8
7		>2.7m	9

3）第 5 位车辆长度代码（图 1-1-6）。车辆长度代码按表 1-1-3 规定使用。

☆L6T78Y4W0HN070795☆

图 1-1-6　该车辆的车辆长度代码

表 1-1-3　车辆长度代码

乘用车 / 客车			
车辆长度 /m	代码	车辆长度 /m	代码
≤3.5	0	>4.0~4.2	5
>3.5~3.6	1	>4.2~4.4	6
>3.6~3.7	2	>4.4~4.6	7
>3.7~3.8	3	>4.6~4.8	8
>3.8~4.0	4	>4.8	9

4）第 6 位为发动机类型代码（图 1-1-7）。发动机类型代码所代表的含义，如表 1-1-4 和表 1-1-5 所示。

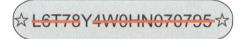

图 1-1-7　该车辆的发动机类型代码

表 1-1-4　发动机类型代码（一）

序号	发动机位置	燃料	发动机排量 /L	代码
1	前置	汽油	≤1	0
2			>1~1.3	1
3			>1.3~1.5	2
4			>1.5~1.7	3
5			>1.7~1.9	4
6			>1.9~2.1	5
7			>2.1	6
8		柴油	≤1.3	A
9			>1.3~2.5	B
10			>2.5	C
11	后置	汽油	≤1	L
12			>1~1.3	M
13			>1.3	N
14		柴油	≤1.3	T
15			>1.3~2.5	U
16			>2.5	V

表 1-1-5 发动机类型代码（二）

序号	动力源		说明	代码
1	油电混合动力		≤1.3	E
2			>1.3~3.0	F
3	双燃料	汽油/液化石油气（LPG）	≤1.3	5
4			>1.3~3.0	6
5		汽油/压缩天然气（CNG）	≤1.3	7
6			>1.3~3.0	8

序号	动力源	电动机峰值功率	代码
1	纯电动	≤10	P
2		>10~≤20	W
3		>20~≤30	X
4		>30	Y

5）第 7 位为车身类型代码（图 1-1-8）。车身类型代码所代表的含义，如表 1-1-6 和表 1-1-7 所示。

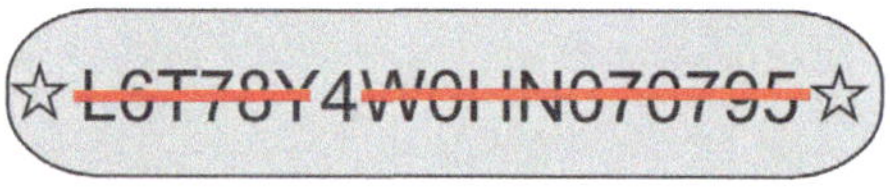

☆ LGT78Y4W0HN070795 ☆

图 1-1-8 该车辆的车身类型代码

表 1-1-6 车身类型代码（一）

序号	承载方式	车厢数/车门数	活顶	敞篷	代码
1	承载式	2厢/2门	-	-	1
2		2厢/5门	-	-	2
3		2厢半/4门	-	-	3
4		3厢/4门	-	-	4
5		2厢/2门	1	-	A
6		2厢/5门	1	-	B
7		2厢半/4门	1	-	C
8		3厢/4门	1	-	D
9		2厢/2门	-	1	R
10		2厢/5门	-	1	S
11		2厢半/4门	-	1	T
12		3厢/4门	-	1	U

（续）

序号	承载方式	车厢数/车门数	活顶	敞篷	代码
13	非承载式	2厢/2门	–	–	6
14		2厢/5门	–	–	7
15		2厢半/4门	–	–	8
16		3厢/4门	–	–	9
17		2厢/2门	1	–	F
18		2厢/5门	1	–	G
19		2厢半/4门	1	–	H
20		3厢/4门	1	–	J
21		2厢/2门	–	1	L
22		2厢/5门	–	1	M
23		2厢半/4门	–	1	N
24		3厢/4门	–	1	P

注：表中"1"表示是此种行式；"–"表示非此种型式。

表1-1-7　车身类型代码（二）

序号	驾驶室类型	车厢类型	说明
1	平头	栏板式	1
2		厢式	3
3	长头	栏板式	5
4		厢式	7

6）第8位为车辆驱动方式代码（图1-1-9）。车辆驱动方式代码按表1-1-8规定使用。

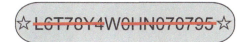

图1-1-9　该车辆的车辆驱动方式代码

表1-1-8　车辆驱动方式代码

序号	驾驶室类型	车厢类型	说明
1	前驱动	手动变速器	S
2		自动变速器	Z
3	后驱动	手动变速器	A
4		自动变速器	B
5	前驱动	无级变速器	W
6	后驱动	无级变速器	N

7）第 9 位为校验位（图 1-1-10）。车辆制造厂在确定 VIN 的其他十六位代码后，按照规定公式计算出来的值。校验位可能是 0~9 中任一数字或字母"X"，用于校验 VIN 的真实性，从而确保 VIN 的唯一性和有效性。

8）第 10 位为年份代码（图 1-1-11）。

图 1-1-10　该车辆的校验位 　　　　　图 1-1-11　该车辆的年份代码

9）第 11 位为装配厂代码（图 1-1-12）。

10）第 12~17 位为车辆生产顺序号（图 1-1-13）。

图 1-1-12　该车辆的装配厂代码 　　　图 1-1-13　该车辆的生产顺序号

4. VIN 的应用

1）车辆管理：登记注册、信息化管理的关键字。

2）车辆检测：年检和排放检测。

3）车辆防盗：识别车辆和零部件，建立盗抢数据库。

4）车辆维修：诊断、计算机匹配、配件订购、客户关系管理。

5）二手车交易：查询车辆历史信息。

6）汽车召回：查询车辆的年代、车型、批次和数量。

7）车辆保险：保险登记、理赔，浮动费率的信息查询。

二　燃油汽车维修的原则及分级

1. 燃油汽车维修的原则

坚持周期维护、视情修理（图 1-2-1）、定期检测和适时更新。

汽车维护的目的是保持车容整洁，及时发现和消除故障隐患，防止车辆早期损坏，从而达到下列要求：

1）车辆经常处于良好的技术状况，随时可以出车。

2）在合理使用的条件下，不致因中途损坏而停车，以及因机件事故而影响行车安全。

3）在运行过程中，降低燃润料以及配件和轮胎的消耗。

图 1-2-1　汽车维修

4)各总成的技术状况尽量保持均衡,以延长汽车大修行驶里程间隔。

5)减少车辆噪声和排放污染物对环境的污染。

车辆维护必须遵照规定的行驶里程或间隔时间,按期强制执行,即必须严格按规定周期进行维护作业,不应随意延长或提前进行作业。各级维护的作业项目和作业周期的规定,应根据车辆结构性能、使用条件、故障规律、配件质量以及经济效果等情况,综合考虑。随着运行条件的变化和新工艺、新技术的采用,维护项目和维护周期经公路运输管理机构同意后,可及时进行调整。

车辆维护作业主要包括清洁、检查、补给、润滑、紧固、调整等。因此,除主要总成发生故障,必须解体(拆开进行检查、测定、处理等)的情况外,车辆维护作业不得对总成进行解体,以免浪费人力、物力,延长作业工时,影响总成或部件的正常技术状况。

2. 燃油汽车维修与维护的分级

(1)燃油汽车维修分级

按照不同的对象和不同的作业范围,汽车修理可分为整车大修、总成大修、汽车小修和零件修理。

1)整车大修:用修理或更换汽车任何零部件(包括基础件)的方法,恢复汽车的完好技术状况和完全(或接近完全)恢复汽车寿命的恢复性修理。

2)总成大修:汽车的主要总成经过一定使用时间(或行驶里程)后,用修理或更换总成零部件(包括基础件)的方法,恢复其完好技术状况和寿命的恢复性修理。

3)汽车小修:用修理或更换个别零件的方法,保证或恢复汽车局部工作能力的运行性修理,主要目的是消除汽车在运行过程中或维护作业过程中发生或发现的故障或隐患。有些按自然磨损规律或根据总成的外部迹象能预先估计到的小修项目,可集中组织一次计划性的小修作业,结合一、二级维护作业进行。

4)零件修理:对因磨损、变形、损伤等而不能继续使用零件的修理。零件修理贯穿在各类修理作业之中,是修旧利废、节约原料、降低成本、增产节约的一项重要措施。汽车修理和维护换下来的零件,具有修理价值的,可修复使用。

(2)燃油汽车的维护分级

汽车维护分为日常维护、一级维护、二级维护。

日常维护由汽车驾驶人在日常出车时进行,一级维护、二级维护由专业维修人员负责实施。

1)日常维护:主要内容是坚持"三检",即出车前、行车中、收车后检视车辆的安全机构及各部件连接的紧固情况;保持"四清",即保持机油、空气、燃油滤清器和蓄电池的清洁,防止"四漏",即防止漏水、漏油、漏气和漏电;保持车容整洁。日常维护作业项目及技术要求见表1-2-1。

表1-2-1 日常维护作业项目及技术要求

序号	作业项目	作业内容	技术要求	维护周期
1	车辆外观及附属设施	检查、清洁车身	车身外观及客车车厢内部整洁,车窗玻璃齐全、完好	出车前或收车后
		检查后视镜,调整后视镜角度	后视镜完好、无损毁,视野良好	出车前

(续)

序号	作业项目	作业内容	技术要求	维护周期
1	车辆外观及附属设施	检查灭火器、客车安全锤	灭火器配备数量及放置位置符合规定，且在有效期内。客车安全锤配备数量及放置位置符合规定	出车前或收车后
		检查安全带	安全带固定可靠、功能有效	出车前或收车后
		检查风窗玻璃刮水器	刮水器各档位工作正常	出车前
2	发动机	检查发动机润滑油、冷却液液面高度，视情补给	油（液）面高度符合规定	出车前
3	制动	制动系统自检	自检正常，无制动报警灯闪亮	出车前
		检查制动液液面高度，视情补给	液面高度符合规定	出车前
		检查行车制动、驻车制动	行车制动、驻车制动功能正常	出车前
4	车轮及轮胎	检查轮胎外观、气压	轮胎表面无破裂、凸起、异物刺入及异常磨损，轮胎气压符合规定	出车前、行车中
		检查车轮螺栓、螺母	齐全完好，无松动	
5	照明、信号指示装置及仪表	检查前照灯	前照灯完好、有效，表面清洁，远近光变换正常	出车前
		检查信号指示装置	转向灯、制动灯、示廓灯、危险报警灯、雾灯、喇叭、标志灯及反射器等信号指示装置完好有效，表面清洁	出车前
		检查仪表	工作正常	出车前、行车中

注："符合规定"指符合车辆维修资料等有关技术文件的规定，以下同。

2）一级维护：汽车一级维护是指除日常维护作业外，以润滑、紧固为作业中心内容，并检查有关制动、操纵等系统中的安全部件的维护工作。一级维护作业流程如图 1-2-2 所示，一级维护基本作业项目及技术要求见表 1-2-2。

3）二级维护：汽车二级维护作业项目是除一级维护作业外，以检查、调整制动系统、转向操纵系统、悬架等安全部件，并拆检轮胎，进行轮胎换位，检查调整发动机工作状况和汽车排放相关系统等为主的维护作业。二级维护作业流程如图 1-2-3 所示。

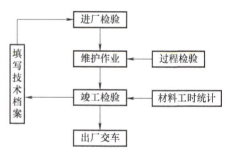

图 1-2-2　一级维护作业流程

表 1-2-2　一级维护基本作业项目及技术要求

序号	作业项目	作业内容	技术要求
1	发动机	空气滤清器、机油滤清器和燃油滤清器清洁或更换	按规定的里程或时间清洁或更换滤清器。滤清器应清洁，衬垫无残缺，滤芯无破损。滤清器安装牢固，密封良好
2		发动机机油及冷却液	检查油（液）面高度，视情更换	按规定的里程或时间更换机油、冷却液，油（液）面高度符合规定

（续）

序号	作业项目		作业内容	技术要求
3	转向系	部件连接	检查、拧紧万向节、横直拉杆、球头销和转向节等部位连接螺栓、螺母	各部件连接可靠
4		转向器润滑油及转向助力油	检查油面高度，视情更换	按规定的里程或时间更换转向器润滑油及转向助力油，油面高度符合规定
5	制动系	制动管路、制动阀及接头	检查制动管路、制动阀及接头，校紧接头	制动管路、制动阀固定可靠，接头紧固，无漏气（油）现象
6		缓速器	检查、拧紧缓速器连接螺栓、螺母，检查定子与转子间隙，清洁缓速器	缓速器连接紧固，定子与转子间隙符合规定，缓速器外表、定子与转子间清洁，各插接件与接头连接可靠
7		储气筒	检查储气筒	无积水及油污
8		制动液	检查液面高度，视情更换	按规定的里程或时间更换制动液，液面高度符合规定
9	传动系	各连接部位	检查、拧紧变速器、传动轴、驱动桥壳、传动轴支撑等部位连接螺栓、螺母	各部位连接可靠，密封良好
10		变速器、主减速器和差速器	清洁通气孔	通气孔通畅
11	车轮	车轮及半轴的螺栓、螺母	拧紧车轮及半轴的螺栓、螺母	扭紧力矩符合规定
12		轮辋及压条挡圈	检查轮辋及压条挡圈	轮辋及压条挡圈无裂损及变形
13	其他	蓄电池	检查蓄电池	液面高度符合规定，通气孔畅通，电桩、夹头清洁、牢固，免维护蓄电池电量状况指示正常
14		防护装置	检查侧防护装置及后防护装置，拧紧螺栓、螺母	完好有效，安装牢固
15		全车润滑	检查、润滑各润滑点	润滑嘴齐全有效，润滑良好。各润滑点防尘罩齐全完好。集中润滑装置工作正常，密封良好
16		整车密封	检查泄漏情况	全车不漏油、不漏液、不漏气

二级维护作业项目包括基本作业项目和附加作业项目，二级维护作业时一并进行。基本作业即日常维护、一级维护的所有项目内容和二级维护的基本项目内容。二级维护前应进行进厂检测（表1-2-3），依据进厂检测结果进行故障诊断并确定附加作业项目。二级维护作业过程中发现的维修项目也应作为附加作业项目。二级维护基本作业项目及技术要求见表1-2-4。

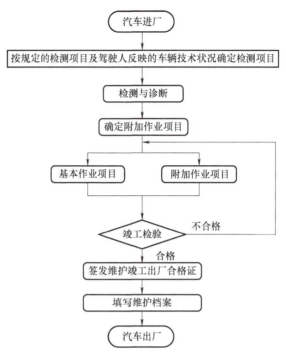

图 1-2-3 二级维护作业流程

表 1-2-3 二级维护规定的进厂检测项目

序号	检测项目	检测内容	技术要求
1	故障诊断	车载诊断系统（OBD）的故障信息	装有车载诊断系统（OBD）的车辆，不应有故障信息
2	行车制动性能	检查行车制动性能	采用台架检验或路试检验，应符合 GB 7258 相关规定
3	排放	排气污染物	汽油车采用双怠速法，应符合 GB 18285 相关规定。柴油车采用自由加速法，应符合 GB 3847 相关规定

表 1-2-4 二级维护基本作业项目及技术要求

序号	作业项目		作业内容	技术要求
1	发动机	发动机工作状况	检查发动机起动性能和柴油发动机停机装置	起动性能良好，停机装置功能有效
			检查发动机运转情况	低、中、高速运转稳定，无异响
2		发动机排放机外净化装置	检查发动机排放机外净化装置	外观无损坏、安装牢固
3		燃油蒸发控制装置	检查外观，检查装置是否畅通，视情更换	炭罐及管路外观无损坏、密封良好、连接可靠，装置畅通无堵塞
4		曲轴箱通风装置	检查外观，检查装置是否畅通，视情更换	管路及阀体外观无损坏、密封良好、连接可靠，装置畅通无堵塞
5		增压器、中冷器	检查、清洁中冷器和增压器	中冷器散热片清洁，管路无老化，连接可靠，密封良好。增压器运转正常，无异响，无渗漏

（续）

序号	作业项目		作业内容	技术要求
6	发动机	发电机、起动机	检查、清洁发电机和起动机	发电机和起动机外表清洁，导线接头无松动，运转无异响，工作正常
7		发动机传动带（链）	检查空压机、水泵、发电机、空调机组和正时传动带（链）磨损及老化程度，视情调整传动带（链）松紧度	按规定里程或时间更换传动带（链）。传动带（链）无裂痕和过量磨损，表面无油污，松紧度符合规定
8		冷却装置	检查散热器、膨胀水箱及管路密封	散热器、膨胀水箱及管路固定可靠，无变形、堵塞、破损及渗漏。箱盖接合表面良好，胶垫不老化
			检查水泵和节温器工作状况	水泵不漏水、无异响，节温器工作正常
9		火花塞、高压线	检查火花塞间隙、积炭和烧蚀情况，按规定里程或时间更换火花塞	无积炭，无严重烧蚀现象，电极间隙符合规定
			检查高压线外观及连接情况，按规定里程或时间更换高压线	高压线外观无破损、连接可靠
10		进、排气歧管、消声器、排气管	检查进、排气歧管、消声器、排气管	外观无破损，无裂痕，消声器功能良好
11		发动机总成	清洁发动机外部，检查隔热层	无油污、无灰尘，隔热层密封良好
			检查、校紧连接螺栓、螺母	油底壳、发动机支撑、水泵、空压机、涡轮增压器、进排气歧管、消声器、排气管、输油泵和喷油泵等部位连接可靠
12	制动系	储气筒、干燥器	检查、紧固储气筒，检查干燥器功能，按规定里程或时间更换干燥剂	储气筒安装牢固，密封良好。干燥器功能正常，排水阀通畅
13		制动踏板	检查、调整制动踏板自由行程	制动踏板自由行程符合规定
14		驻车制动	检查驻车制动性能，调整操纵机构	功能正常，操纵机构齐全完好、灵活有效
15		防抱死制动装置	检查连接线路，清洁轮速传感器	各连接线及插接件无松动，轮速传感器清洁
16		鼓式制动器	检查制动间隙调整装置	功能正常
			拆卸制动鼓、轮毂、制动蹄，清洁轴承位、轴承、支承销和制动底板等零件	清洁，无油污，轮毂通气孔畅通
			检查制动底板、制动凸轮轴	制动底板安装牢固、无变形、无裂损。凸轮轴转动灵活，无卡滞和松旷现象
			检查轮毂内外轴承	滚柱保持架无断裂，滚柱无缺损、脱落，轴承内外圈无裂损和烧蚀

（续）

序号	作业项目		作业内容	技术要求
16	制动系	鼓式制动器	检查制动摩擦片、制动蹄及支承销	摩擦片表面无油污、裂损，厚度符合规定。制动蹄无裂纹及明显变形，铆接可靠，铆钉沉入深度符合规定。支承销无过量磨损，与制动蹄轴承孔衬套配合无明显松旷
			检查制动蹄复位弹簧	复位弹簧不得有扭曲、钩环损坏、弹性损失和自由长度改变等现象
			检查轮毂、制动鼓	轮毂无裂损，制动鼓无裂痕、沟槽、油污及明显变形
			装复制动鼓、轮毂、制动蹄，调整轴承松紧度、调整制动间隙	润滑轴承，轴承位涂抹润滑脂后再装轴承。装复制动蹄时，轴承孔均应涂抹润滑脂，开口销或卡簧固定可靠。制动摩擦片与制动鼓摩擦面应清洁，无油污。制动摩擦片与制动鼓配合间隙符合规定。轮毂转动灵活且无轴向间隙。锁紧螺母、半轴螺母及车轮螺母齐全，扭紧力矩符合规定
17		盘式制动器	检查制动摩擦片和制动盘磨损量	制动摩擦片和制动盘磨损量应在标记规定或制造商要求的范围内，其摩擦工作面不得有油污、裂纹、失圆和沟槽等损伤
			检查制动摩擦片与制动盘间的间隙	制动摩擦片与制动盘之间的转动间隙符合规定
			检查密封件	密封件无裂纹或损坏
			检查制动钳	制动钳安装牢固、无油液泄漏。制动钳导向销无裂纹或损坏
18	转向系	转向器和转向传动机构	检查转向器和转向传动机构	转向轻便、灵活，转向无卡滞现象，锁止、限位功能正常
			检查部件技术状况	转向节臂、转向器摇臂及横直拉杆无变形、裂纹和拼焊现象，球销无裂纹、不松旷，转向器无裂损、无漏油现象
19		转向盘最大自由转动量	检查、调整转向盘最大自由转动量	最高设计车速不小于100km/h的车辆，其转向盘的最大自由转动量不大于15°，其他车辆不大于25°
20	行驶系	车轮及轮胎	检查轮胎规格型号	轮胎规格型号符合规定，同轴轮胎的规格和花纹应相同，公路客车（客运班车）、旅游客车、校车和危险货物运输车的所有车轮及其他车辆的转向轮不得装使用翻新的轮胎

第一章　汽车维修的技术要求和安全规则

（续）

序号	作业项目		作业内容	技术要求
20	行驶系	车轮及轮胎	检查轮胎外观	轮胎的胎冠、胎壁不得有长度超过25mm或深度足以暴露出帘布层的破裂和割伤，以及凸起、异物刺入等影响使用的缺陷。具有磨损标志的轮胎，胎冠的磨损不得触及磨损标志；无磨损标志或标志不清的轮胎，乘用车和挂车胎冠花纹深度应不小于1.6mm；其他车辆的转向轮的胎冠花纹深度应不小于3.2mm，其余轮胎胎冠花纹深度应不小于1.6mm
			轮胎换位	根据轮胎磨损情况或相关规定，视情进行轮胎换位
			检查、调整车轮前束	车轮前束值符合规定
21		悬架	检查悬架弹性元件，校紧连接螺栓、螺母	空气弹簧无泄漏、外观无损伤。钢板弹簧无断片、缺片、移位和变形，各部件连接可靠，U形螺栓螺母扭紧力矩符合规定
			减振器	减振器稳固有效，无漏油现象，橡胶垫无松动、变形及分层
22		车桥	检查车桥、车桥与悬架之间的拉杆和导杆	车桥无变形、表面无裂痕、油脂无泄漏，车桥与悬架之间的拉杆和导杆无松旷、移位和变形
23	传动系	离合器	检查离合器工作状况	离合器接合平稳，分离彻底，操作轻便，无异响、打滑、抖动及沉重等现象
			检查、调整离合器踏板自由行程	离合器踏板自由行程符合规定
24		变速器、主减速器、差速器	检查、调整变速器	变速器操纵轻便、档位准确，无异响、打滑及乱档等异常现象，主减速器、差速器工作无异响
			检查变速器、主减速器、差速器润滑油液面高度，视情更换	按规定的里程或时间更换润滑油，液面高度符合规定
25		传动轴	检查防尘罩	防尘罩无裂痕、损坏，卡箍连接可靠，支架无松动
			检查传动轴及万向节	传动轴无弯曲，运转无异响。传动轴及万向节无裂损、不松旷
			检查传动轴承及支架	轴承无松旷，支架无缺损和变形
26	灯光导线	前照灯	检查远光灯发光强度，检查、调整前照灯光束照射位置	符合GB 7258—2017规定
27		线束及导线	检查发动机舱及其他可视的线束及导线	插接件无松动、接触良好。导线布置整齐、固定牢靠，绝缘层无老化、破损，导线无外露。导线与蓄电池桩头连接牢固，并有绝缘套

(续)

序号	作业项目		作业内容	技术要求
28	车架车身	车架和车身	检查车架和车身	车架和车身无变形、断裂及开焊现象，连接可靠，车身周正。发动机罩锁扣锁紧有效。车厢铰链完好，锁扣锁紧可靠，固定集装箱箱体、货物的锁止机构工作正常
			检查车门、车窗启闭和锁止	车门和车窗应启闭正常，锁止可靠。客车动力启闭车门的车内应急开关及安全顶窗机件齐全、完好有效
29		支撑装置	检查、润滑支撑装置，校紧连接螺栓、螺母	完好有效，润滑良好，安装牢固
30		牵引车与挂车连接装置	检查牵引销及其连接装置	牵引销安装牢固，无损伤、裂纹等缺陷，牵引销颈部磨损量符合规定
			检查、润滑牵引座及牵引销锁止、释放机构，校紧连接螺栓、螺母	牵引座表面油脂均匀，安装牢固，牵引销锁止、释放机构工作可靠
			检查转盘与转盘架	转盘与转盘架贴合面无松旷、偏歪。转盘与牵引连接部件连接牢靠，转盘连接螺栓应紧固，定位销无松旷、无磨损，转盘润滑
			检查牵引钩	牵引钩无裂纹及损伤，锁止、释放机构工作可靠

三 燃油汽车维修技术要求

1. 汽车发动机维修的技术要求

（1）基本技术要求

1）发动机拆解时应避免造成零部件的二次损伤或损坏。发动机如图 1-3-1 所示。

2）主轴承盖、连杆轴承盖应在拆卸前进行标记，不应混装。

3）拆解后，应对零部件进行清洗，应无油污、积炭、水垢、锈蚀物等。

4）零部件的油道、水套、通风孔内应无污物、无堵塞。

5）完好的零部件应留用，具有修复价值的零部件应进行修复，无修复价值的零部件应更换，螺栓、螺母、弹簧垫片等紧固、锁止件均应检查，必要时应更换。

图 1-3-1　发动机

6）气缸垫、衬垫、开口销、锁片、垫片、密封圈、油封等应更换。

（2）气缸体维修技术要求

1）气缸体（图1-3-2）应无隐蔽缺陷，宜采用染色或磁力探伤等方法进行检验。

2）气缸体上平面应平整，平面度误差应符合汽车生产企业公开的汽车维修技术信息中的要求。

3）气缸直径、圆度、圆柱度和表面粗糙度应符合汽车生产企业公开的汽车维修技术信息中的要求。

4）采用镶缸套工艺的，缸套与气缸体上平面的高度差、缸套外径与承孔内径的配合尺寸应符合汽车生产企业公开的汽车维修技术信息中的要求。

图1-3-2　气缸体

（3）气缸盖维修技术要求

1）气缸盖（图1-3-3）应无隐蔽缺陷，宜采用染色或磁力探伤等方法进行检验。

2）气缸盖下平面应平整，平面度误差应符合汽车生产企业公开的汽车维修技术信息中的要求。

3）燃烧室表面应清洁、平滑，应无明显烧蚀、脱落。

4）气门座应无烧蚀、开裂、松动、变形，工作面应无斑点、凹陷，宽度应均匀。

5）气门导管应无破损、开裂、偏磨、松动。

图1-3-3　气缸盖

（4）曲轴飞轮组维修技术要求

1）曲轴（图1-3-4）、主轴承盖、飞轮、飞轮齿圈、扭转减振器等零部件应完好，无明显损伤、变形。

2）曲轴的弯曲和扭曲变形应符合汽车生产企业公开的汽车维修技术信息中的要求。

3）曲轴应无隐蔽缺陷，宜采用染色或磁力探伤等方法进行检验。

4）曲轴主轴颈和连杆轴颈表面应无裂纹、拉伤、烧蚀，曲轴轴颈和连杆轴颈的直径、圆度、圆柱度和径向圆跳动应符合汽车生产企业公开的汽车维修技术信息中的要求。

5）飞轮齿圈应无缺齿、扭曲变形，飞轮工作面磨损量应不超出汽车生产企业公开的汽车维修技术信息中的要求。

图1-3-4　曲轴

(5) 活塞连杆组维修技术要求

1) 活塞、连杆、连杆轴承盖等零部件应完好，无明显损伤、变形，活塞、连杆等零部件应无隐蔽缺陷。活塞连杆组如图1-3-5所示。

2) 活塞应无烧蚀、脱落、积炭等，活塞销孔和活塞裙部的磨损量应不超出汽车生产企业公开的汽车维修技术信息中的要求。

3) 活塞销表面应无裂纹、侵蚀、斑点，活塞销直径、圆度和圆柱度应符合汽车生产企业公开的汽车维修技术信息中的要求。

4) 连杆的弯曲和扭曲变形应符合汽车生产企业公开的汽车维修技术信息中的要求。

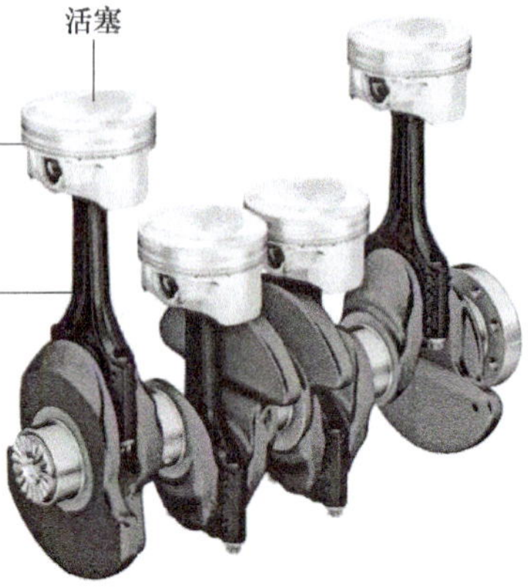

(6) 配气机构维修技术要求

1) 配气机构如图1-3-6所示，凸轮轴、气门摇臂、气门、气门弹簧、气门挺柱、正时齿轮、正时传动带轮或链轮、可变气门正时机构、正时链条、张紧轮等零部件应完好，无明显损伤、变形。

2) 凸轮应无擦伤、点蚀和剥落，凸轮轴直径及径向圆跳动、凸轮高度、凸轮磨损量应符合汽车生产企业公开的汽车维修技术信息中的要求。

3) 凸轮轴、气门等零部件应无隐蔽缺陷，宜采用染色或磁力探伤等方法进行检验。

4) 气门挺杆底面应无凹形磨损和偏磨损。

5) 气门工作面宽度应均匀，无烧蚀、开裂、斑点、凹坑、起槽等；气门杆应无弯曲、磨损。

6) 气门弹簧应无裂纹、断裂。自由状态下，气门弹簧的刚度、自由长度和弹簧支撑面对中心线的垂直度应符合汽车生产企业公开的汽车维修技术信息中的要求。

图1-3-5 活塞连杆组

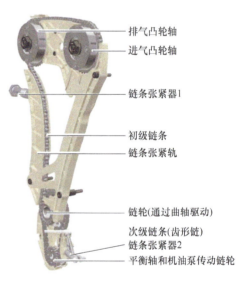

图1-3-6 配气机构

(7) 其他零部件维修技术要求

1) 冷却液泵（图1-3-7）泵壳应无裂纹、变形，叶轮、泵轴、水封、轴承等应无松脱、磨损、变形。

2) 节温器开启时和完全打开时温度、完全打开时阀门升程应符合汽车生产企业公开的汽车维修技术信息中的要求。

3) 机油调压阀、旁通阀、安全阀、曲轴箱通风阀等应无卡滞。

4) 增压器油路应畅通，无漏油、漏气，叶轮扇叶表面应无积炭，叶轮应转动灵活、无异常振动。

5) 电控系统相关的传感器和执行器的型号应与所修机型匹配。

6) 发动机线束应无破损、短路、断路，防水密封件应完好，插接件端子应无弯曲、折断、缺失。

7）柴油发动机的输油泵、喷油泵、喷油器的型号应与所修机型匹配。

8）柴油发动机辅助制动装置、辅助起动装置应正常有效。

2. 转向系统维修技术要求

1）转向系统如图 1-3-8 所示，转向盘应转动灵活、操纵轻便，无异响，无偏重或卡滞现象。转向机构各部件在车辆转向过程中不应与其他部件相干涉。

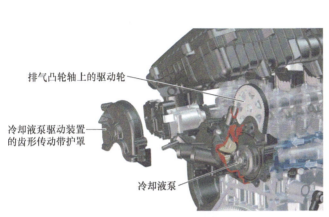

图 1-3-7　冷却液泵

图 1-3-8　转向系统

2）行驶过程中转向盘应能自动回正，具有稳定的直线行驶能力。在平坦的道路上行驶时不允许有摆振或其他异常现象，曲线行驶时不应出现过度转向。

3）转向盘的最大自由转动量应符合《机动车运行安全技术条件》(GB 7258—2017)（以下简称 GB 7258）的规定。

4）转向轮的横向侧滑量应符合 GB 7258 的规定。

5）前轮定位参数、最大转向角应符合汽车生产企业公开的汽车维修技术信息中的要求。

6）转向节及臂，转向横、直拉杆及球销应连接可靠，不应有裂纹和损伤，并且转向球销不应松旷。横、直拉杆不允许拼焊。

7）转向节与衬套的配合、轴颈与轴承的配合及轮毂轴承预紧度，应符合汽车生产企业公开的汽车维修技术信息中的要求。

8）装备独立悬架车辆的转向节上、下球销不应松旷。

3. 传动系统维修技术要求

1）传动系统如图 1-3-9 所示。离合器应接合平稳、分离彻底、操作轻便，不应有异响、打滑或发抖现象；离合器彻底分离时，踏板力应不大于 300N。

2）离合器踏板的自由行程、有效行程应符合汽车生产企业公开的汽车维修技术信息中的要求；离合器踏板动作时不应与其他非相关件发生干涉，放松踏板能迅速回位。衬套与轴的配合应符合汽车生产企业公开的汽车维修技术信息中的要求。

3）手动变速器及分动器应换档轻便、准确可靠；互锁、自锁和倒档锁装置有效，不应有乱档和自行跳档现象；运行中应无异响；换档杆及其传动部件不应与其他部件干涉。变速器正常工况下不过热。

4）自动变速器的操纵装置除位于 P、N 外的任何档位，发动机均应不能起动；当位于 P 档时，应有驻车锁止功能；车辆行驶中能按规定的换档条件进行升、降档；换档应平顺、不打滑、无冲击、无异响。变速器正常工况下不过热。

5）传动轴及中间支撑装置应无松旷、抖动、异响及过热现象。

6）主减速器、差速器和轮边减速器应无异响，正常工况下不过热。

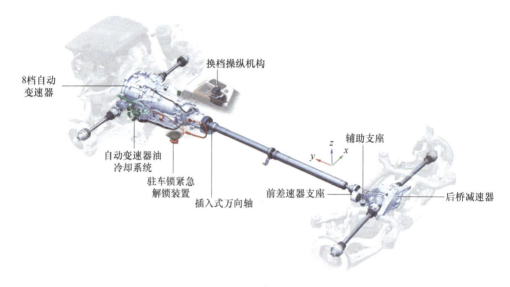

图 1-3-9　传动系统

4. 行驶系统维修技术要求

1）行驶系统如图 1-3-10 所示。车轮总成的横向摆动量和径向跳动量应符合 GB 7258 的规定。

2）最大设计车速大于 100km/h 的车辆，车轮应进行动平衡试验，其动不平衡质量应不大于 10g。

3）装用的轮胎应与其最大设计车速相适应，但装用雪地轮胎时除外。

图 1-3-10　行驶系统

4）轮胎应无鼓包现象，胎面和胎壁上不应有长度超过 25mm 或深度足以暴露出轮胎帘布层的破裂和割伤。

5）轮胎胎冠上的花纹深度应符合 GB 7258 的规定；同轴上装用的轮胎型号、品种、花纹应一致；装用轮胎的种类及翻新轮胎的使用应符合 GB 7258 的规定；轮胎气压应符合汽车生产企业公开的汽车维修技术信息中的要求；用滚型工艺制作的轮辋损坏后，应确保换装相同的轮辋。

6）装备非独立悬架的车辆，悬架应无异响；减振器、钢板弹簧应作用良好、有效，无异响；各部连接杆件不松旷。

7）装备独立悬架的车辆，悬架应无异响；减振弹簧、扭杆弹簧、气囊弹簧、减振器应作用正常有效，无异响；各部连接杆件衬套、球销、垫片齐全、不松旷。

8）装备空气悬架的车辆，空气弹簧应无破损、损伤或鼓包现象，在规定的供气压力下应充气正常，工作过程中不应与其他部件相干涉。

9）前、后车桥不应有裂纹及变形，车桥和悬架之间的各种拉杆和导杆不应有变形，各接头和衬套不应有松旷或移位。

10）车长大于 9m 的客车和危险货物运输车应装用子午线轮胎，卧铺客车应装用无内胎子午线轮胎。

5. 制动系统维修技术要求

1）制动系统如图 1-3-11 所示。制动管路应稳固且连接可靠；转向及行驶时金属管路及软管不应与车身或底盘产生运动干涉；制动软管无老化、开裂、被压扁、鼓包等现象。

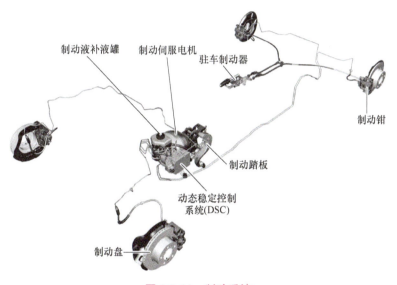

图 1-3-11 制动系统

2）车辆在运行过程中不得有自行制动现象，但属于设计和制造上为保证车辆安全运行的情况除外。

3）采用气压制动的车辆，制动系统的装备及其性能应符合 GB 7258 的规定。

4）制动系装备的比例阀、限压阀、感载阀、惯性阀等工作阀应工作正常有效。

5）装有排气制动的柴油车排气制动装置应有效。

6）采用弹簧储能制动装置作驻车制动时，应保证在装置失效状态下能方便地解除车辆驻车状态。

7）制动踏板的自由行程、有效行程应符合汽车生产企业公开的汽车维修技术信息中的要求。制动踏板动作时不应与其他非相关件发生干涉，放松踏板能迅速回位。衬套与轴的配合应符合汽车生产企业公开的汽车维修技术信息中的要求。采用液压制动的车辆踏板行程应符合 GB 7258 的规定。

8）驻车制动操纵杆的有效行程应符合汽车生产企业公开的汽车维修技术信息中的要求。驻车制动操纵杆动作时不应与其他非相关件发生干涉。衬套与轴的配合应符合汽车生产企业公开的汽车维修技术信息中的要求。

9）装有缓速装置的车辆，缓速装置工作应正常有效，缓速率应符合汽车生产企业公开的汽车维修技术信息中的要求。装有电涡流缓速器的车辆，缓速器安装部位设置的温度报警系统、自动灭火装置或具有阻燃性的隔热装置应正常有效。

6. 照明和信号装置及其他设备维修的技术要求

（1）通用要求

1）全车电气线路应布置合理、连接正确；线束包扎良好、牢固可靠；线束通过孔洞处应有防护措施，线束布置应符合汽车生产企业公开的汽车维修技术信息中的要求；导线规格及线色应符合要求，接头牢固、良好；熔断器及继电器的使用应符合汽车生产企业公开的汽车维修技术信息中的要求；裸露的电气接头及电气开关应距燃油箱的加油口和通气口200mm以上。

2）灯光、信号、电器设备等及其控制装置应齐全有效。外部灯光系统如图1-3-12所示。

3）前照灯光束的照射位置和发光强度应符合GB 7258的规定。

4）装备有其他与制动、行车安全有关的电子控制系统的元器件应齐全有效。

5）安装卫星定位系统车载终端的车辆，卫星定位系统车载终端应功能正常。

6）蓄电池应外观整洁、安装牢固，极桩完好、正负极标志分明，极桩及搭铁线连接可靠；电解液密度、液面高度及电压差应符合规定。

7）空调性能应符合汽车生产企业公开的汽车维修技术信息中的要求。

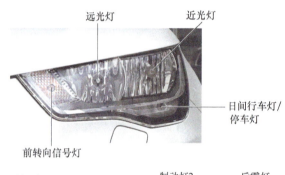
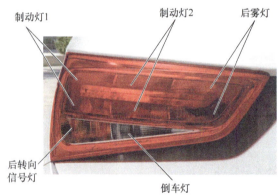

图1-3-12 外部灯光系统

（2）载客汽车特殊要求

1）装有视频监控录像系统的客车，视频监控录像系统应正常有效，且无遮挡，视频监控覆盖范围至少应包含驾驶区、乘客门区、乘客区及车外前部区域。

2）安全防护装置应符合下列要求：

① 客车应急锤的配备应符合GB 7258的规定。

② 装有燃油箱侧面防护装置的客车，燃油箱侧面防护装置应正常有效。

③ 客车安全带应按原要求配置齐全且正常有效。装有安全带佩戴提醒装置的，该装置的视觉或声音报警应功能正常。

④ 装有防止传动轴滑动连接（花键或其他类似装置）脱落或断裂防护装置的客车，防护装置应正常有效。

四 燃油汽车岗位操作安全规则

1. 汽车维修操作安全规则

（1）工作环境通风注意事项

1）不要在无适当的排气通风设备的情况长时间运转发动机，如图 1-4-1 所示。

2）保持工作环境通风良好，远离易燃物品。处理易燃或有毒物品（如汽油、制冷剂等）时，务必要特别小心。当在地沟或其他密闭空间内工作时，处理危险物品前，应确保工作地点通风良好。

3）在车辆上工作时，禁止吸烟。

图 1-4-1 尾气排放

（2）顶起车辆注意事项

1）顶起车辆前，在车轮下使用轮楔或其他轮胎挡块，以防止车辆移动。车辆顶起后，将安全支架顶在规定的正确举升点上以支撑车辆，然后再开始工作（图 1-4-2）。

2）这些操作应在水平地面上进行。

3）当拆卸沉重部件（如电动机或变速驱动桥/变速器）时，注意不要失去自身平衡而使其掉落。同时，切勿使它们与周围的零件撞击，尤其是制动管和主缸。

图 1-4-2 顶起车辆

(3）断开电源注意事项

1）开始无须使用蓄电池电源的修理工作前：关闭点火开关；断开蓄电池的负极端子，如图1-4-3所示。

2）如果蓄电池端子断开，收音机和各控制单元中的存储记忆会被清除。

3）对于配备两个蓄电池的车辆，务必按照维修手册的说明同时拆下两个蓄电池。如果指定了主蓄电池和副蓄电池，则按说明操作。

(4）维修高温零部件注意事项

1）为防止严重烫伤：避免接触高温的金属零件；切勿在发动机高温时拆下散热器盖，如图1-4-4所示。

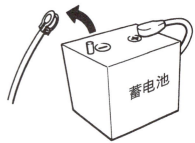

图1-4-3　断开蓄电池的负极端子

图1-4-4　防止严重烫伤

2）用适当的方法处理排出的机油（发动机润滑油，以下称机油）或用于清洗零件的溶剂。

3）请勿试图在燃油泵喷嘴自动关闭后继续往燃油箱内加油。继续加注会导致燃油溢出，造成燃油飞溅并可能造成火灾。

4）在检查或组装前，使用规定的液体或溶剂清洗分解的零件。

5）更换新的油封、密封垫、垫片、O形圈、锁止垫圈、开口销、自锁螺母等零件。

6）整套更换圆锥滚子轴承和滚针轴承的内外座圈。

7）将拆下的零件按照其装配时的位置和顺序摆放。

8）请勿触摸使用微型计算机的电子部件（如发动机控制模块）端子，静电可能会损坏内部电子部件。

9）断开真空软管或空气软管后，贴上表示正确连接方法的标签。

10）使用厂家维修手册中推荐的油液和润滑剂。

11）需要时，使用认可的黏结剂、密封剂或同等产品。

(5）注意提高工作效率

1）为了安全高效地进行修理工作，请适时使用手动工具、电动工具（仅用于分解设备）和推荐的专用工具，如气动工具（图1-4-5）。

2）当修理燃油系统、润滑系统、冷却系统、真空系统或排气系统时，检查所有相关管路是否泄漏。

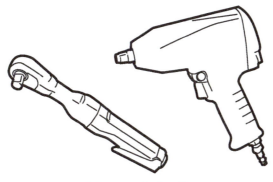

图 1-4-5　气动工具

2. 汽车维修工作前准备

汽车维修工作前准备如图 1-4-6 所示，汽车维修工作前准备内容说明见表 1-4-1。

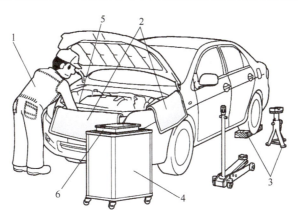

图 1-4-6　汽车维修工作前准备

表 1-4-1　汽车维修工作前准备内容说明

序号（对应上图）	内容	说明
1	着装	务必身着清洁的工作服； 必须戴好帽子，穿好安全鞋
2	车辆保护	在开始操作之前，准备好散热器格栅罩、翼子板保护罩、座椅护面及地板垫
3	安全操作	当与两个或两个以上人员一起工作时，务必要相互检查安全情况； 在发动机运转的情况下进行工作时，要确保修理车间具备通风装置，以排出废气； 当维修高温、高压、旋转、移动或振动的零件时，一定要佩戴适当的安全设备，并且要注意不要碰伤自己或他人； 顶起车辆时，务必使用安全底座支撑规定部位； 举升车辆时，使用适当的安全设备

（续）

序号（对应上图）	内容	说明
4	准备工具和测量仪表	开始操作前，准备好工具台、SST、仪表、机油和更换零件
5	拆卸和安装、拆解和装配操作	在充分了解正确的维修程序和报修故障之后，对故障进行诊断； 在拆卸零件之前，检查总成的总体状况以确认是否有变形和损坏； 对于比较复杂的总成，要做记录，如记录拆下的电气连接、螺栓或软管的总数。还要加上装配标记，以确保将各部件重新装配到其原来位置上。需要时，可对软管及其接头做临时标记，如有必要，清洗拆下的零件，彻底检查后，再装配这些零件
6	拆下的零件	应将拆下的零件放在一个单独的盒子内，以免与新零件混淆或弄脏新零件； 对于不可重复使用零件（如衬垫、O形圈和自锁螺母等），要按照本手册中的说明用新件进行更换； 如客户要求，保留拆下的零件以备客户检查

3. 车辆举升规范

（1）顶起车辆时的注意事项

1）顶起车辆前必须卸载车辆负荷，切勿顶起或举升装载重物的车辆。

2）拆卸发动机和驱动桥等较重的零件时，车辆重心会移动；必须放置一块平衡配重以避免车辆摇摆，或使用变速器千斤顶进行支撑。

（2）使用4柱式举升机的注意事项

1）应遵照说明书操作以保证安全。

2）切勿使自由轮横梁损坏轮胎或车轮。

3）应使用车轮挡块固定车辆。

（3）使用千斤顶和安全底座的注意事项

1）在平地上操作时请务必使用车轮挡块。

2）如图1-4-7所示，应使用带橡胶附加支撑块的安全底座。

3）正确使用千斤顶和安全底座支撑规定位置。

4）在顶起前轮时，应松开驻车制动器，并且仅需在后轮后方放置车轮挡块；而在顶起后轮时，则仅需在前轮前方放置车轮挡块。

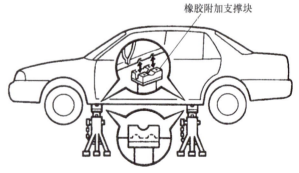

图1-4-7 使用带橡胶附加支撑块的安全底座

5）切勿仅用千斤顶来支撑车辆或进行操作。应确保使用安全底座来支撑车辆。

6）当仅顶起前轮或后轮时，请在接触地面的车轮的两侧放置车轮挡块。

7）在使用千斤顶降下前轮被顶起的车辆时，应松开驻车制动器并且仅需在后轮前方放置车轮挡块；而在使用千斤顶降下后轮被顶起的车辆时，则仅需在前轮后方放置车轮挡块。

（4）使用摇臂式举升机的注意事项
1）应遵照举升机说明书操作以保证安全。
2）如图 1-4-8 所示，应使用带橡胶附加支撑块的支架。
3）调整车辆以使车辆重心尽可能靠近举升机的中心，如图 1-4-9 所示，L 为二者距离。
4）调整支架的高度使车辆保持水平，并准确对齐支架凹槽与安全底座支撑位置。
5）应确保在操作期间锁止摇臂。
6）举升车辆直至轮胎悬空，晃动车辆以确保车辆平稳。

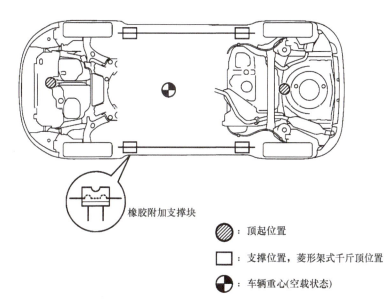

图 1-4-8　使用带橡胶附加支撑块的支架

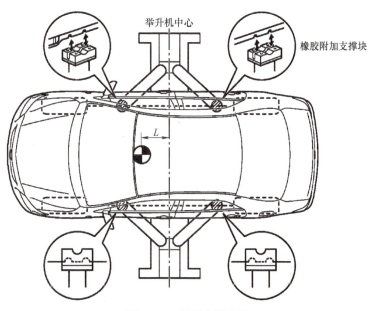

图 1-4-9　摇臂式举升机

（5）使用平板式举升机的注意事项

1）应遵照举升机说明书操作以保证安全。

2）使用平板式举升机附加支撑块，如图 1-4-10 所示。

3）确保将车辆固定在规定位置。

4）举升车辆直至轮胎稍微悬空，晃动车辆以确保车辆平稳。

4. 拖车牵引注意事项

1）必须遵守所有与牵引操作有关的规定。

2）拖车时，必须使用正确的牵引装置，以免对车辆造成损坏。拖车时，应按照正确的操作步骤进行，如图 1-4-11 所示。

3）拖车前，务必连接安全链条。

4）拖车时，请检查变速器、转向系统和传动系统工作状态是否良好。如果任何系统损坏，则必须使用台车。

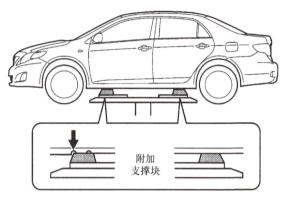

图 1-4-10　平板式举升机

5）切勿在四轮着地的情况下从后部（即车头朝后）牵引装备自动变速器的车型。这可能会损坏变速器并导致昂贵的修理费用。

图 1-4-11　拖车牵引示例

5. 汽车维修注意事项

1）防抱死制动系统（ABS）中的某些部件不能单独维修，试图拆卸或断开某些系统部件会导致人身伤害或系统运行不正常。只能维修 ABS 中允许拆卸和安装的部件。

2）在打磨或切割任何类型的金属或片状模塑件时，为避免因暴露在焊弧或电镀（氧化锌）金属产生的有毒烟气中导致人身伤害，必须在通风良好的区域工作，并戴上呼吸器、护目镜、耳塞、焊工手套并穿上防护服。

3）在维修任何电气部件前，启动开关必须置于"OFF"状态，并且所有电气负载必须关闭，除非操作程序中另有说明。将蓄电池负极电缆断开，以防止工具或设备接触裸露的电气端子从而产生电火花。如果是维修安全气囊，则必须断开蓄电池负极至少 90s 以上，才能进行其他维修操作。

4)维修车轮制动部件时,应避免以下操作:

① 不得修磨制动摩擦衬片。

② 不得用砂纸打磨制动摩擦衬片。

③ 不得用干刷或压缩空气清理车轮制动部件。

有些车型或售后加装的制动部件可能含有纤维,这种纤维会混在粉尘中,吸入含有纤维的粉尘会严重损害身体,应用湿布清理制动部件上的任何粉尘。

5)制动液极易吸湿和受潮,请勿使用可能受水污染的制动液,使用不合适或受污染的制动液可能导致系统故障、车辆失控和人身伤害。制动液对皮肤和眼睛有刺激性。一旦接触应采取以下措施:

① 若接触眼睛,应用水彻底冲洗。

② 若接触皮肤,应用肥皂和水清洗。

更换制动管时应小心安装和固定,务必使用正确的紧固件,否则可能会导致制动管和制动系统损坏,从而造成人身伤害。

6)应避免吸入空调制冷剂 HFC-134a(R-134a)、润滑油蒸气或润滑油油雾,接触它们后会刺激眼睛、鼻子和咽部。应在通风良好的区域内作业。从空调系统中排出 R-134a 时,应使用经认证满足《HFC-134a(R-134a)移动空调系统的回收/再循环设备》(SAE J 2210)要求的维修设备(R-134a 回收设备)。如果发生系统意外排液,在继续维修前,必须对工作区通风。其他有关健康和安全的信息,可从制冷剂和润滑油制造商处获得。

7)仅在推荐部位进行剖切,否则会破坏车辆结构的整体性,在车辆发生碰撞时可能导致人身伤害。

8)如果某扇车窗玻璃出现裂纹但尚保持完整,应将保护胶带呈交叉状粘贴到车窗玻璃上,以避免车窗玻璃进一步损坏或造成人身伤害。

9)在操作电动车窗开关时,若快速升/降功能使车窗移动速度过快,甚至无法停止,则可能导致人身伤害。

10)在进行某些操作(如焊接或切割等)时,应佩戴经许可的护目镜和手套,以降低人身伤害的风险。

11)在处理任何带有锐棱或毛边的玻璃或金属板时,应佩戴护目镜和手套,以降低人身伤害的风险。

12)卤素灯泡内含高压气体,处理不当会使灯泡爆炸成玻璃碎片。为避免人身伤害:

① 在更换灯泡前,关闭灯开关并使灯泡冷却。

② 保持灯开关关闭,直到换完灯泡。

③ 更换卤素灯泡时,务必戴上护目镜。

④ 拿灯泡时,只能拿住灯座,避免接触玻璃。

⑤ 灯泡要避免沾灰尘和湿气。

⑥ 正确报废旧灯泡。

⑦ 卤素灯泡要远离儿童。

13)只要冷却系统中有压力,即使散热器中的冷却液没有沸腾,冷却液温度也会比沸腾温度高出很多。如果在冷却系统未冷却并且压力还很高的情况下打开储液罐盖,执行对冷却系统的维修时，冷却液就会立即沸腾并可能会喷到操作人员身上，造成严重烫伤。

14）配备了安全气囊系统的车辆，如不遵循正确的操作程序会导致以下情况：

① 安全气囊展开。

② 预紧器点爆。

③ 人员受伤。

④ 不必要的安全气囊系统维修。

安全气囊展开后，系统部件的金属表面可能会很烫，为了避免火灾和人身伤害：

① 在触摸安全气囊系统部件的任何金属表面之前，要有足够的冷却时间。

② 切勿将已充气的安全气囊系统部件放在任何易燃物旁边。

第二章
汽车维修常用工具及量具

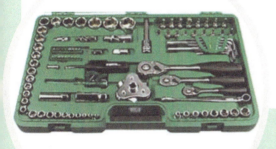

本章目录

一、汽车维修常用的工具
二、汽车维修常用的量具

一　汽车维修常用的工具

1. 手动工具

（1）扳手的分类与使用方法

1）扭力扳手：用以配合套筒拧紧螺栓或螺母。在汽车修理中扭力扳手是不可缺少的，如气缸盖螺栓、曲轴轴承螺栓等的紧固都须使用扭力扳手，如图2-1-1所示。

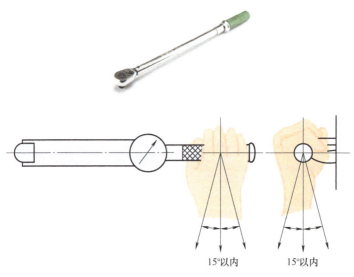

图2-1-1　扭力扳手

2）内六角扳手：用以拆装内六角螺栓（螺塞），规格以六角形对边尺寸表示，有3~27mm共13种规格，汽车维修作业中使用的成套内六角扳手，可供拆装M4~M30的内六角螺栓，如图2-1-2所示。

3）呆扳手：呆扳手又叫开口扳手，其一端或两端制有固定尺寸的开口，开口宽度在6~24mm内，有6件套、8件套两种，适用于拆装一般标准规格的螺栓或螺母。

呆扳手的使用方法，如图2-1-3所示。

4）梅花扳手：适用于拆装5~27mm的螺栓或螺母。梅花扳手两端似套筒，有12个角，工作时不易滑脱，如图2-1-4所示。

与呆扳手相比，梅花扳手强度高，使用时不易滑脱，但套上、取下不方便。其规格以闭口尺寸表示，通常是成套装备，有8件一套、10件一套等，通常用45钢或40Cr锻造，并经热处理。

图2-1-2　内六角扳手

第二章 汽车维修常用工具及量具

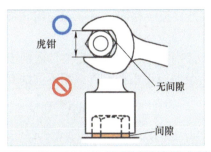

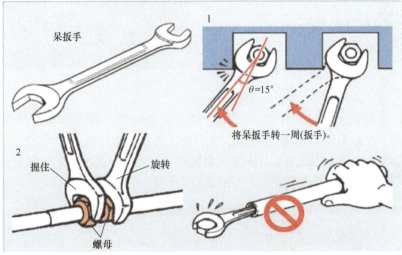

图 2-1-3 呆扳手的使用

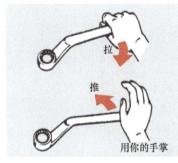

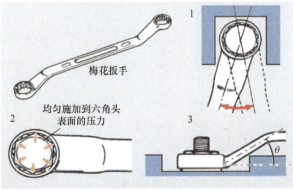

图 2-1-4 梅花扳手的使用

035

5）两用扳手：一端与单头开口扳手相同，另一端与梅花扳手相同，两端拧转相同规格的螺栓或螺母，如图2-1-5所示。

6）套筒扳手：有13件套、17件套、24件套三种，适用于拆装因位置所限，普通扳手无法进行拆装的螺栓和螺母。拆装时，可根据需要选用不同的套筒和手柄，如图2-1-6所示。

图2-1-5　两用扳手

图2-1-6　套筒扳手

套筒扳手主要由套筒头、手柄、棘轮手柄、快速摇柄、接头和接杆等组成，不同规格的手柄适用于各种不同的场合，以操作方便或提高效率为原则，常用套筒扳手的规格是10~32mm。在汽车维修中还采用了许多专用套筒扳手，如火花塞套筒、轮毂套筒、轮胎螺母套筒等。套筒扳手的结构与使用方法，如图2-1-7所示。

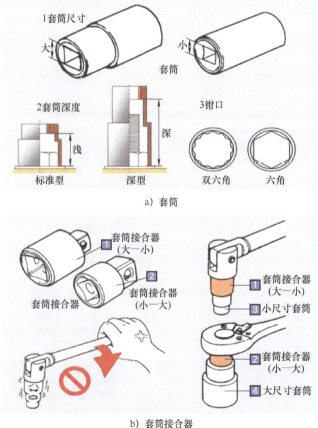

图2-1-7　套筒扳手的结构与使用方法

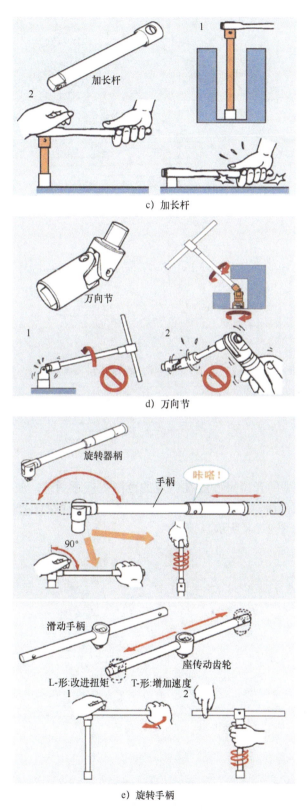

图 2-1-7 套筒扳手的结构与使用方法（续）

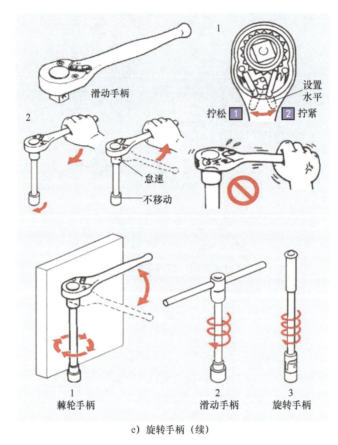

e）旋转手柄（续）

图 2-1-7　套筒扳手的结构与使用方法（续）

7）活扳手：活扳手的开口尺寸能在一定的范围内任意调整，使用场合与呆扳手相同，但活扳手操作起来不太灵活。其规格以最大开口宽度表示，常用有 150mm、300mm 等。

活扳手的使用，如图 2-1-8 所示。

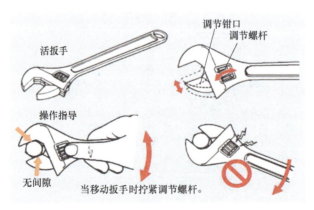

图 2-1-8　活扳手的使用

8）使用扳手的注意事项：

① 所选用的扳手的开口尺寸必须与螺栓或螺母的尺寸相符合，扳手开口过大易滑脱并

损伤螺件的六角,在进口汽车维修中,还应注意扳手公英制的选择;各类扳手的选用原则:一般优先选用套筒扳手,其次为梅花扳手,再次为呆扳手,最后选活扳手。

② 为防止扳手损坏和滑脱,应使拉力作用在开口较厚的一边,这一点对受力较大的活扳手尤其应该注意,以防开口出现"八"字形,损坏螺母和扳手。

③ 普通扳手是按人手的力量来设计的,遇到较紧的螺纹件时,不能用锤击打扳手;除套筒扳手外,其他扳手均不能套装加力杆,以防损坏扳手或螺纹连接件。扳手的使用方法如图 2-1-9 所示。

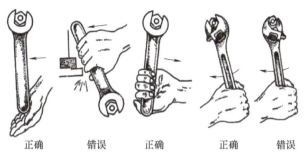

图 2-1-9　扳手的使用方法

(2) 钳类工具的分类与使用方法

1) 鲤鱼钳和钢丝钳:鲤鱼钳钳口的前部是平口细齿,适用于夹捏小零件;钳口中部凹口粗长,用于夹持圆柱形零件,也可以代替扳手旋小螺栓、小螺母;钳口后部的刃口可剪切金属丝。由于一片钳体上有两个互相贯通的孔,又有一个特殊的销子,操作时钳口的张开度可很方便地变化,以适应夹持不同大小的零件,因此鲤鱼钳是汽车维修作业中使用最多的手钳。鲤鱼钳的规格以钳长来表示,一般有 165mm、200mm 两种,用 50 钢制造而成。

钢丝钳的用途和鲤鱼钳相仿,但其销体相对于两片钳体是固定的,故使用时不如鲤鱼钳灵活,但其剪断金属丝的效果比鲤鱼钳要好,规格有 150mm、175mm 和 200mm 三种。

鲤鱼钳、钢丝钳的使用,如图 2-1-10 所示。

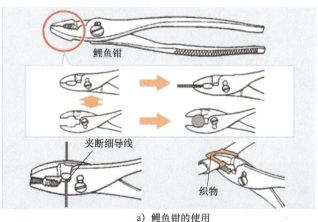

图 2-1-10　鲤鱼钳、钢丝钳的使用

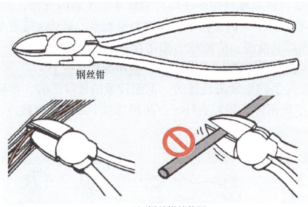

b）钢丝钳的使用

图 2-1-10　鲤鱼钳、钢丝钳的使用（续）

2）尖嘴钳：因尖嘴钳头部细长，所以能在较小的空间工作，带刃口的尖嘴钳能剪切细小零件，使用时不能用力太大，否则钳口头部会变形或断裂。尖嘴钳的规格以钳长来表示，常用的规格为160mm。

尖嘴钳的使用，如图 2-1-11 所示。

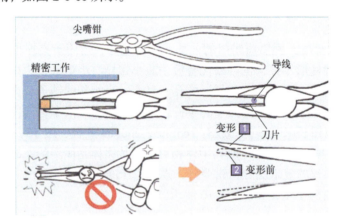

图 2-1-11　尖嘴钳的使用

3）使用钳类工具的注意事项：

① 使用时应擦净钳子上的油污，以免工作时滑脱。扭断或扭弯小的工作物时，应先将其夹牢。

② 不能用钳子代替锤子或用钳柄代替撬棒。

③ 不能用钳子代替扳手松紧螺栓螺母，以免损坏其棱角和平面。

钳类工具的错误使用方法如图 2-1-12 所示。

图 2-1-12　钳类工具的错误使用方法

（3）螺丝刀的分类和使用方法

1）螺丝刀的分类。螺钉旋具俗称螺丝刀，是拧紧或旋松头部带一字或十字槽螺钉的工具。其使用方法是，将螺丝刀拥有特化形状的端头对准螺丝的顶部凹坑，固定后开始旋转手柄；顺时针方向旋转为嵌紧，逆时针方向旋转则为松出。螺丝刀的使用，如图 2-1-13 所示。

普通螺丝刀就是头、柄造在一起的螺丝刀，容易准备，只要拿出来就可以使用，但由于螺丝有很多种不同长度和粗度，有时需要准备很多支不同的螺丝刀。其规格一般以杆的长度表示，一般为 50~350mm。

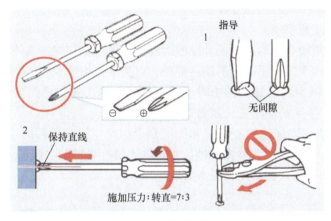

图 2-1-13　螺丝刀的使用

不可用螺丝刀代替撬棒或凿子使用，图 2-1-14 中均为错误用法。

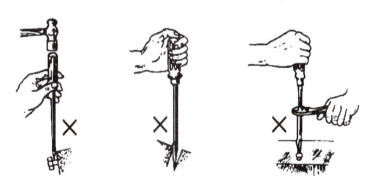

图 2-1-14　不可用螺丝刀代替撬棒或凿子

2）使用螺丝刀的注意事项：

① 使用前应先擦净刀柄和口端的油污，以免工作时滑脱而发生意外，使用后也要擦拭干净。

② 正确的使用方法是以右手握持螺丝刀，手心抵住柄端，让螺丝刀口端与螺栓或螺钉槽口处于垂直吻合状态，如图 2-1-15 所示。

③ 当开始拧松或最后拧紧时，应用力将螺丝刀压紧后再用手腕力扭转螺丝刀；当螺栓松动后，即可使手心轻压螺丝刀柄，用拇指、中指和食指快速转动螺丝刀。

④ 选用的螺丝刀口端应与螺栓或螺钉上的槽口相吻合。如口端太薄易折断，太厚则不能完全嵌入槽内，易使刀口或螺栓

图 2-1-15　螺丝刀的使用方法

槽口损坏。

（4）手锤的分类和使用方法

1）手锤的分类。手锤又称圆顶锤，其锤头一端平面略有弧形，是基本工作面，另一端是球面，用来敲击凹凸形状的工件。按锤头软硬来分，一般分为硬头手锤和软头手锤两种。硬头手锤的规格以锤头质量来表示，以 0.5~0.75kg 的最为常用，锤头以 45、50 钢锻造，两端工作面热处理后硬度一般为 HRC50~57。

2）使用手锤的注意事项：

① 使用前，必须检查锤柄有无松动或破裂现象，以免工作中锤头飞出发生危险。

② 使用时，应将手上和手锤上的油污擦净，以防工作中滑脱伤人。

③ 以右手握住锤柄的后端，锤击时，锤头不可东倒西歪，锤面应与工作物平行接触，眼睛应注视工作物。手锤的使用方法如图 2-1-16 所示。

使用手锤时，切记要仔细检查锤头和锤把是否楔塞牢固，握锤时应握住锤把后部。挥锤的方法有手腕挥、小臂挥和大臂挥三种，手腕挥锤只有手腕动，锤击力小，但准、快、省力，大臂挥是大臂和小臂一起运动，锤击力最大。

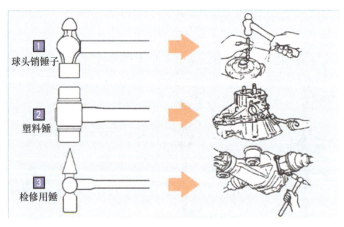

图 2-1-16　手锤的使用方法

（5）专用工具的分类和使用方法

1）火花塞套筒扳手，如图 2-1-17 所示。

2）卡簧钳：有孔用卡簧钳和轴用卡簧钳两种，都是用来把卡在孔间或者轴上的用来防止机件轴向串动的定位卡簧取出或者安装时使用的专用工具。常态时钳口打开的是孔用卡簧钳、常态时钳口闭合的是轴用卡簧钳，如图 2-1-18 所示。

3）活塞环拆装钳：用于装卸发动机活塞环，避免活塞环受力不均匀而拆断，如图 2-1-19 所示。使用活塞环拆装钳时，将拆装钳上的环卡卡住活塞环开口，握住手把均匀地稍稍用力，使拆装钳手把慢慢地收缩，环卡将活塞环徐徐地张开，将活塞环取出或装入活塞环槽。使用活塞环拆装钳拆装活塞环时，用力必须均匀，避免用力过猛而导致活塞环折断，同时能避免伤手事故。

4）活塞环压缩器：用于压紧活塞环，安装活塞总成到气缸体内，如图 2-1-20 所示。

第二章　汽车维修常用工具及量具

图 2-1-17　火花塞套筒扳手

图 2-1-18　卡簧钳

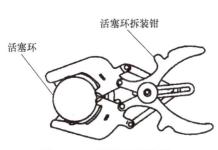

图 2-1-19　活塞环拆装钳

图 2-1-20　活塞环压缩器

5）气门弹簧拆装工具：一种专门用于拆装顶置气门弹簧的工具，如图 2-1-21 所示。使用时，将拆装架托架抵住气门，压环对正气门弹簧座，然后压下手柄，使气门弹簧被压缩。这时可取下气门弹簧锁销或锁片，慢慢地松抬手柄，即可取出气门弹簧座、气门弹簧和气门等。

6）黄油枪：用于各润滑点加注润滑脂，由油嘴、压油阀、柱塞、进油孔、杆头、杠杆、弹簧、活塞杆等组成，如图 2-1-22 所示。

图 2-1-21　气门弹簧拆装工具

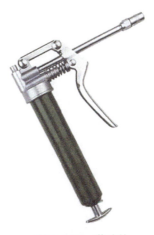

图 2-1-22　黄油枪

7）拉器：用于拆卸过盈配合安装在轴上的齿轮或轴承等零件的专用工具。常用拉器为手动式，在一杆式弓形叉上装有压力螺杆和拉爪，如图 2-1-23 所示。使用时，在轴端与压力螺杆之间垫一块垫板，用拉器的拉爪拉住齿轮或轴承，然后拧紧压力螺杆，即可从轴上拉下齿轮等过盈配合件。

2. 气动工具

（1）气动工具的分类

气动工具包括：气动扳手（也叫风扳手、风炮、风扳机），气动螺丝刀（也叫气动起子、风批），气动抛光机（也叫气动打磨机、气动水磨机、气动砂磨机、气动研磨机），气动喷枪，气动拉钉枪，气动拉帽枪，气铲，气锤，减振气动锤，减振气动锉刀等。常用的气动工具如图 2-1-24 所示。

图 2-1-23　拉器

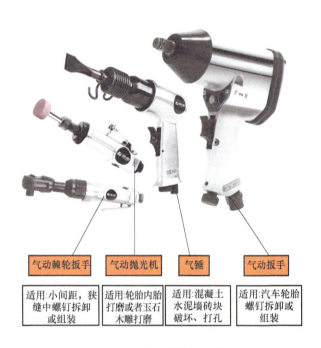

图 2-1-24　常用的气动工具

（2）气动工具的安全操作程序

1）气动工具应在说明书规定的功能和范围内使用，并按照使用说明书的要求定期进行维护工作。严禁将气动工具的出风口指向其他人员。

2）气动工具的最大供气压力不允许超过规定值。当供气压力超过额定工作压力时，应使用压力调节阀。

3）供气软管应为耐压软管，内表面耐油，外表面耐磨，软管应牢牢地固定在接头上。

4）应定期检查气动扳手、供气软管、接头和夹具的安全性。如发现异常，应及时修理或更换。

5）使用气动工具拆卸或安装螺母时，应先将套筒插入要拆卸的螺母中，并根据螺母旋转方向的要求，轻轻打开开关试运行，确认旋转方向正确后，再正式运行。套筒未插入螺母时，严禁打开开关。工作时，身体不要触碰气动扳手的转动部件，以免造成伤害。

6）根据维修车辆车轮螺母的规格选择合适的螺母拧紧力矩。

7）开机时，气动工具应施加一定的轴向推力，以保证螺母套在工作时不易被甩出。

8）工作结束后，应及时关闭供气管道阀门，清理机具，将气管放回原位。

（3）使用气动工具的注意事项

1）切勿抛掷、掉落或强力撞击气动工具，否则会造成工具零件的缺陷、脱落或失效。

2）尽量避免刀具高速空旋转和空跳动，否则刀具磨损过快，性能下降。

3）气动工具内部易受潮生锈，高速旋转又易导致磨损。为了使工具耐用，应经常添加润滑油，轴承零件应经常添加润滑脂。

4）气动工具中使用的空气体应干燥清洁。水和灰尘会导致扳手内部生锈和磨损，从而缩短工具寿命。

5）气动扳手工作压力应为 0.5~0.7MPa。压力过高，刀具磨损过快；压力过低，工具的性能将无法发挥。

6）气动工具应使用指定内径的进气管。此外，进气管每延长 10m 会导致 0.1MPa 的压降，不要过度延长进气管。

3. 电动工具

（1）电动工具的分类

1）电动螺丝刀（图 2-1-25）。

2）电动扳手（图 2-1-26）。

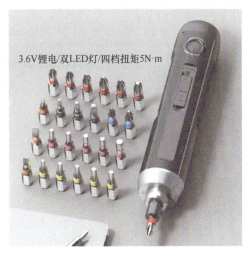

图 2-1-25 电动螺丝刀

图 2-1-26 电动扳手

（2）使用电动工具的注意事项

1）电动工具启动后，应空载运转，检查并确认工具联动灵活无阻。作业时，加力应平稳，不得用力过猛。

2）严禁超载使用。作业中应注意声音及温度，发现异常应立即停机检查。作业时间过长，工具温度超过 60℃时，应停机，自然冷却后再进行作业。

3）作业中，不得用手触摸刃具、模具和砂轮，发现其有磨钝、破损情况时，应立即停机或更换，然后再继续进行作业。

4）电动工具转动时，不得同时做其他事情，更不得撒手不管。

（3）电动工具的维护与保养

电动工具维护与保养包括：使用中的保养，正确的存储，定期检查，定期试验，定期检查。

1）应正确使用电动工具，避免错误操作造成零部件的损伤，从而减少故障率，延长使用寿命。

2）使用时应保持清洁，注意防止杂物进入电动工具。

3）使用后应及时清除灰尘和油污，存放在清洁干燥的地方，不能存放在含有腐蚀性气体的环境中，也不宜存放在经常有阳光直射的地方。

4）应定期进行检查和测试。

5）单相串励电动工具的电刷与换向器部分应定期检修和更换。

4. 轮胎拆装调整工具

（1）扒胎机的结构与使用方法

1）扒胎机的结构（图2-1-27）。

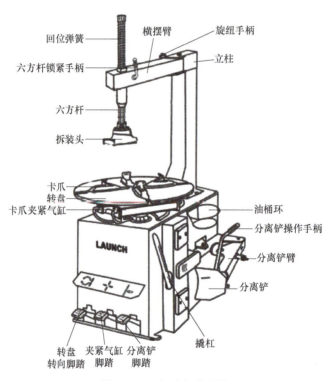

图 2-1-27 扒胎机的结构

2）扒胎机的使用方法。

① 拆卸轮胎：

a. 将轮胎中的空气全部放掉。清除车轮上的杂物并拆卸平衡块，以免发生危险，拆卸平衡块时请使用专用工具，如图2-1-28所示。

b. 拆卸轮胎前，请先用毛刷蘸取润滑剂盒中事先放好的有效润滑剂，并润滑胎缘，否则在压胎时分离铲会磨损胎缘，如图 2-1-29 所示。

c. 将轮胎置于分离铲和橡胶垫之间，使分离铲边缘置于胎缘与轮辋之间，距离轮辋边缘大约 1cm 处，然后踩下分离铲脚踏，使胎缘与轮辋分离，如图 2-1-30 所示。

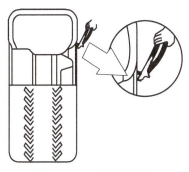

图 2-1-28　拆卸平衡块

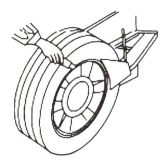

图 2-1-29　润滑胎缘

d. 在轮胎其他部位重复以上操作，使胎缘与轮辋彻底脱离。

e. 将胎缘与轮辋已分离的车轮放在转盘上（对于不对称的深槽轮辋，应将窄的轮辋朝上放置）。

f. 将夹紧气缸脚踏踩到底，夹紧轮辋。

g. 拉回横摆臂，调整横摆臂和六方杆的位置，使拆装头内侧贴紧轮辋外缘，然后转动旋钮手柄将横摆臂顶住，再顺时针旋转六方杆锁紧手柄将六方杆锁紧。这时拆装头内侧距离轮辋边缘 1~2mm，以免划伤轮辋，如图 2-1-31 所示。

图 2-1-30　使胎缘与轮辋分离

图 2-1-31　拆装头内侧距离轮辋边缘 1~2mm

h. 用撬杠将胎缘撬在拆装头前端半球形凸起以上（为方便撬出，将拆装头对面的轮胎上缘向下压，压到轮槽以内后，再使用专用撬杠将胎缘撬出），如图 2-1-32 所示，踩下转盘转向脚踏，让转盘顺时针旋转，直到胎缘脱落为止。

如果有内胎，为了避免损坏内胎，在进行这一步操作时，建议将轮胎气门嘴置于拆装头前端约 10cm 左右，如图 2-1-33 所示。

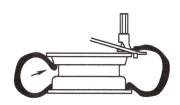

图 2-1-32　将胎缘撬到拆装头前端半球形凸起以上

i. 上抬轮胎，使拆装头相对位置的下胎缘进入轮槽，再将下胎缘撬到拆装头半球形凸起上，如图 2-1-34 所示。然后踩下转盘转向脚踏，直至下胎缘脱离轮辋。

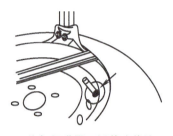

图 2-1-33　将气门嘴置于拆装头前端 10cm 左右

图 2-1-34　将下胎缘撬到拆装头半球形凸起之上

j. 踩下夹紧气缸脚踏，松开卡爪，取下轮辋，拆胎完成。

② 安装轮胎：

a. 在安装轮胎之前，检查轮胎和轮辋尺寸是否相符。

b. 夹紧轮辋（方法同拆卸轮胎夹紧操作）。

c. 在轮胎和轮辋上涂上有效的润滑剂（如浓肥皂水）。

d. 将轮胎倾斜放在轮辋上，左端向上，将横摆臂拉回，进入工作位置，如图 2-1-35 所示。

e. 检查拆装头与轮辋的配合情况，如不符，应进行调整。

f. 调整轮胎与拆装头的相对位置，使轮胎内缘与拆装头交叉。在拆装头尾部，应使胎缘置于拆装头上，如图 2-1-36a 所示；在拆装头前端，应使胎缘置于拆装头球形凸起之下，如图 2-1-36b 所示。

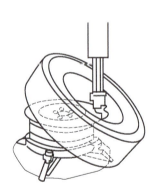

图 2-1-35　将轮胎倾斜放在轮辋上

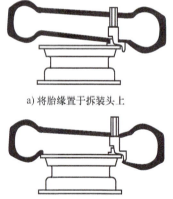

a）将胎缘置于拆装头上

b）将胎缘置于拆装头球形凸起之下

图 2-1-36　调整轮胎与拆装头的相对位置

g. 压低胎肚，踩下转盘转向脚踏，顺时针旋转转盘，让下部胎缘完全落入轮辋槽内。如需要安装内胎，检查内胎是否受过损伤，然后将其套在轮辋上（在整个安装过程中需要注意内胎的位置）。

h. 为了安装上胎缘，须重新放好轮胎，调整好胎缘位置（与安装下胎缘相同），如图 2-1-37 所示，用手压低胎肚，尽量使胎缘进入轮槽内，如图 2-1-38 所示。

i. 将轮胎从转盘上松开。

j. 将轮胎充气，如图 2-1-39 所示。

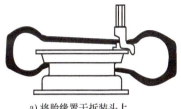

a）将胎缘置于拆装头上

b）将胎缘置于拆装头球形凸起之下

图 2-1-37　调整好胎缘位置，安装上胎缘

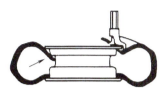

图 2-1-38　使胎缘进入轮槽内

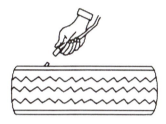

图 2-1-39　轮胎充气

（2）轮胎动平衡机的结构与使用方法

1）轮胎动平衡机的结构（图 2-1-40）。

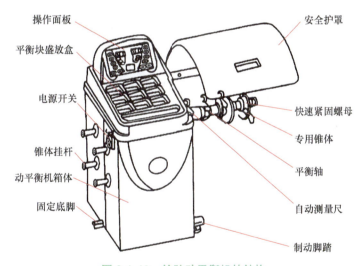

图 2-1-40　轮胎动平衡机的结构

2）轮胎动平衡机的使用方法：

① 去除旧平衡块。

② 清洁轮胎。

③ 检查轮胎压。

④ 选择合适的锥套，安装车轮。

⑤ 安装车轮，用车轮锁紧扳手锁紧。

⑥ 测量轮辋的宽度、从胎侧读出轮辋直径、测量平衡机机箱至轮辋边缘的距离，在轮胎动平衡机上输入数据。

⑦ 盖下保护盖，按下"开始"按键，平衡机开始带动轮胎旋转，测量开始，注意不要

站在轮胎附近以免发生危险。

⑧ 平衡机测出数据自动停止。

⑨ 将轮胎旋转至平衡机一侧位置灯全亮（不同机型显示方式不同），在全亮这一侧的轮辋最高点也就是 12 点的位置敲入相应克数的铅块，另一侧也是如此。

⑩ 再启动平衡机检测，直到平衡机显示为 0（5g 以下即可，因为没有 5g 以下的铅块，平衡机也不显示 5g 以下的不平衡量）。

⑪ 动平衡结束取下轮胎。

5. 台式钻床的结构与使用方法

1）台式钻床的结构：钻床用来对工件进行各类圆孔的加工，有台式钻床、立式钻床和摇臂钻床等，台式钻床的结构如图 2-1-41 所示。

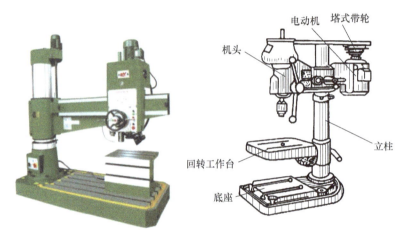

图 2-1-41　台式钻床的结构

2）台式钻床的使用方法：

① 按照加工图纸进行划线，如图 2-1-42 所示。

② 用样冲进行中心眼定位，如图 2-1-43 所示。

③ 将所需钻头固定在钻夹头中，要夹正、夹紧。用手转动转轴，检查啮合情况。

④ 根据钻孔直径和材料性质，调整台钻的转速，如钻头直径小或钻软材料时，转速应快，反之应慢。

⑤ 将工件在工作台上固定好，要求平、紧、不变形，如图 2-1-44 所示。

图 2-1-42　划线

图 2-1-43　进行中心眼定位

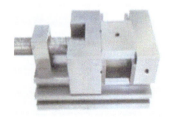

图 2-1-44　将工件固定好

⑥ 扳动进刀手柄，使钻头对正工件孔的中心，钻头应与工件表面垂直。

⑦ 打开电动机开关，左手扶住平口钳，防止移动；右手握进刀手柄向下进刀，孔钻完后将进刀手柄恢复原位，关闭开关。

汽车维修常用的量具

1. 常用测量工具

（1）游标卡尺的认知与应用情境

1）游标卡尺的认知：游标卡尺是一种测量长度、内外径、深度的量具。游标卡尺由主尺和附在主尺上能滑动的游标两部分构成。主尺一般以毫米为单位，而游标上则有10、20或50个分格，根据分格的不同，游标卡尺可分为10分度游标卡尺、20分度游标卡尺、50分度格游标卡尺等，10分度游标卡尺的总长度为9mm、20分度的为19mm、50分度的为49mm。游标卡尺的主尺和游标上有两副活动量爪，分别是内测量爪和外测量爪，内测量爪通常用来测量内径，外测量爪通常用来测量长度和外径，如图2-2-1所示。

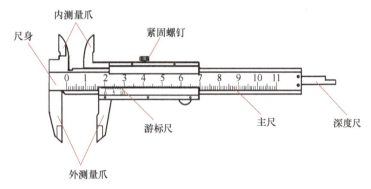

图 2-2-1　游标卡尺的结构

2）游标卡尺的读数方法（图2-2-2）：以分度值为0.02mm的精密游标卡尺为例，读数方法可分为以下3步。

① 根据副尺零线以左的主尺上的最近刻度读出整毫米数。
② 根据副尺零线以右与主尺上的刻度对准的刻线数乘上0.02读出小数。
③ 将整数和小数两部分加起来，即为总尺寸。

3）游标卡尺的应用情境：

游标卡尺作为一种常用量具，其可具体应用在以下这四个方面：
① 测量工件宽度（图2-2-3a）。
② 测量工件外径（图2-2-3b）。
③ 测量工件内径（图2-2-3c）。
④ 测量工件深度（图2-2-3d）。

（2）千分尺的认知与应用情境

1）千分尺的认知：千分尺又称螺旋测微器、螺旋测微仪，利用螺旋副原理或利用线位移传感器技术对螺杆移动距离进行读数，测量测砧之间物体的外尺寸、内尺寸或深度的一种测量仪器。按不同被测尺寸的特点设计有不同的外形结构,如外径千分尺、内径千分尺、深度千分尺等。千分尺的测量范围分为 0~25mm、25~50mm、50~75mm、75~100mm、100~125mm 等多种。如图 2-2-4 所示,千分尺由固定测砧、测微螺杆、锁紧装置、固定套筒、微分筒、棘轮测力装置、尺架等组成。

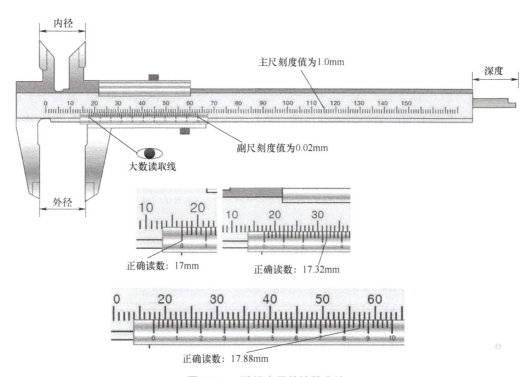

图 2-2-2　游标卡尺的读数方法

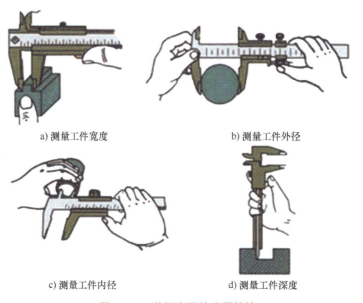

图 2-2-3　游标卡尺的应用情境

第二章　汽车维修常用工具及量具

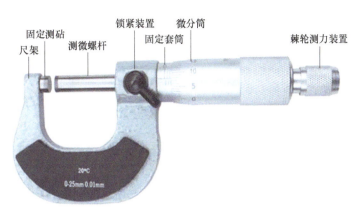

图 2-2-4　千分尺的结构

2）千分尺的读数方法：

由两部分组成：读固定套筒时，先读固定刻度，再读半刻度，若半刻度线已露出，记作 0.5mm，若半刻度线未露出，记作 0.0mm；读微分筒时，其分度值为 0.01mm。测量结果 = 固定套筒读数 + 微分筒读数。

图 2-2-5a 中：固定套筒读数为 7mm+0.5mm，微分筒上的读数为 0.39mm，所以结果为 7mm+0.5mm+0.39mm=7.89mm。

图 2-2-5b 中：固定套筒读数为 7mm+0.5mm，微分筒上的读数为 0.35mm，所以结果为 7mm+0.5mm+0.35mm=7.85mm。

图 2-2-5c 中：固定套筒读数为 0.5mm，微分筒上的读数为 0.10mm，所以结果为 0.5mm+0.1mm=0.6mm。

3）千分尺的应用情境：千分尺作为一种常用量具，可具体应用在：测量工件的尺寸、厚度，如图 2-2-6 所示。

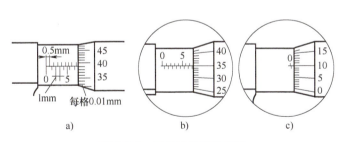

图 2-2-5　千分尺的读数方法

图 2-2-6　测量制动盘厚度

（3）直尺的认知与应用情境

1）直尺的认知：直尺也称为间尺，具有精确的直线棱边，用来测量长度和作图，如图 2-2-7 所示。三种长度不同的竖线都叫刻度线；数字是按从小到大的顺序排列的；零刻度线标志着读数的开始；单位：cm。

2）直尺的应用情境：直尺在汽车维修上主要用于检查制动片的厚度、制动踏板的行程、离合器踏板的行程等，如图 2-2-8 所示。

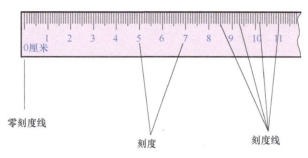

图 2-2-7　直尺的认知

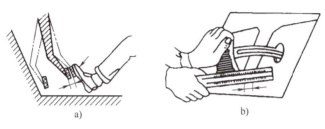

图 2-2-8　检查制动踏板行程

（4）冰点检测仪的认知与应用情境

1）冰点检测仪的认知：防冻液冰点仪是为测量电池溶液及防冻液的浓度而设计的便携式检测仪器。通过测得的百分比可以知道以丙二醇和乙二醇为基的防冻系统的冰点和汽车前窗玻璃清洁液的冰点，还可用来检查铅酸蓄电池内电解的比重及使用状态，为配制、检测防冻液，电池液提供了极大方便，如图 2-2-9 所示。

2）冰点检测仪的应用情境：

以检测防冻液冰点为例，介绍冰点检测仪的使用方法：

① 测量防冻液冰点时，取少许防冻液涂在比重计观测口上。

② 用眼睛直接观测冰点测试仪，观测口将显示防冻液冰点。

③ 观测口中有明显的蓝白分界线，上部为蓝色，下部为白色，分界线对应的刻度即为测量的结果。图 2-2-10 所示的防冻液冰点为 –41℃。

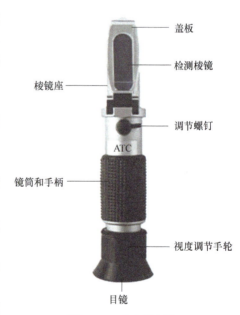

图 2-2-9　冰点检测仪

（5）制动液检测仪的认知与应用情境

1）制动液检测仪的认知：汽车制动液检测仪是一款通过检测制动液中的含水量，来判断制动液是否需要更换的手持汽车检测设备。制动液检测仪可以用来检测 DOT3、DOT4、DOT5.1，如图 2-2-11 所示。

第二章　汽车维修常用工具及量具

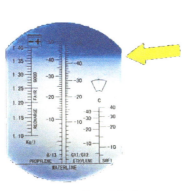

图 2-2-10　检查冷却液冰点

图 2-2-11　制动液检测仪

2）制动液检测仪的应用情境：制动液检测仪用于检测制动液中含水量。

制动液检测仪上有 3 个 LED 灯，分别显示绿色、黄色和红色。检测时，将制动液吸入管内，根据笔上 LED 灯的显示，即可快速判断制动液的含水量。绿灯 LED 灯亮表示制动液含水量低，制动液合格；黄色 LED 灯亮表示制动液含水量一般，可以继续使用，但 6 个月后需要再次检测；红色 LED 灯亮表示制动液含水量高，不能再使用，需要及时更换，如图 2-2-12 所示。

（6）百分表的认知与应用情境

1）百分表的认知：百分表是一种精度较高的比较量具，它只能测出相对数值，不能测出绝对值，主要用于检测工件的形状和位置误差（如圆度、平面度、垂直度、圆跳动等），也可用于校正零件的安装位置以及测量零件的内径等。百分表及其支架如图 2-2-13 所示。

图 2-2-12　检测制动液中的含水量

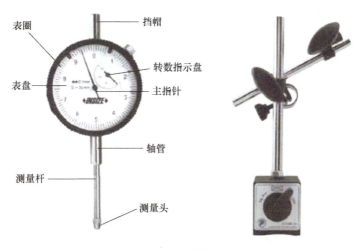

图 2-2-13　百分表及支架

2）百分表的读数方法：

先读小指针转过的刻度线（即整数部分）；再读大指针转过的刻度线（即小数部分），并乘以 0.01，两者相加即为所测量的数值。

① 示例一（图 2-2-14）：

第一步：读小指针的刻度，为 0（还不到 1，所以为 0），即为 0mm。

第二步：读大指针的刻度，为 87，即为 87×0.01=0.87mm。

第三步：测量结果为 0mm+0.87mm=0.87mm。

② 示例二（图 2-2-15）：

第一步：读小指针的刻度，为 1（还不到 2，所以为 1），即为 1mm。

第二步：读大指针的刻度，为 65，即为 65×0.01=0.65mm。

第三步：测量结果为 1mm+0.65mm=1.65mm。

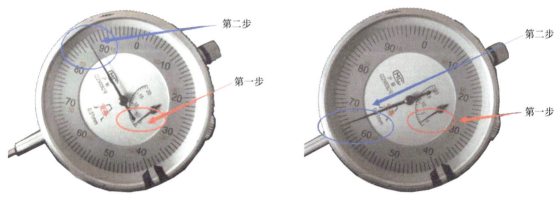

图 2-2-14 百分表的读数示例一　　　　图 2-2-15 百分表的读数示例二

3）百分表的应用情境：百分表的一个非常重要的应用是测量工件形状和位置误差等，如圆度、圆跳动、平面度、平行度、直线度等，如图 2-2-16 所示。

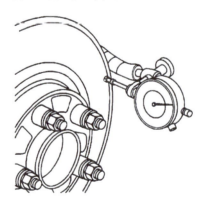

图 2-2-16 测量制动盘的圆跳动

（7）量缸表的认知与应用情境

1）量缸表的认知：量缸表又称内径百分表，是一种用于测量孔径的比较性量具。量缸表主要由百分表、固定螺栓、测量架和测量（矩）杆等组成。为了测量不同直径的气缸，量缸表上附有不同尺寸的固定扭矩棒，如图 2-2-17 所示。

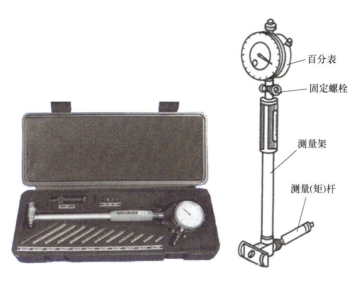

图 2-2-17　量缸表

2）量缸表的使用方法（表 2-2-1）。

表 2-2-1　量缸表的使用方法

序号	步骤	说明
1	选用可换测量头	根据气缸标准直径（可用游标卡尺测量确定气缸的标准直径），选择合适的可换测量头（测量头有不同厚度的垫片供选择），连同固定螺母一起旋入量缸表的下端
2	装表	将百分表装入测量杆的上端（应使表的大指针有半圈左右的压缩量），并固定好位置（以方便读表为准）
3	校零（气缸外校零）	将调整到所测量气缸的标准直径，并以此对量缸表进行校零。其要求是：使测量杆与接杆两端之间的距离等于所量气缸的标准直径，且测量杆的压缩量大约为 1~2mm（最多为百分表量程的一半），并在此条件下，转动百分表的表盘使大指针对准零刻度线，此时还应记下百分表上小指针的分度值。若测量杆的压缩量不合适，则通过调节接杆的位置进行调整
4	测量	测量时，握住绝热套，将测量杆放入被测气缸中，一方面使测量杆在气缸的圆周方向略作转动，找出气缸在圆周方向的最大直径值；另一方面适当摆动测量杆，使测量杆与气缸轴线相垂直，此时百分表大指针偏转指示出最小值（即找出气缸的轴向最小值），该数值就是气缸的实际尺寸与气缸标准直径之间的实际偏差（注意：若小指针的偏转量超过一个单位，则应结合小指针的指示值读数）。 偏差的判断方法是： ① 如果大指针顺时针偏离零刻度线，则表示实际缸径小于标准缸径。 ② 如果大指针正好指在零刻度线，说明实际缸径等于标准缸径。 ③ 如果大指针逆时针偏离零刻度线，则表示实际缸径大于标准缸径

3）量缸表的应用情境：在汽车维修中，量缸表主要用于测量发动机气缸和轴承座孔的圆度、圆柱度误差以及气缸的磨损情况，如图 2-2-18 所示。

（8）万用表的认知与应用情境

1）万用表的认知：万用表又称为复用表、多用表、三用表、繁用表等，是电力、电子等部门不可缺少的测量仪表，一般以测量电压、电流和电阻为主要目的。万用表按显示方式分为指针万用表和数字万用表。万用表是一种多功能、多量程的测量仪表,如图 2-2-19 所示。

测量新能源汽车时,需要使用专用的表笔。

2)万用表的应用情境:一般万用表可测量直流电流、直流电压、交流电流、交流电压、电阻和音频电平等,有的还可以测量电容量、电感量及半导体的一些参数。

2. 汽车维修及维护相关设备

(1) 故障诊断仪的认知与应用情境

1)故障诊断仪的认知:汽车故障诊断仪又称汽车解码器,是用于检测汽车故障的便携式智能汽车故障自检仪,用户可以利用它迅速地读取汽车电控系统中的故障,并通过其液晶显示屏显示的故障信息,迅速查明发生故障的部位及原因,如图 2-2-20 所示。

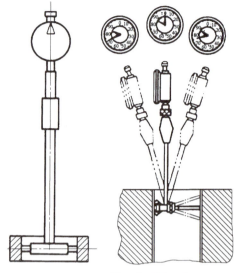

图 2-2-18 量缸表测量示意

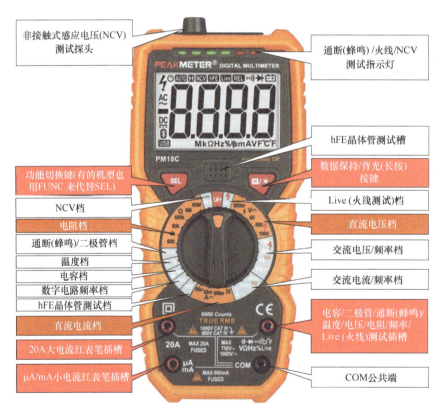

图 2-2-19 万用表

2)故障诊断仪的应用情境:主要用于读取汽车故障码、读取发动机型号、读取车载计算机版本信息、读取系统参数号、读取数据流、清除故障码、元件测试、断缸测试、压缩测试、喷油嘴测试、维修帮助、在线学习等。

（2）蓄电池检测仪的认知与应用情境

蓄电池检测仪（图 2-2-21）又称蓄电池测试仪或蓄电池分析仪，是判断汽车蓄电池的工作能力的专业分析检测设备。

图 2-2-20　汽车故障诊断仪

图 2-2-21　蓄电池检测仪

（3）空调压力检测表的认知与应用情境

空调压力检测表（图 2-2-22）是维修汽车空调系统必不可少的重要工具，它可以用来检测系统压力、向系统充注制冷剂、抽真空、向系统加注润滑油等。

（4）汽车真空压力表的认知与应用情境

汽车真空压力表在汽车检测中的作用有：

1）在发动机怠速工作时，用真空压力表测量进气道的真空度应为 50~70kPa。若测量值不在此范围，要根据不同情况进行分析，以判断故障所在，如图 2-2-23 所示。

2）在发动机急加速时进行测试，可显示活塞漏气的程度。急加速时，真空压力表的读数应突然下降；急减速时，真空压力表指针将在原怠速时的位置向前大幅度跳跃。即当迅速开启和关闭节气门时，真空压力表指针的摆动量应在 7~8kPa 之间。

图 2-2-22　空调压力检测表

3）排气系统阻塞测试。在发动机转速为 1000r/min 的条件下进行此项测试工作，仔细观察真空压力表读数，如果读数明显地逐渐下降，则表明排气系统存在阻塞现象。汽车真空压力表可以用来检查节气门后方的真空度，节气门后方真空度可以反映发动机的转速与发动机负荷之间的关系，可以根据真空压力表的信号来判断发动机的工况。

图 2-2-23　汽车真空压力表

4）用于检测发动机的运转是否正常，进排气是否顺畅，怠速时发动机节气门后方是否漏气等。

（5）发动机机油压力表的认知与应用情境

1）机油压力表的认知：机油压力表（图2-2-24）用来指示发动机机油压力的大小，以便了解发动机润滑系统工作是否正常，以防因缺机油而造成拉缸、烧瓦的重大故障发生。机油压力表由装在发动机主油道上的机油压力传感器和仪表板上的机油压力指示表组成。常用的机油压力表有双金属片式、电磁式和动磁式，其中以双金属片式机油压力表应用最为广泛。

2）机油压力表使用方法：将车辆停驻在水平表面上，等待足够长的时间（2~3min），使机油回流并测量机油位是否过低，添加推荐等级的发动机机油，并向曲轴箱加油，直到机油位达到机油尺上的"FULL（满）"刻度。运转发动机并确认机油压力表或指示灯是否显示压力低或无压力。

图2-2-24　机油压力表

3）机油压力表使用注意事项：机油压力表必须与其配套设计的稳压器、传感器配套使用；安装时必须保证接线柱绝缘良好，拆卸时不要敲打；弹簧管式机油压力表安装时必须保证管口的密封，以防漏油。

（6）发动机燃油压力表的认知与应用情境

燃油压力表（图2-2-25）是用来检测汽车燃油压力的。燃油压力表可以检测油泵的供油压力、燃油压力调节器的工作状况以及供油管路有没有泄漏等。通过对供油压力的大小进行分析判断，检查燃油系统是否存在故障。

（7）发动机异响测听器的认知与应用情境

1）发动机异响听诊器的认知：发动机异响听诊器（图2-2-26）通过对车体上异响声音的诊断，能够快速确定发动机及驱动部件的异响部位，迅速查明发动机故障问题，使用简单、操作方便。

图2-2-25　燃油压力表

2）发动机异响听诊器的使用方法：

① 外部听诊：使用听诊器具（金属棒或旋具等）或不使用听诊器具在发动机外部进行听诊的方式，称为外部听诊。有实听和虚听之分，实听是用听诊器具抵在发动机机体上进行诊断的一种听诊方法，虚听是不用听诊器具直接凭听觉诊断异响的一种听诊方法。

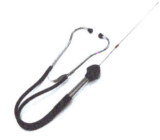

图2-2-26　汽车异响听诊器

② 内部听诊：是相对于外部听诊而言的，它是利用导音器材从发动机内部拾音进行听诊的一种方式。如将听音管通过加油口或机油尺插口插入曲轴箱中（不能插入机油池内）进行听诊。这种听诊方式可以排除外部噪声的干扰，尤其是对于声音较小的异响和外部难以辨别的异响，内部听诊的诊断效果比外部听诊要好。

（8）汽车内窥镜的认知与应用情境

汽车内窥镜（图2-2-27）是针对汽车制造及维修领域专业设计的内窥镜，主要用于检测诊断汽车发动机。

汽车内窥镜操作简单、灵活、小巧，便于携带，柔软、细小、可弯曲的插入管可以到达需要检查的任何隐蔽的部位。汽车内窥镜降低了修理费用，同时避免了对机件多次拆装而造成的损害。

（9）汽车示波器的认知与应用情境

汽车示波器（图2-2-28）主要用于脉冲频率信号的检测。通过汽车示波器可以看到万用表无法显示的信号。

汽车示波器在汽车电子控制故障诊断中，有两种应用方式：一是对整个系统运行状态进行分析，从而确定整个系统运行的情况；二是对某个电器或电路的故障进行分析，进而确定在整个系统运行正常的情况下，某个电器或某段电路存在的故障。

图2-2-27　汽车内窥镜

图2-2-28　示波器

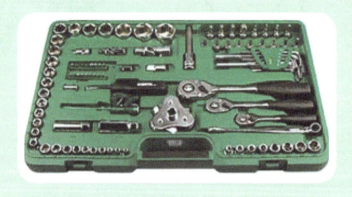

模块二

汽车机械系统

第三章
燃油汽车发动机的结构认知与检测

本章目录

一、发动机的基本类型
二、发动机的总体构造
三、汽油发动机的工作原理
四、汽油发动机的结构认知、拆装及检测
五、燃油汽车发动机电控系统的组成认知、拆装及检测

一 发动机的基本类型

1. 按结构分类

1）直列式发动机：具有两个或两个以上气缸，且所有气缸中心线在同一平面内呈一列布置的发动机，如图3-1-1所示。

直列式发动机的气缸体和曲轴结构简单，并且使用一个气缸盖，制造成本较低，稳定性高，低速扭转特性好，燃料消耗少，故应用比较广泛。直列式发动机可以通过增加缸数提高发动机功率，但其长度会随之增加，影响适装性。

2）V型发动机：将所有气缸分成两列，两列气缸的中心线平面相交成V形而共用一根曲轴的发动机，如图3-1-2所示。V型发动机的高度和长度尺寸小，在汽车上布置起来较为方便。V型发动机气缸对向布置，可抵消一部分振动，使发动机运转更平顺。V型发动机的缺点是必须使用两个气缸盖，结构较为复杂、成本较高。V型发动机的气缸数一般为6、8、10、12、16。其中，V6发动机广泛应用于中高级轿车，其气缸夹角一般为60°或90°。

图3-1-1 直列式发动机

图3-1-2 V型发动机

两个气缸列的每对对置连杆共用曲轴的一个曲柄轴颈，如图3-1-3所示。

3）水平对置发动机：两个或两列气缸呈180°夹角排列在同一曲轴两侧的发动机，即夹角为180°的V型发动机，如图3-1-4所示。

水平对置发动机的每一个活塞连杆机构都连接在各自独立的曲柄销上，而且其活塞运动方向始终都是对向运动，即相邻对向活塞的运动方向始终相反。当左边活塞向右运动的时候，相邻的对向活塞便会向左运动，这样一来，水平对置发动机就会通过自身的运转特性化解发动机振动，所以水平对置发动机产生的振动较小。

4）VR型发动机：一种特殊的发动机，它将V型发动机的两组气缸以15°的小夹角交错布置（图3-1-5），大幅缩小了发动机的体积，使得小尺寸汽车也可以装备V型发动机。同时，因为两列气缸相离很近，所以共用一个气缸盖，相比常规夹角的V型发动机，VR性发动机还可降低生产成本。VR型发动机也是W型发动机的基础。

5）W型发动机：可看作是将V型发动机每侧气缸组再进行小角度错开的发动机，或是由两个小V型发动机组合而成的大V型发动机，如图3-1-6所示。与V型发动机相比，

W型发动机在缸数相同的情况下长度更短、尺寸更紧凑,适合用在体型较小但又有大排量需求的车型上。但是W型发动机结构复杂,制造和维护的成本较高。

图 3-1-3　V8 发动机上带有连杆的曲轴

图 3-1-4　水平对置发动机

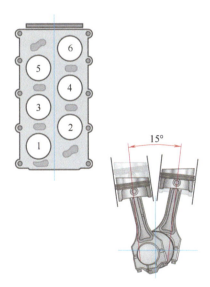

图 3-1-5　VR 型发动机

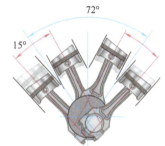

图 3-1-6　W 型发动机

2. 按使用燃料分类

汽车发动机按使用燃料不同,可分为汽油发动机和柴油发动机。

二　发动机的总体构造

以汽油发动机为例,由曲柄连杆机构、配气机构、燃料供给系统、润滑系统、冷却系统、点火系统、起动系统组成。

1)曲柄连杆机构：包括活塞、连杆、带飞轮的曲轴等，如图3-2-1所示。曲柄连杆机构是将活塞的直线往复运动变为曲轴的旋转运动并输出动力的机构，可以承受高温、高压。

2)配气机构：包括进气门、排气门、摇臂、进气凸轮轴、排气凸轮轴以及凸轮轴正时带轮（由曲轴正时带轮驱动）等，图3-2-2所示为大众CEA 1.8TSI发动机的配气机构。它的作用是使可燃混合气及时充入气缸并及时从气缸排出废气。

3)燃料供给系统（图3-2-3）：包括汽油箱、汽油泵、汽油滤清器、空气滤清器、进气管、排气管、排气消声器等。它的作用是把汽油和空气混合为成分合适的可燃混合气供入气缸，以供燃烧，并将燃烧生成的废气排出发动机。

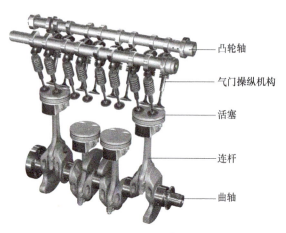

图3-2-1　曲柄连杆机构

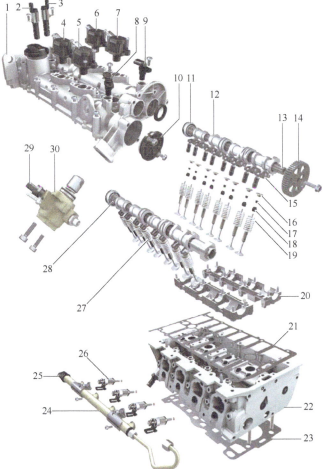

图3-2-2　配气机构

1—气缸盖罩；2—凸轮轴调节阀N205；3—排气凸轮轴调节阀N318；4—2缸进气凸轮调节器N583；5—3缸进气凸轮调节器N591；6—2缸排气凸轮调节器N587；7—3缸排气凸轮调节器N595；8—霍尔传感器G40；9—霍尔传感器2 G163；10—凸轮轴盖板；11—有槽的滑动轴承；12—可移动凸轮；13—排气凸轮轴；14—水泵驱动轮；15—带支撑元件的滚子摇臂；16—气门弹簧座；17—气门杆油封；18—气门锁块；19—气门弹簧；20—凸轮轴轴承架；21—气缸盖罩密封垫（金属密封垫）；22—缸盖；23—缸盖密封垫；24—油轨；25—燃油压力传感器G247；26—1-4缸喷油阀N30-N33；27—进气阀；28—进气凸轮轴；29—燃油压力调节阀N276；30—高压燃油泵

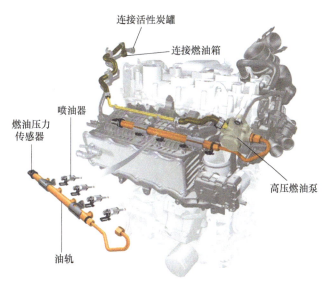

图 3-2-3 燃料供给系统

4）润滑系统（图 3-2-4）：包括机油泵、机油集滤器、限压阀、润滑油道、机油滤清器等，其功用是将润滑油（发动机润滑油也称机油）供给做相对运动的零件，以减少它们之间的摩擦阻力，减轻机件的磨损，并部分地冷却摩擦零件，清洗摩擦表面。

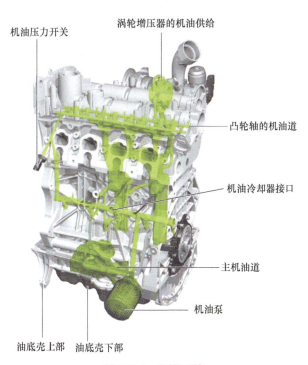

图 3-2-4 润滑系统

5）冷却系统（图 3-2-5）：主要包括水泵、散热器、风扇、分水管以及水套（气缸体和气缸盖里铸出的空腔）等。它的功用是把受热机件的热量散到大气中去，以保证发动机正常工作。

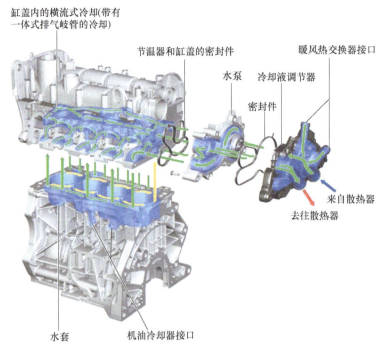

图 3-2-5 冷却系统

6）点火系统：其功用是保证按规定时刻及时点燃气缸中被压缩的可燃混合气。点火系统包括供给低压电流的蓄电池和发电机、点火线圈与火花塞等。

7）起动系统：起动机及其附属装置的功用是使静止的发动机起动并转入自行运转。

三　汽油发动机的工作原理

发动机是将化学能转化为机械能的机器，它的转化过程实际上就是工作循环的过程，通过燃烧气缸内的燃料，产生动能，驱动发动机气缸内的活塞往复的运动，由此带动连在活塞上的连杆和与连杆相连的曲柄，围绕曲轴中心作往复的圆周运动，进而输出动力。

汽油发动机是以汽油作为燃料，将化学能转化成动能的发动机。汽油发动机的特点是转速高、结构简单、质量轻、造价低廉、运转平稳、使用维修方便。因此，汽油发动机在汽车上，特别是小型汽车上广泛应用。

1. 四冲程汽油发动机的工作原理

四冲程汽油发动机每完成一个工作循环需要经过进气、压缩、做功、排气四个行程。对应活塞上下四个行程，曲轴旋转 720°（两圈）。

（1）进气行程

进气行程开始时，排气门关闭，节气门开启（图 3-3-1），活塞被曲轴带动从上止点向下止点移动一个行程；曲轴由 0° 沿顺时针方向转

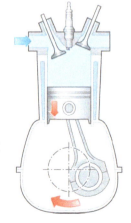

图 3-3-1　进气行程

到180°。

当活塞从上止点向下止点移动时，气缸内活塞上方的容积增大，压力降低到小于大气压力，产生了真空度。从而使可燃混合气通过进气歧管、进气门吸入气缸的燃烧室。

活塞到达下止点时，燃烧室内充满可燃混合气。进气门关闭。

（2）压缩行程

在进气行程终了时，活塞自下止点向上止点移动，曲轴由180°转到360°，此时进、排气门均关闭。活塞从下止点向上止点移动，如图3-3-2所示。

由于燃烧室容积减小且可燃混合气无法排出，因此可燃混合气受到压缩，其温度和压力不断升高。活塞即将到达上止点前，混合气被火花塞的火花点燃，此时称为点火时刻。可燃混合气开始燃烧并释放出热能，温度升高时气体迅速膨胀，但燃烧室是一个封闭空间，气体无法快速膨胀，因此燃烧室内的压力急剧增大。

图3-3-2 压缩行程

（3）做功行程

做功行程时，进、排气门仍关闭。燃烧室内的高压向其边界面（燃烧室壁、燃烧室顶和活塞）施加作用力。由于燃气体积迅速膨胀，从而活塞被高压气体推动从上止点下行，带动曲轴从360°旋转到540°，并输出机械能，燃烧放出的能量除维持发动机本身继续运转消耗一部分，其余部分都用于对外做功，所以该行程称为做功行程，如图3-3-3所示。

（4）排气行程

当做功行程接近终了时，进气门关闭，排气门开启，曲轴通过连杆推动活塞从下止点向上止点运动，曲轴由540°旋转到720°。废气在自身残余压力和活塞的推力作用下从气缸排除，进入大气之中。活塞在上止点附近时，排气行程结束。排气行程如图3-3-4所示。

图3-3-3 做功行程

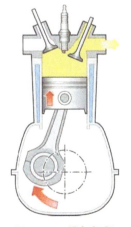

图3-3-4 排气行程

2. 汽油发动机和柴油发动机的区别

四冲程柴油发动机和四冲程汽油发动机一样，每个工作循环也经历进气、压缩、做功、排气四个行程。由于柴油发动机用的柴油的黏度比汽油大，不易蒸发，且自燃温度比汽油低，因此柴油发动机可燃混合气的形成及着火方式与汽油发动机不同。汽油发动机和柴油发动机的主要区别如下。

1）柴油发动机在进气时，进入气缸的不是可燃混合气，而是空气。

2）柴油发动机用高压油泵通过喷油器把柴油喷入气缸的；而传统汽油发动机的可燃混合气是在进气时由活塞吸入气缸的。

3）汽油发动机在压缩行程结束且活塞即将到达上止点时，用电火花点燃混合气，属于点燃式内燃机。柴油发动机则是通过燃烧室内的高温高压，使缸内柴油自行点燃，属于压燃式内燃机。

4）柴油发动机的压缩比大，而汽油发动机的压缩比小。因为压缩比不同，所以柴油发动机曲轴和箱体等部件要承受比汽油发动机同类部件大得多的爆发压力，这也是柴油发动机体积大、显得笨重的原因。

5）柴油发动机的燃烧过程慢于汽油发动机。柴油发动机的燃烧速度可与活塞向下移动的速度保持同步。柴油发动机在做功行程期间，燃烧室内的压力基本上保持恒定。因此我们称柴油发动机进行的是等压燃烧，而汽油发动机则是等容燃烧（在整个燃烧期间汽油发动机燃烧室内的容积几乎保持不变）。

四 汽油发动机的结构认知、拆装及检测

（一）曲柄连杆机构的结构认知、拆装及检测

1. 活塞连杆组

（1）活塞连杆组的结构认知

1）活塞组件：包括活塞、活塞销和活塞销卡环等，它们在气缸里做往复运动，是活塞式发动机中工作条件最为严酷的组件。发动机的工作可靠性和使用耐久性，在很大程度上与活塞组的工作情况有关。活塞组件的寿命决定了发动机的修理间隔。活塞连杆组的结构如图3-4-1所示。

2）连杆组件：包括连杆、连杆轴瓦、连杆轴承盖等。连杆组件的作用是将活塞的往复运动转变为曲轴的旋转运动，并把作用在活塞组上的力传递给曲轴。

（2）活塞、连杆和轴承的更换

1）拆卸活塞：

① 拆卸发动机总成。

② 拆卸气缸盖。

③ 拆卸油底壳。

④ 拆卸机油滤清器。

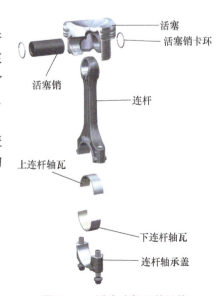

图3-4-1 活塞连杆组的结构

⑤ 按顺序拆卸曲轴箱固定螺栓，拆卸曲轴箱。

⑥ 旋转曲轴，使1、4缸处于下止点位置，拆卸1缸连杆轴承盖螺栓，如图3-4-2所示。

⑦ 用手握住连杆螺栓，取出1缸连杆轴承盖，并在轴承盖上做好1缸的位置记号。

⑧ 用木柄顶出1缸活塞连杆组，并在活塞及连杆组件上做好1缸的位置记号，取出1缸活塞连杆组过程如图3-4-3所示。

⑨ 采用同样的方法分别拆卸第2、3、4缸活塞连杆组，如图3-4-4所示。

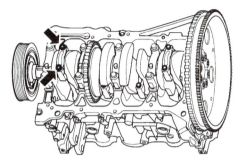

图 3-4-2　拆卸1缸连杆轴承盖螺栓

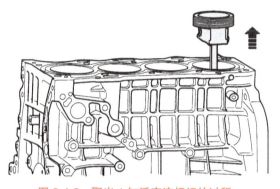

图 3-4-3　取出1缸活塞连杆组的过程

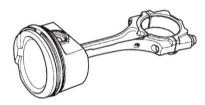

图 3-4-4　取出的活塞连杆组

2）安装活塞：

① 安装活塞环。

注意

在安装活塞环时注意不要扩张过大，否则会使活塞环断裂。

② 定位活塞环。

注意

油环开口不能与活塞销轴线平行。

③ 用新发动机润滑油润滑气缸壁。

④ 用新发动机润滑油润滑活塞，使用专用工具和木柄安装做好1缸位置记号的1缸活塞连杆组件。

注意

活塞顶面的圆点记号应该朝向发动机前端。安装过程中注意连杆下端，防止碰上曲轴轴颈引起损坏。

⑤ 安装做好1缸位置记号的1缸连杆轴承盖。

> **注意**
>
> 轴承盖上有点的一面朝向发动机前端。

⑥ 安装并紧固1缸连杆轴承盖螺栓。紧固力矩：第一次为20N·m；第二次为52.5N·m。
⑦ 采用同样的方法，安装其余三缸的活塞连杆组件。
⑧ 安装曲轴箱。
⑨ 安装机油滤清器。
⑩ 安装油底壳。
⑪ 安装气缸盖。

（3）活塞连杆组分解及检查

① 拆卸第一气环，如图3-4-5所示。
② 拆卸第二气环，如图3-4-6所示。
③ 拆卸油环外组合环，如图3-4-7所示。

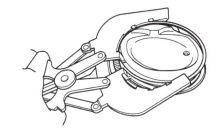

图3-4-5 拆卸第一气环

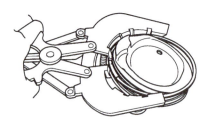

图3-4-6 拆卸第二气环

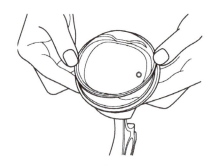

图3-4-7 拆卸油环外组合环

④ 拆卸油环衬环。
⑤ 检查活塞直径。如图3-4-8所示，在距活塞顶部12.6mm处，用千分尺测量与活塞销孔成直角的活塞直径。标准活塞直径：80.461~80.471mm。如果直径不符合规定，则更换活塞。
⑥ 检查活塞油膜间隙。用气缸缸径测量值减去活塞直径测量值得到油膜间隙。标准油膜间隙：0.029~0.052mm；最大油膜间隙：0.09mm。如果油膜间隙大于最大值，则更换所有活塞。如有必要，更换气缸体。

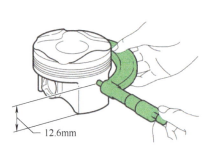

图3-4-8 检查活塞直径

⑦ 检查环槽间隙。如图3-4-9所示，使用塞尺测量新活塞环和环槽壁间的间隙。标准环槽间隙见表3-4-1。如果环槽间隙不符合规定，则更换活塞。

第三章 燃油汽车发动机的结构认知与检测

表 3-4-1 标准环槽间隙

标记	规定值
1 号环	0.02~0.07mm
2 号环	0.02~0.06mm
油环	0.02~0.065mm

⑧ 检查活塞环端隙。如图 3-4-10 所示，用活塞从气缸体的顶部将活塞环推至活塞环底部使其行程超过 50mm。如图 3-4-11 所示，用塞尺测量活塞环端隙（活塞环标准端隙见表 3-4-2）。如果活塞环端隙大于最大值（活塞环最大端隙见表 3-4-3），则更换活塞环。换上新的活塞环后，如果端隙仍大于最大值，则更换气缸体。

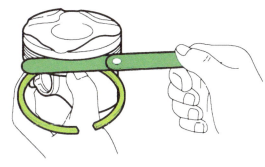

图 3-4-9 检查环槽间隙

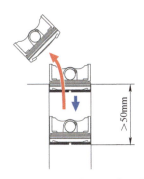

图 3-4-10 将活塞环推至活塞环底部

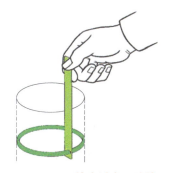

图 3-4-11 检查活塞环端隙

表 3-4-2 活塞环标准端隙

标记	规定值
1 号环	0.2~0.3mm
2 号环	0.3~0.5mm
油环	0.1~0.4mm

表 3-4-3 活塞环最大端隙

标记	规定值
1 号环	0.5mm
2 号环	0.7mm
油环	0.7mm

⑨ 检查活塞销油膜间隙：
- 如图 3-4-12 所示，用测径规测量活塞销孔径。标准活塞销孔径：20.006~20.015mm。

如果孔径不符合规定，则更换活塞。

• 如图 3-4-13 所示，用千分尺测量活塞销直径。标准活塞销直径：20.004~20.013mm。如果直径不符合规定，则更换活塞销。

图 3-4-12　用测径规测量活塞销孔径

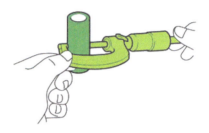

图 3-4-13　用千分尺测量活塞销直径

• 如图 3-4-14 所示，用测径规测量连杆小头孔径。标准连杆小头孔径：20.012~20.021mm。如果直径不符合规定，则更换连杆。

• 用活塞销孔直径测量值减去活塞销直径测量值得到油膜间隙。标准油膜间隙：–0.001~0.005mm；最大油膜间隙：0.010mm。如果油膜间隙大于最大值，则更换连杆。如有必要，则成套更换活塞和活塞销。

• 用连杆小头孔径测量值减去活塞销直径测量值得到油膜间隙。标准油膜间隙：0.005~0.011mm；最大油膜间隙：0.014mm。如果油膜间隙大于最大值，则更换连杆。如有必要，则成套更换连杆和活塞销。

图 3-4-14　测量连杆小头孔径

⑩ 检查连杆分总成：

• 检查连杆弯曲度。如图 3-4-15 所示，用连杆校准器和塞尺检查连杆弯曲度。最大弯曲度：0.05mm/100mm。如果弯曲度大于最大值，则更换连杆。

• 检查连杆扭曲度。如图 3-4-16 所示，用连杆校准器和塞尺检查连杆扭曲度。最大扭曲度：0.15mm/100mm。如果扭曲度大于最大值，则更换连杆。

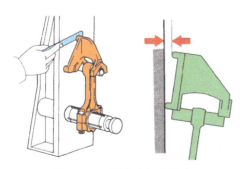

图 3-4-15　检查连杆弯曲度

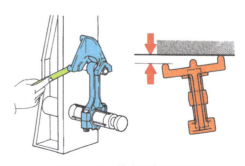

图 3-4-16　检查连杆扭曲度

2. 曲轴飞轮组

（1）曲轴飞轮组的结构认知

绝大多数汽油机曲轴的结构（图 3-4-17）采用整体式，其毛坯由整根钢料锻造的方法制作而成。整体式曲轴具有工作可靠、重量轻的特点，而且刚度和强度较高，加工表面也较少；整体式曲轴一般与滑动轴承配合使用。曲轴的前端带有正时齿轮和传动带轮，结构简单、维修方便；曲轴后端设有凸缘，飞轮通过螺栓和定位销与曲轴连接。定位销用以保证重装飞轮时保持飞轮与曲轴的正确装配位置关系，这种连接关系结构简单、工作可靠。

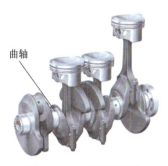

图 3-4-17　曲轴的结构

（2）曲轴飞轮组的拆装

1）拆装飞轮：

① 拆卸发动机驱动盘：

- 用专用工具固定驱动盘。
- 拆卸驱动盘固定螺栓，留下飞轮顶端的一个螺栓以稳住驱动盘，如图 3-4-18 所示。
- 抓住发动机驱动盘并拆除最后一颗螺栓，如图 3-4-19 所示。

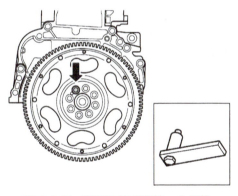

图 3-4-18　留下飞轮顶端的一个螺栓

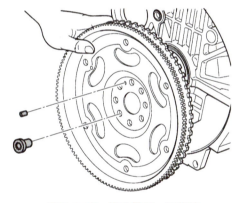

图 3-4-19　拆除最后一颗螺栓

> **注意**
>
> 拆除最后的螺栓时当心驱动盘掉落。

- 取下驱动盘。

② 安装发动机驱动盘：

- 用新螺栓将发动机驱动盘固定，但不要紧固。

> **注意**
>
> 在驱动盘螺栓螺纹表面上均匀涂螺纹锁固密封胶。

- 用专用工具固定驱动盘。
- 安装发动机驱动盘螺栓，按图 3-4-20 图示顺序均匀拧紧 8 个螺栓。紧固力矩：100N·m。

2）拆装曲轴：

① 拆卸曲轴：

- 拆卸发动机总成。
- 拆卸变速器总成。
- 拆卸驱动盘。
- 拆卸曲轴后油封。
- 拆卸气缸盖。
- 拆卸机油泵总成。
- 拆卸油底壳。
- 拆卸活塞连杆和轴承。

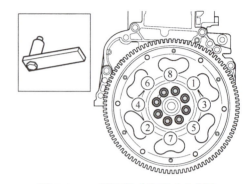

图 3-4-20　紧固发动机驱动盘螺栓

- 按图 3-4-21 所示的顺序，由两侧向中间交叉均匀松动并拆卸 10 个主轴承盖螺栓。
- 拆卸曲轴主轴承盖，如图 3-4-22 所示。

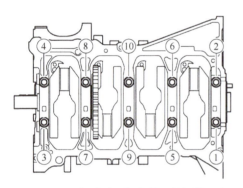

图 3-4-21　松动并拆卸主轴承盖螺栓顺序

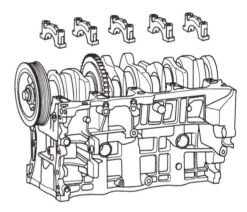

图 3-4-22　拆卸曲轴主轴承盖

- 拆卸位于第三主轴承座的曲轴止推片，如图 3-4-23 所示。

> **注意**
>
> 在拆卸时可以旋转曲轴，使止推片一起转出以便拆卸。

- 拆卸曲轴。
- 拆卸曲轴减振传动带轮，如图 3-4-24 所示。
- 拆卸曲轴主轴承（上），如图 3-4-25 所示。
- 从主轴承盖上取下曲轴主轴承（下），如图 3-4-26 所示。

② 安装曲轴：

- 清洁所有相关的零部件。
- 在曲轴主轴承上涂抹少量发动机润滑油。
- 安装选配好的曲轴主轴承（将带有机油槽的上轴瓦安装到气缸体上）。

- 将曲轴安装到气缸体上。
- 安装曲轴减振传动带轮。
- 安装曲轴止推片到气缸体3号轴承下面。
- 检查曲轴止推片是否安装正确（图3-4-27）。

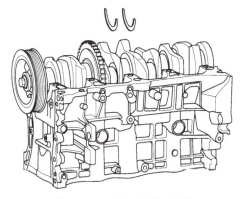

图3-4-23　拆卸曲轴止推片

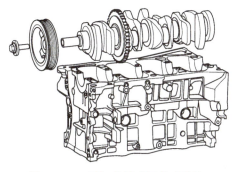

图3-4-24　拆卸曲轴减振传动带轮

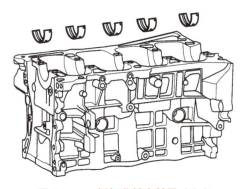

图3-4-25　拆卸曲轴主轴承（上）

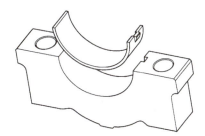

图3-4-26　取下曲轴主轴承（下）

> **注意**
>
> 有凹槽的一面向外。

- 在曲轴轴承盖上涂抹少量机油。
- 将曲轴主轴承（下）安装在曲轴轴承盖上。
- 安装曲轴主轴承盖。
- 按图3-4-28所示的顺序，紧固主轴承盖螺栓。紧固力矩：第一次20N·m；第二次40N·m；第三次60N·m。
- 安装曲轴减振传动带轮。
- 安装活塞、连杆和轴承。
- 安装油底壳。
- 安装机油泵总成。

图 3-4-27　检查曲轴止推片是否安装正确

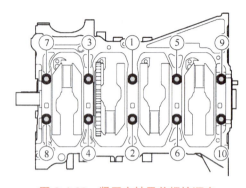

图 3-4-28　紧固主轴承盖螺栓顺序

- 安装气缸盖。
- 安装曲轴后油封。
- 安装驱动盘。
- 安装变速器总成。
- 安装发动机总成。

（3）检查曲轴

1）测量曲轴径向圆跳动：如图 3-4-29 所示，用百分表和 V 形块测量径向圆跳动。最大径向圆跳动：0.03mm，如果径向圆跳动大于最大值，则更换曲轴。

2）测量各主轴颈的直径：如图 3-4-30 所示，用千分尺测量各主轴颈的直径。标准直径：47.988~48.000mm。如果直径不符合规定，则检查曲轴油膜间隙。

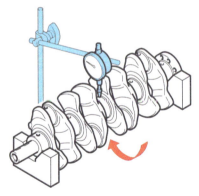

图 3-4-29　测量曲轴径向圆跳动

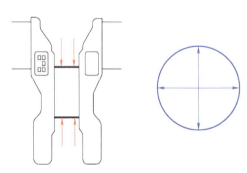

图 3-4-30　测量各主轴颈的直径

3）检查各主轴颈的锥度和变形程度：最大锥度和变形程度：0.004mm。如果锥度和变形程度大于最大值，则更换曲轴。

4）测量各曲柄销的直径：如图 3-4-31 所示，用千分尺测量各曲柄销的直径。标准直径：43.992~44.000mm。如果直径不符合规定，则检查连杆油膜间隙。

5）检查各曲柄销的锥度和变形程度：最大锥度和变形程度：0.004mm。如果锥度和变形程度大于最大值，则

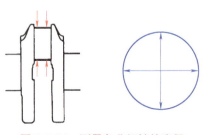

图 3-4-31　测量各曲柄销的直径

更换曲轴。

6）检查曲轴轴向间隙：

① 安装主轴承盖。

② 如图 3-4-32 所示，用螺丝刀来回撬动曲轴的同时，用百分表测量轴向间隙。标准轴向间隙：0.04~0.14mm；最大轴向间隙：0.18mm。如果轴向间隙大于最大值，则成套更换止推垫圈。

止推垫圈厚度为 2.43~2.48mm。

7）检查曲轴油膜间隙：

① 检查曲轴轴颈和轴承是否有点蚀和划痕。
② 安装曲轴轴承。
③ 将曲轴放到气缸体上。
④ 如图 3-4-33 所示，将塑料塞尺摆放在各轴颈上。

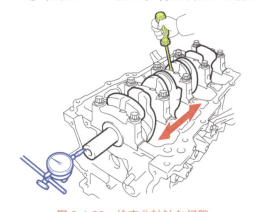

图 3-4-32　检查曲轴轴向间隙

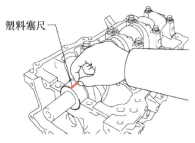

图 3-4-33　摆放塑料塞尺

⑤ 安装主轴承盖。

不要转动曲轴。

⑥ 拆下主轴承盖。

⑦ 测量塑料塞尺最宽处，如图 3-4-34 所示，即为曲轴油膜间隙。标准油膜间隙：0.016~0.039mm；最大油膜间隙：0.050mm。如果油膜间隙大于最大值，则更换曲轴轴承。如有必要，则更换曲轴。

测量后完全拆下塑料塞尺。

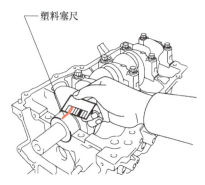

图 3-4-34 测量塑料塞尺最宽处

3. 机体组

(1) 机体组的结构认知

机体组由气缸盖、气缸垫、气缸体及油底壳等组成,如图 3-4-35 所示。

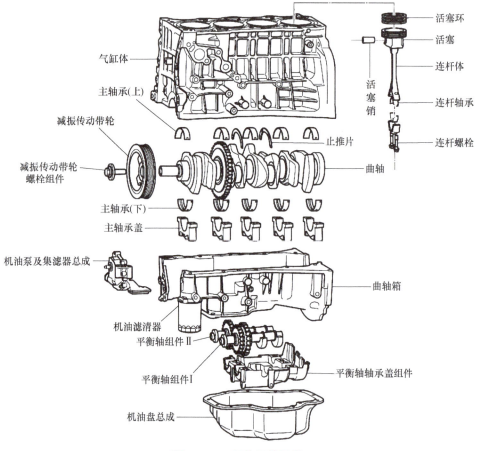

图 3-4-35 机体组的组成

(2) 拆装气缸盖

1) 拆卸气缸盖:

① 断开蓄电池负极电缆。

② 排放发动机冷却液。
③ 拆卸节气门体。
④ 拆卸进气歧管总成。
⑤ 拆卸排气歧管。
⑥ 拆卸点火线圈。
⑦ 拆卸气缸盖罩。
⑧ 拆卸传动带。
⑨ 拆卸正时链罩。
⑩ 拆卸正时链条。
⑪ 拆卸燃油分配管总成。
⑫ 断开发动机冷却液温度传感器线束插接器。
⑬ 拆卸凸轮轴位置传感器。
⑭ 拆卸机油控制阀（OCV 阀）。
⑮ 拆卸凸轮轴。
⑯ 拆卸发动机进水管。
⑰ 拆卸发动机出水管。
⑱ 按图 3-4-36 所示顺序拆卸气缸盖螺栓。

> **注意**
>
> 禁止在热车状态下拆卸气缸盖，这样会导致气缸盖变形而损坏气缸盖。

⑲ 取出气缸盖螺栓，如图 3-4-37 所示。

> **注意**
>
> 由于空间较小，气缸盖螺栓和螺栓垫片不能一起取出。

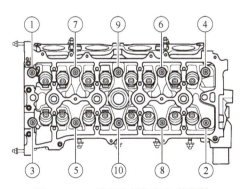

图 3-4-36　按顺序拆卸气缸盖螺栓

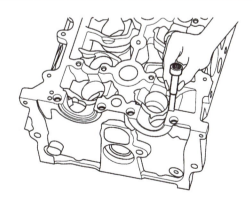

图 3-4-37　取出气缸盖螺栓

⑳ 用磁力棒取出气缸盖螺栓垫圈，如图 3-4-38 所示。

㉑ 拆卸气缸盖总成，如图 3-4-39 所示。

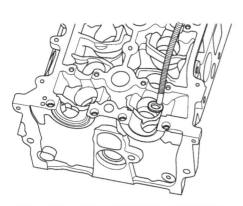

图 3-4-38　用磁力棒取出气缸盖螺栓垫圈

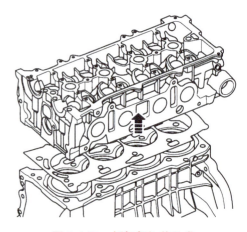

图 3-4-39　拆卸气缸盖总成

㉒ 拆卸气缸盖垫组件。

2）安装气缸盖：

① 清洁气缸盖和发动机体密封表面，如图 3-4-40 所示。

② 安装气缸盖垫组件，如图 3-4-41 所示。

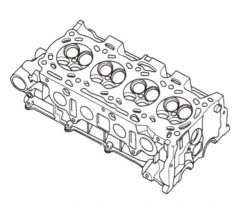

图 3-4-40　清洁气缸盖和发动机体密封表面

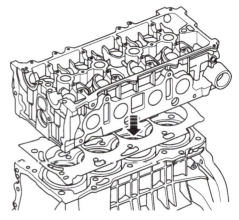

图 3-4-41　安装气缸盖垫组件

> **注意**
>
> 气缸盖垫组件为一次性使用件，必须更换新件。

③ 安装气缸盖总成。

④ 安装气缸盖螺栓垫圈。

⑤ 安装气缸盖螺栓，按图 3-4-42 图示顺序紧固气缸盖螺栓。紧固力矩：第一次：35N·m；第二次：70N·m；第三次：90N·m。

⑥ 安装发动机出水管。

⑦ 安装发动机进水管。

⑧ 安装凸轮轴。
⑨ 安装 OCV 阀。
⑩ 安装凸轮轴位置传感器。
⑪ 安装发动机冷却液传感器线束插接器。
⑫ 安装燃油分配管总成。
⑬ 安装正时链条。
⑭ 安装正时链罩。
⑮ 安装传动带。
⑯ 安装气缸盖罩。
⑰ 安装点火线圈。
⑱ 安装排气歧管。
⑲ 安装进气歧管总成。
⑳ 安装节气门体。
㉑ 加注发动机冷却液。
㉒ 连接蓄电池负极电缆。

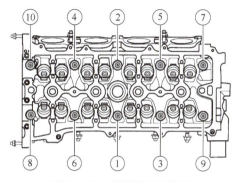

图 3-4-42　安装气缸盖螺栓

（3）机体组的检查

1）检查气缸体的翘曲度：如图 3-4-43 所示，用钢直尺和塞尺，测量与气缸盖衬垫接触表面的翘曲度。最大翘曲度：0.05mm。如果翘曲度大于最大值，则更换气缸体。

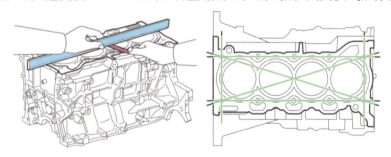

图 3-4-43　测量与气缸盖衬垫接触表面的翘曲度

2）检查气缸缸径：如图 3-4-44 所示，用量缸表在位置 A 和 B 处测量纵向与横向的气缸缸径。标准直径：80.500~80.513mm；最大直径：80.633mm。如果 4 个位置的平均缸径值大于最大值，则更换气缸体。

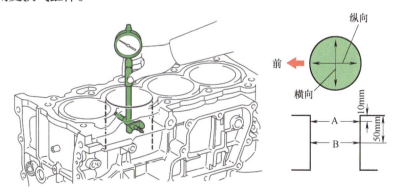

图 3-4-44　检查气缸缸径

3）检查气缸盖的平面度：使用钢直尺和塞尺，测量气缸盖平面度，如图3-4-45所示。

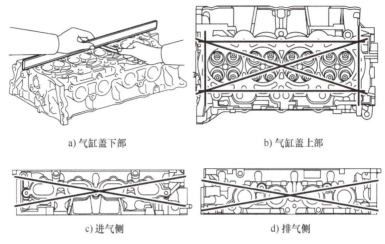

a）气缸盖下部　　　　　　b）气缸盖上部

c）进气侧　　　　　　　　d）排气侧

图3-4-45　检查气缸盖平面度

4）检查气缸盖是否破裂：用染色渗透法检查进气口、排气口以及气缸体表面是否有裂纹，如图3-4-46所示。如果有裂纹，则更换气缸盖。

（二）配气机构的结构认知、拆装及检测

1. 凸轮轴

（1）凸轮轴的结构认知

采用双顶置凸轮轴（DOHC）的发动机，即有两根凸轮轴（图3-4-47）。一根凸轮轴控制进气门，另一根凸轮轴控制排气门。凸轮轴位于发动机顶部，气缸盖的凸轮轴轴颈上的钻孔用作油道。机油在压力作用下流到凸轮轴油道，润滑各个凸轮轴轴颈。机油通过气缸盖上的回油孔返回油底壳。凸轮凸角经机加工制成，在适合的时间，按合适的量，准确开闭进、排气门。凸轮凸角通过从凸轮轴轴颈逸出的高压机油的飞溅作用进行润滑。

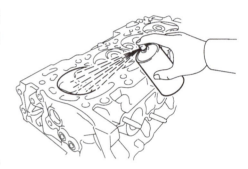

图3-4-46　检查气缸盖是否破裂

气缸盖的轴颈中，由凸轮轴承盖固定。

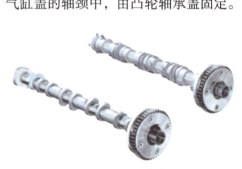

图3-4-47　凸轮轴

（2）拆装凸轮轴

1）拆卸凸轮轴：

① 断开蓄电池负极电缆。

② 拆卸气缸盖罩。

③ 拆卸传动带。

④ 拆卸正时链罩。

⑤ 拆卸正时链条。

⑥ 拆卸进气凸轮轴可变气门正时（VVT）驱动器，如图 3-4-48 所示。

> **注意**
>
> 用扳手固定凸轮轴后再拆卸进气 VVT 驱动器紧固螺栓。

⑦ 拆卸排气凸轮轴链轮，如图 3-4-49 所示。

> **注意**
>
> 用扳手固定凸轮轴后再拆卸排气 VVT 驱动器紧固螺栓。

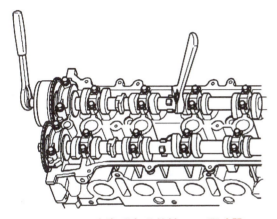

图 3-4-48　拆卸进气凸轮轴 VVT 驱动器

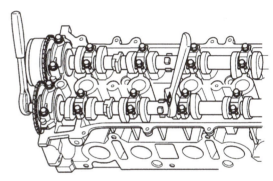

图 3-4-49　拆卸排气凸轮轴链轮

⑧ 按图 3-4-50 所示顺序逐渐松开进气凸轮轴轴承盖螺栓，每次松开半圈到一圈并取下进气凸轮轴轴承盖，如图 3-4-50 所示。

> **注意**
>
> 务必小心拆卸凸轮轴，以免擦伤、划伤或损坏凸轮轴工作面或轴承面。

⑨ 按图 3-4-51 所示顺序逐渐松开排气凸轮轴轴承盖螺栓，每次松开半圈到一圈并取下排气凸轮轴轴承盖。

> **注意**
>
> 务必小心拆卸凸轮轴，以免擦伤、划伤或损坏凸轮轴工作面或轴承面。

⑩ 拆卸凸轮轴，如图 3-4-52 所示。

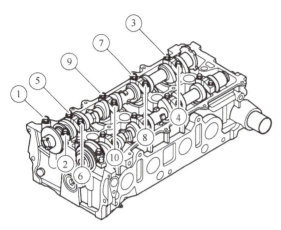

图 3-4-50　按顺序逐渐松开进气凸轮轴轴承盖螺栓

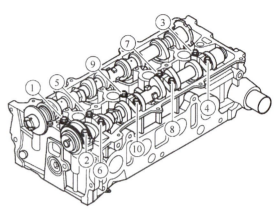

图 3-4-51　按顺序逐渐松开排气凸轮轴轴承盖螺栓

> **注意**
>
> 凸轮轴必须从轴承座中均匀退出，以免擦伤、划伤或损坏凸轮轴工作面或轴承面。

⑪ 检查进气凸轮轴上轴瓦是否磨损，必要时应更换，如图 3-4-53 所示。

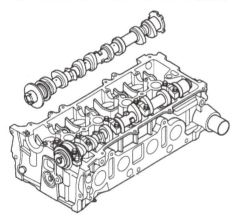

图 3-4-52　拆卸凸轮轴

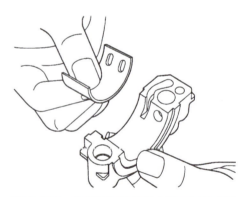

图 3-4-53　检查进气凸轮轴上轴瓦是否磨损

⑫ 检查进气凸轮轴下轴承，检查凸轮轴和轴承座是否磨损，必要时应更换，如图 3-4-54 所示。

2）安装凸轮轴：

> **注意**
>
> 务必小心安装凸轮轴，以免擦伤、划伤或损坏凸轮轴工作面或轴承面。

装配凸轮轴前用机油润滑凸轮轴轴颈和

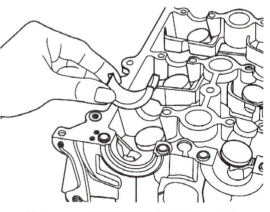

图 3-4-54　检查凸轮轴和轴承座是否磨损

油封接触面。

① 用少量机油润滑凸轮轴轴颈和凸轮轴盖。
② 安装排气凸轮轴，如图 3-4-55 所示。
③ 安装进气凸轮轴，如图 3-4-56 所示。

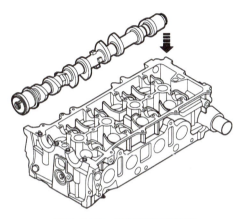

图 3-4-55　安装排气凸轮轴

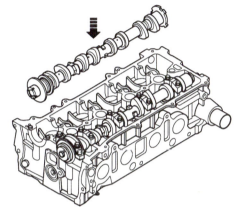

图 3-4-56　安装进气凸轮轴

④ 安装进、排气凸轮轴盖，如图 3-4-57 所示。
⑤ 检查凸轮轴盖位置及安装方向，如图 3-4-58 所示。

> **注意**
>
> 图 3-4-58 中，箭头朝向为正时链方向，凸轮轴上有字母和数字表示顺序，不可装错，如"I↑2"表示为第二进气凸轮轴盖，"E↑2"表示为第二排气凸轮轴盖。

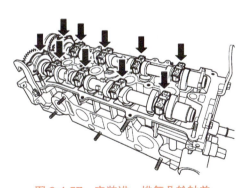

图 3-4-57　安装进、排气凸轮轴盖

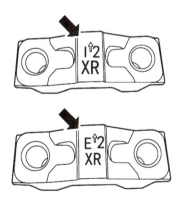

图 3-4-58　检查凸轮轴盖位置及安装方向

⑥ 按图 3-4-59 所示顺序逐渐紧固排气凸轮轴盖螺栓。紧固力矩：M6 螺栓：13N·m；M8 螺栓：30N·m。

> **注意**
> 应该分多次紧固螺栓，不可一次拧紧，这样会损坏凸轮轴及凸轮轴盖！

⑦ 按图 3-4-60 所示顺序逐渐紧固进气凸轮轴盖螺栓。紧固力矩：M6 螺栓：13N·m；M8 螺栓：30N·m。

> **注意**
> 应该分多次紧固螺栓，不可一次拧紧，这样会损坏凸轮轴及凸轮轴盖！

⑧ 安装进气 VVT 驱动器，如图 3-4-61 所示。安装力矩：60N·m。
⑨ 安装排气凸轮轴链轮，如图 3-4-62 所示。安装力矩：50N·m。
⑩ 安装正时链条。
⑪ 安装正时链罩。
⑫ 安装传动带。
⑬ 安装气缸盖罩。
⑭ 连接蓄电池负极电缆。

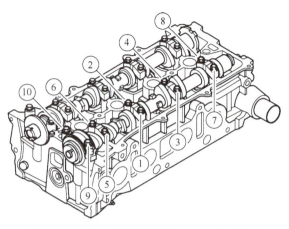

图 3-4-59　按顺序逐渐紧固排气凸轮轴盖螺栓

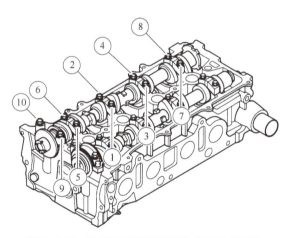

图 3-4-60　按顺序逐渐紧固进气凸轮轴盖螺栓

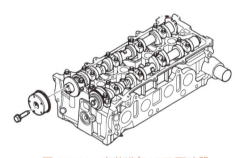

图 3-4-61　安装进气 VVT 驱动器

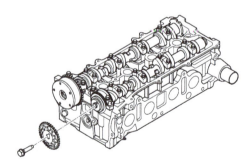

图 3-4-62　安装排气凸轮轴链轮

（3）检查凸轮轴

1）检查凸轮轴轴向间隙：如图 3-4-63 所示，来回移动凸轮轴的同时，用百分表测量轴向间隙，测量值与表 3-4-4、表 3-4-5 作对比。

2）检查凸轮轴油膜间隙：
① 清洁轴承盖和凸轮轴轴颈。
② 将凸轮轴放到凸轮轴壳上。

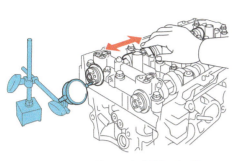

表 3-4-4 标准轴向间隙

项目	规定值
进气	0.06~0.155mm
排气	0.06~0.155mm

表 3-4-5 最大轴向间隙

项目	规定值
进气	0.17mm
排气	0.17mm

图 3-4-63 检查凸轮轴轴向间隙

③ 如图 3-4-64 所示，将塑料塞尺摆放在各凸轮轴轴颈上。

④ 如图 3-4-65 所示，测量塑料塞尺最宽处，测量值与表 3-4-6、表 3-4-7 作对比。如果油膜间隙大于最大值，则更换凸轮轴。如有必要，则更换气缸盖。

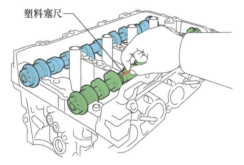

图 3-4-64 摆放塑料塞尺

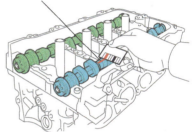

图 3-4-65 测量塑料塞尺最宽处

表 3-4-6 标准油膜间隙

项目	规定值
凸轮轴 1 号轴颈	0.030~0.063mm
凸轮轴其他轴颈	0.035~0.072mm

表 3-4-7 最大油膜间隙

项目	规定值
凸轮轴 1 号轴颈	0.085mm
凸轮轴其他轴颈	0.09mm

> **注意**
>
> 检查后完全清除塑料塞尺。

2. 气门组

(1) 气门组的结构认知

气门组由气门、气门导管、气门锁片及气门弹簧等组成，如图3-4-66所示。

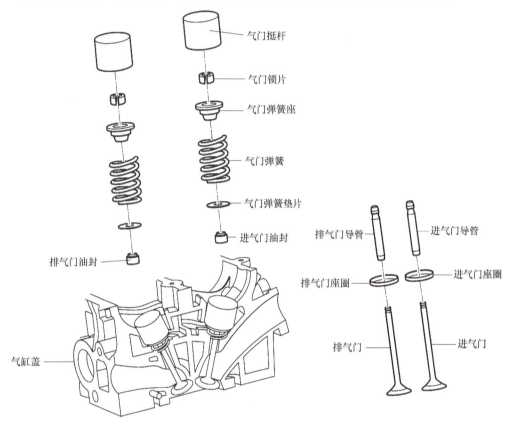

图 3-4-66　气门组结构

(2) 拆装气门组

① 拆卸气缸盖总成。
② 拆卸进气凸轮轴下轴承。
③ 拆卸气门挺杆，如图3-4-67所示。
④ 使用通用工具压缩气门弹簧，如图3-4-68所示。

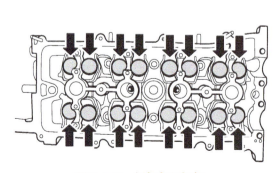

图 3-4-67　拆卸气门挺杆

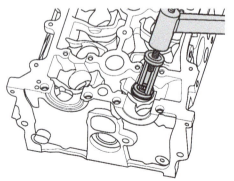

图 3-4-68　使用通用工具压缩气门弹簧

⑤ 用磁力棒取出气门锁片，如图 3-4-69 所示。
⑥ 卸掉专用工具，取出气门弹簧座，如图 3-4-70 所示。

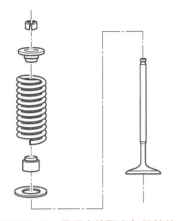

图 3-4-69　用磁力棒取出气门锁片

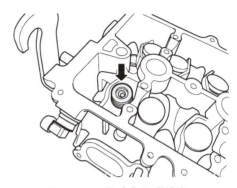

图 3-4-70　取出气门弹簧座

⑦ 取出气门弹簧，如图 3-4-71 所示。
⑧ 用磁力棒取出气门弹簧垫片，如图 3-4-72 所示。

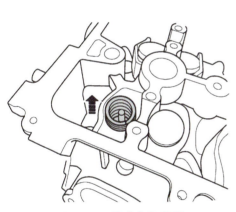

图 3-4-71　取出气门弹簧

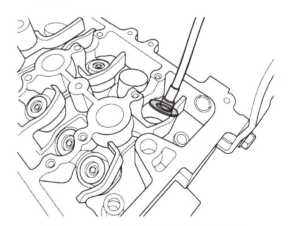

图 3-4-72　用磁力棒取出气门弹簧垫片

⑨ 拆卸气门，保持气门的原始位置以便重新安装，如图 3-4-73 所示。

> **注意**
>
> 将气门做好标记，以便重新安装。

⑩ 用专用工具拆卸气门油封，如图 3-4-74 所示。
⑪ 用专用工具安装气门油封。
⑫ 安装气门。
⑬ 安装气门弹簧垫片。
⑭ 安装气门弹簧。

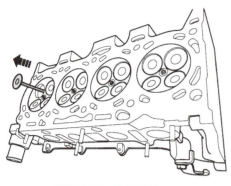

图 3-4-73 拆卸气门

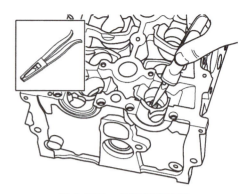

图 3-4-74 拆卸气门油封

⑮ 安装气门弹簧座。

⑯ 使用通用工具压缩气门弹簧,安装气门弹簧锁片。

⑰ 确认气门弹簧锁片安装到位,慢慢卸掉通用工具,用木锤轻轻振动气门,使气门安装到位。

> **注意**
>
> 用力不能过大,否则气门弹簧可能会弹出伤人。

⑱ 安装气门挺杆。

⑲ 安装气缸盖总成。

(3)检查气门组

1)检查气门座:

① 在气门锥面上涂抹一薄层红色油泥。

② 使气门锥面轻压气门座。

③ 如果整个气门锥面均出现红色,则气门锥面与气门杆是同轴的。否则,更换气门。

④ 如果整个气门座均出现红色,则气门导管和气门锥面是同轴的。否则,重修气门座表面。

⑤ 检查并确认气门座接触面在气门锥面的中部,如图 3-4-75 所示,检查气门座宽度,气门座宽度标准值为 1.0~1.4mm(进气侧)。

⑥ 检查并确认气门座接触面在气门锥面的中部,气门座宽度标准值为 1.0~1.4mm(排气侧)。

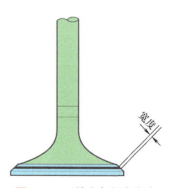

图 3-4-75 检查气门座宽度

2)检查压缩弹簧:

① 如图 3-4-76 所示,使用游标卡尺测量气门弹簧的自由长度。标准自由长度:53.36mm。如果自由长度不符合规定,则更换气门弹簧。

② 如图 3-4-77 所示,用钢角尺测量气门弹簧的偏移量。最大偏移量:1.0mm。如果偏移量大于最大值,则更换气门弹簧。

3)检查进气门:

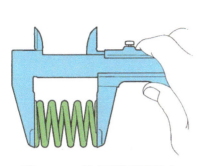

图 3-4-76　检查压缩弹簧长度

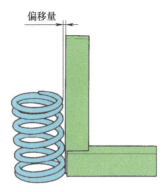

图 3-4-77　用钢角尺测量气门弹簧的偏移量

① 如图 3-4-78 所示，使用衬垫刮刀，刮除进气门头部上的所有积炭。

② 如图 3-4-79 所示，用游标卡尺测量进气门的总长。标准总长：109.34mm；最小总长：108.84mm；如果进气门总长小于最小值，则更换进气门。

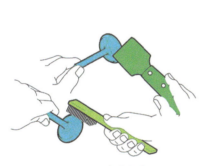

图 3-4-78　清除积炭

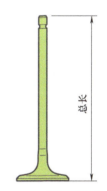

图 3-4-79　测量进气门总长

③ 如图 3-4-80 所示，用千分尺测量进气门杆直径。标准进气门杆直径：5.470~5.485mm。如果进气门杆直径不符合规定，则检查油膜间隙。

④ 如图 3-4-81 所示，用游标卡尺测量进气门头部边缘厚度。标准边缘厚度：1.0mm；最小边缘厚度：0.5mm。如果边缘厚度小于最小值，则更换进气门。

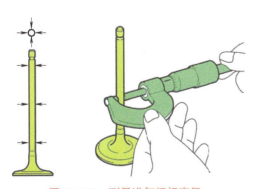

图 3-4-80　测量进气门杆直径

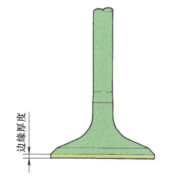

图 3-4-81　测量进气门头部边缘厚度

4）检查排气门：

① 使用衬垫刮刀，刮除排气门头部上的所有积炭。

② 如图 3-4-82 所示，用游标卡尺测量排气门的总长。标准总长：108.25mm；最小总长：107.75mm。如果排气门总长小于最小值，则更换排气门。

③ 如图 3-4-83 所示，用千分尺测量排气门杆直径。标准排气门杆直径：5.465~5.480mm。如果排气门杆直径不符合规定，则检查油膜间隙。

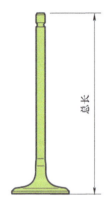

图 3-4-82　测量排气门总长

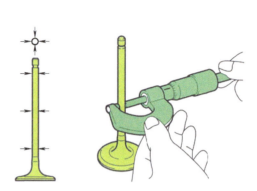

图 3-4-83　测量排气门杆直径

④ 如图 3-4-84 所示，用游标卡尺测量排气门头部边缘厚度。标准边缘厚度：1.01mm；最小边缘厚度：0.5mm。如果边缘厚度小于最小值，则更换排气门。

5）检查气门导管衬套油膜间隙：

① 如图 3-4-85 所示，用测径规测量气门导管衬套的内径。标准衬套内径：5.510~5.530mm。

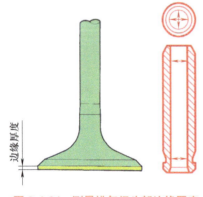

图 3-4-84　测量排气门头部边缘厚度

图 3-4-85　测量气门导管衬套的内径

② 用导管衬套内径测量值减去气门杆直径测量值，得到油膜间隙。标准油膜间隙见表 3-4-8，最大油膜间隙见表 3-4-9。如果油膜间隙大于最大值，则更换气门导管衬套。

表 3-4-8　标准油膜间隙

项目	规定值
进气	0.025~0.060mm
排气	0.030~0.065mm

表 3-4-9 最大油膜间隙

项目	规定值
进气	0.080mm
排气	0.085mm

3. 正时传动带

（1）正时传动带的结构认知

凸轮轴采用齿形传动带来驱动，传动带张紧是通过自动张紧轮实现的，这个张紧轮同时还通过止推台肩来为齿形传动带导向，如图 3-4-86 所示。由于传动带力小，所以张紧轮的张紧力就降低了，这使得整个齿形传动带机构的摩擦和机械负荷都很小。振动减小了，运行也就更安静了。

（2）拆装正时传动带

大众 EA211 发动机的齿形传动带护罩结构如图 3-4-87 所示，齿形传动带结构如图 3-4-88 所示。以大众 EA211 发动机为例，其正时传动带的拆装如下。

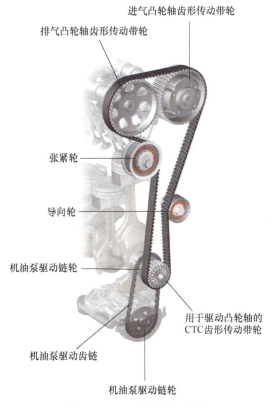

图 3-4-86 正时传动带结构

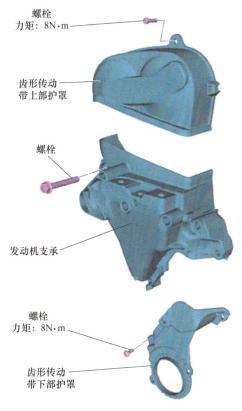

图 3-4-87 齿形传动带护罩结构

1）拆卸正时传动带：

① 拆下空气导管。

② 拆下曲轴箱通风装置。

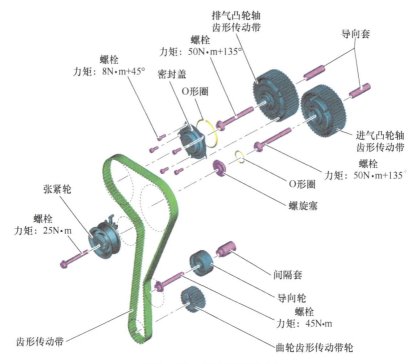

图 3-4-88　齿形传动带结构

③ 拆下冷却液泵齿形传动带护罩。

④ 拆下密封盖。

⑤ 拆下上部齿形传动带护罩。

⑥ 拧出螺栓，并取下排气凸轮轴调节器上的盖板，如图 3-4-89 所示。

⑦ 排出冷却液。

⑧ 将曲轴转到上止点位置处：

- 拆下 1 缸的点火线圈。
- 拆下 1 缸火花塞。
- 将千分表适配接头 T10170N 旋入火花塞螺纹孔至限位位置。
- 将带延长件 T10170N/1 的千分表 VAS6341 插入千分表适配接头中，并拧紧锁止螺母。
- 沿发动机运转方向转动曲轴，直到 1 缸上止点，并记下千分表指针位置。

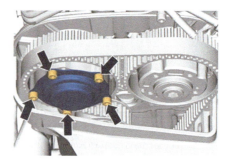

图 3-4-89　取下排气凸轮轴调节器上的盖板

> **注意**
>
> 如果曲轴转动超过上止点 0.01mm，则将曲轴逆着发动机运转方向再转动约 45°。接着将曲轴朝发动机运转方向转动到 1 缸上止点位置。1 缸上止点允许的偏差：±0.01mm。

- 拧出用于密封气缸体上止点孔的锁紧螺栓。
- 将固定销 T10340 拧入气缸体中至限位位置，然后以 30N·m 的力矩拧紧，如图 3-4-90 所示。

第三章 燃油汽车发动机的结构认知与检测

- 沿发动机运转方向旋转曲轴至限位位置。

固定销 T10340 只能沿发动机运转方向锁定曲轴。

- 对于这两个凸轮轴，变速器侧不对称分布的凹槽必须位于上部，如图 3-4-91 所示，对于排气凸轮轴，凹槽可以通过冷却液泵驱动轮的凹口看到。对于进气凸轮轴，凹槽位于凸轮轴中心上方，如图 3-4-92 所示。

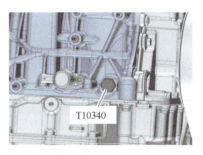

图 3-4-90　安装固定销

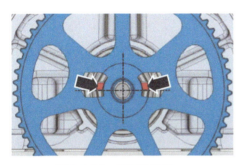

图 3-4-91　排气凸轮轴

图 3-4-92　进气凸轮轴

- 如果凸轮轴与上述情况不相符，请拧出固定销 T10340 并继续旋转曲轴一周，使其再次位于上止点位置。

⑨ 安装凸轮轴固定装置 T10494，用力拧紧螺栓，如图 3-4-93 所示。

⑩ 拆下齿形传动带下部护罩，如图 3-4-94 所示。

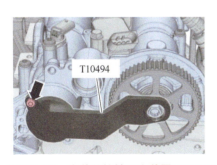

图 3-4-93　安装凸轮轴固定装置 T10494

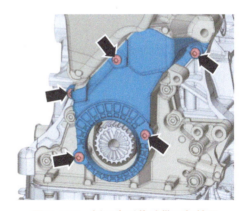

图 3-4-94　拆下齿形传动带下部护罩

⑪ 使用带转接头 T10172/1 的固定工具 T10172 拧出进气侧凸轮轴齿轮上的螺旋塞 1，如图 3-4-95 所示。

⑫ 使用带转接头 T10172/1 的固定工具 T10172 将螺栓 1、2 松开大约一圈，如图 3-4-96 所示。

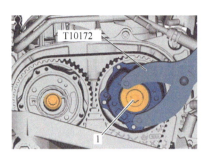

图 3-4-95　拧出进气侧凸轮轴齿轮上的螺旋塞

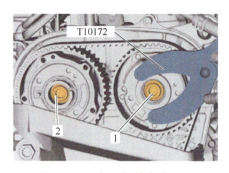

图 3-4-96　松开螺栓大约一圈

⑬ 用扭力扳手接头 T10500 松开螺栓 1，如图 3-4-97 所示。

⑭ 用开口宽度 30mm 的梅花扳手 T10499 张紧偏心轮 2 上的张紧轮。

⑮ 从凸轮轴齿轮上取下齿形传动带。

2）安装正时传动带：

① 检查凸轮轴和曲轴的上止点位置：

• 将固定销 T10340 拧入气缸体中至限位位置，然后以 30N·m 的力矩拧紧，如图 3-4-90 所示。

• 在凸轮轴壳体上安装凸轮轴固定装置 T10494，如图 3-4-93 所示。

② 更换凸轮轴齿轮的螺栓 1 和 2，不拧紧，如图 3-4-98 所示。凸轮轴齿轮必须可以在凸轮轴上摆动但不得倾斜。

③ 张紧轮的凸耳必须嵌入气缸盖的铸造凹槽中，如图 3-4-99 所示。

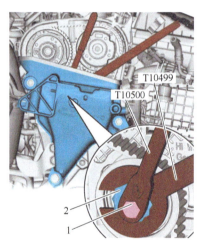

图 3-4-97　松开螺栓

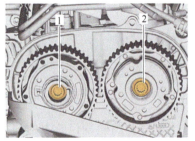

图 3-4-98　更换凸轮轴齿轮的螺栓

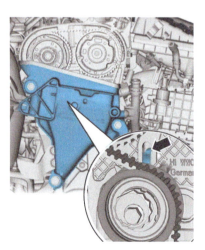

图 3-4-99　检查张紧轮的凸耳

④ 安装齿形传动带下部护罩。

⑤ 安装齿形传动带时请遵守顺序：

• 向上拉齿形传动带，依次置于导向轮 1、张紧轮 2 以及凸轮轴齿轮 3 和 4 上，如图 3-4-100 所示。

• 用开口宽度 30mm 的梅花扳手 T10499 沿箭头方向旋转偏心轮 2，直至调节指针 3 位于调节窗口右侧大约 10mm 处，如图 3-4-101 所示。

• 往回旋转偏心轮，使调节指针准确地位于调节窗口中。

• 让偏心轮保持在该位置并以 25N·m 的力矩拧紧螺栓 1，此时可以使用扭力扳手接头 T10500 以及扭力扳手 VAS6583，如图 3-4-101 所示。

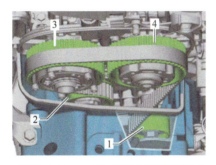

图 3-4-100　安装齿形传动带时顺序

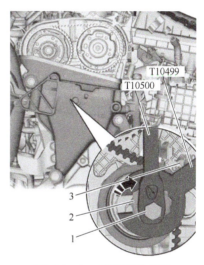

图 3-4-101　调整调节指针

⑥ 使用带转接头 T10172/1 的固定工具 T10172 以 50N·m 的力矩预拧紧螺栓 1、2（位置见图 3-4-96）。

⑦ 拧出固定销 T10340（位置见图 3-4-90）。

⑧ 拧出螺栓并取下凸轮轴固定装置 T10494（位置见图 3-4-93）。

⑨ 检查正时：

• 沿发动机运转方向将曲轴旋转 2 圈。

• 将固定销 T10340 拧入气缸体中至限位位置，然后以 30N·m 的力矩拧紧，如图 3-4-90 所示。沿发动机运转方向继续旋转曲轴至限位位置。

• 安装凸轮轴固定装置 T10494，如图 3-4-93 所示。如果无法插入凸轮轴固定装置 T10494，则表明正时不正常，需再次调整正时。如果可以插入凸轮轴固定装置 T10494，则表明正时正常。

（3）检查正时传动带及张紧轮、导向轮

检查正时传动带是否有裂纹、是否有缺齿、是否是异常磨损，如有上述问题则更换正时传动带。

检查张紧轮是否有损坏、是否有异常磨损，轮动是否有异响，如有上述问题则更换张紧轮。

检查导向轮是否有损坏、是否有异常磨损，轮动是否有异响，如有上述问题则更换导向轮。

4. 正时链条

（1）正时链条的结构认知

正时链条的功用是将曲轴正时齿轮的动力传递给凸轮轴正时齿轮，并且保证曲轴正时齿轮与凸轮轴正时齿轮处于正确的相对位置，如图 3-4-102 所示。

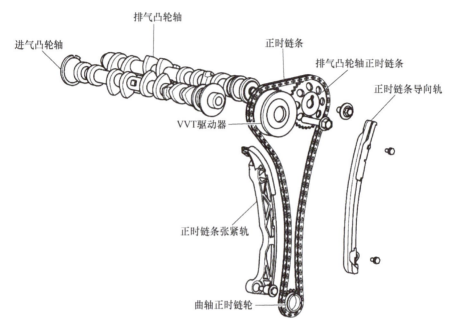

图 3-4-102　正时链条的组成

以吉利博瑞为例，其正时链条的拆装如下。

（2）拆装正时链条紧链器

1）拆卸正时链条紧链器：

① 断开蓄电池负极电缆。

② 拆卸点火线圈。

③ 拆卸气缸盖罩。

④ 旋转曲轴，使1缸处于上止点位置，如图 3-4-103 所示。

> **注意**
> 曲轴传动带盘正时记号与正时链罩上零刻度线对齐。

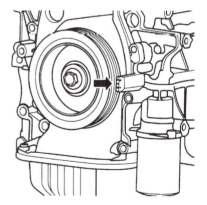

图 3-4-103　曲轴传动带盘正时记号

⑤ 用记号笔在进、排气链轮上做好正时记号并用专用工具固定正时链条和凸轮轴，如图 3-4-104 所示。

⑥ 拆卸正时链条紧链器总成。

第三章 燃油汽车发动机的结构认知与检测

> **注意**
> 此时不能转动曲轴，以防正时链轮滑齿。

2）安装正时链条紧链器：

① 压入正时链条紧链器推杆，使正时链条紧链器进入自锁状态，钩上限位钩，如图 3-4-105 所示。

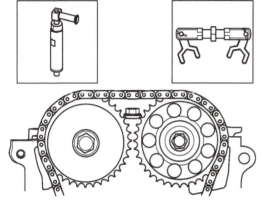

图 3-4-104 固定正时链条

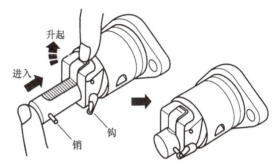

图 3-4-105 使正时链条紧链器进入自锁状态

② 安装正时链条紧链器，并紧固螺母，如图 3-4-106 所示。紧固力矩：9N·m。

③ 逆时针转动曲轴传动带轮，使正时链条紧链器自锁装置解除锁止，推杆弹出，如图 3-4-107 所示。

> **注意**
> 在转动过程中用力要均匀，否则正时链条有可能造成滑齿。

④ 确认正时链条紧链器解锁，推杆正确压紧链条张紧轨。

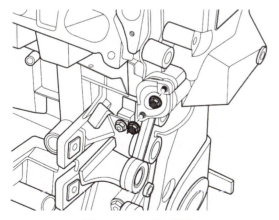

图 3-4-106 紧固螺母

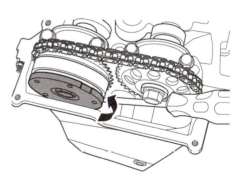

图 3-4-107 逆时针转动曲轴传动带轮

> **注意**
> 如果没有正常解锁，可以利用螺丝刀反方向按压张紧轨使张紧器解锁。

⑤ 安装气缸盖罩。

⑥ 安装点火线圈。

⑦ 连接蓄电池负极电缆。

（3）拆装正时链条

1）拆卸正时链条：

① 旋转曲轴，使1缸处于压缩上止点，拆卸正时链罩。

② 拆卸正时链条紧链器组件。

③ 拆卸正时链条张紧轨组件固定螺栓并取出正时链条张紧轨组件，如图3-4-108所示。

④ 拆卸正时链条导向轨组件上、下固定螺栓并取下正时链条导向轨组件，如图3-4-109所示。

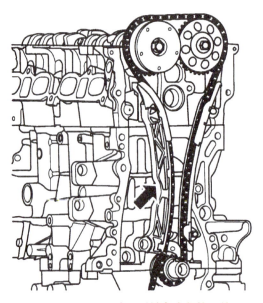

图3-4-108　取出正时链条张紧轨组件

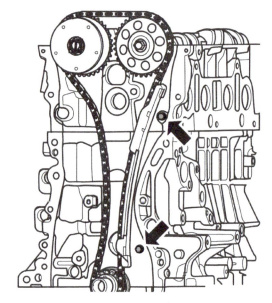

图3-4-109　取下正时链条导向轨组件

⑤ 拆卸正时链护板，如图3-4-110所示。

⑥ 拆卸正时链条及曲轴正时链轮，如图3-4-111所示。

2）安装正时链条：

① 确认正时链条上的三个正时标记外链节，如图3-4-112所示。

② 安装正时链条及曲轴正时链轮，第一个正时标记外链节（蓝色）对正曲轴链轮正时记号，如图3-4-113所示。

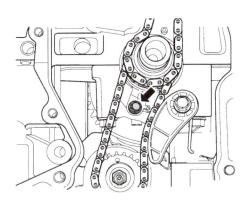

图 3-4-110 拆卸正时链护板

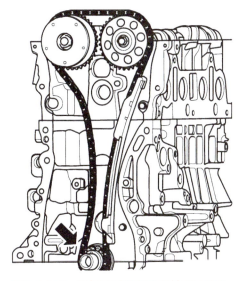

图 3-4-111 拆卸正时链条及曲轴正时链轮

> **注意**
>
> 正时链条上共有三个正时标记外链节，其中两个正时标记外链节（之间相差7个链节）与进、排气凸轮轴链轮正时记号对齐。

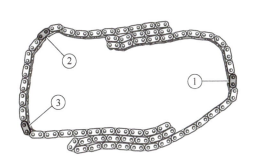

图 3-4-112 三个正时标记外链节

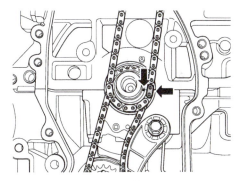

图 3-4-113 对正曲轴链轮正时记号

③ 使链条的第二个正时标记外链节（黄色）对正排气凸轮正时记号，如图3-4-114所示。

④ 使链条的第三个正时标记外链节（黄色）对正配气正时控制器总成链轮正时记号。

⑤ 安装正时链条导向轨组件。

⑥ 安装正时链条导向轨固定螺栓。安装力矩：9N·m。

⑦ 安装正时链条张紧轨组件。

⑧ 安装正时链护板，紧固螺栓。紧固力矩：15N·m。

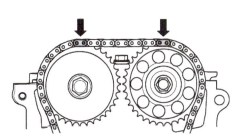

图 3-4-114 对正排气凸轮正时记号

⑨ 安装正时链罩及附件。

（4）检查正时链条

① 拆卸正时链罩。
② 拆卸正时链条。
③ 检查正时链条导向轨组件是否开裂或磨损。
④ 如果正时链条导向轨组件表面磨损深度超过1mm，则更换正时链条导向轨组件。
⑤ 检查正时链条张紧轨组件是否磨损。
⑥ 如果正时链条张紧轨组件表面磨损深度超过1mm，则更换正时链条张紧轨组件。
⑦ 检查机油泵链条张紧轨是否磨损。
⑧ 如果机油泵链条张紧轨表面磨损深度超过1mm，则更换机油泵链条张紧轨。
⑨ 检查正时链条和配气正时控制器总成链轮是否磨损。

（三）冷却系统的结构认知、拆装及检测

1. 水泵

（1）水泵的结构认知

水泵一般由曲轴通过传动带带动；水泵壳体上铸有进、出水管，进水管与散热器出水管相连，出水管与水套相连。水泵叶轮上有6~8个径向直叶片或后弯叶片，如图3-4-115所示。水泵对冷却液加压，保证其在冷却系统中循环流动。

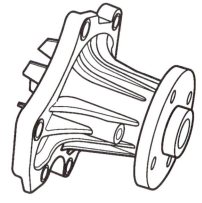

图3-4-115 水泵

（2）拆装水泵

1）拆卸水泵：
① 排放发动机冷却液。
② 拆卸传动带。
③ 拆卸水泵传动带轮固定螺栓，如图3-4-116所示。
④ 取下水泵传动带轮，如图3-4-117所示。

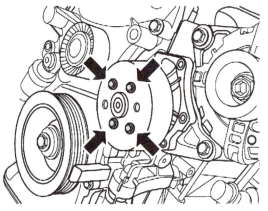

图3-4-116 拆卸水泵传动带轮固定螺栓

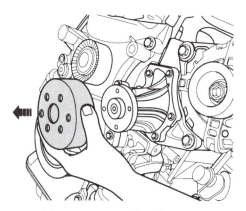

图3-4-117 取下水泵传动带轮

⑤ 拆卸2颗固定螺母2和4颗固定螺栓1，如图3-4-118所示。

⑥ 取出水泵，如图 3-4-119 所示。

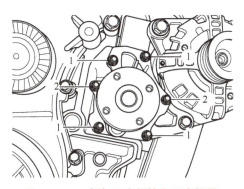

图 3-4-118　拆卸固定螺栓和固定螺母

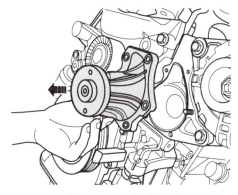

图 3-4-119　取出水泵

⑦ 取出水泵密封圈，如图 3-4-120 所示。
2）安装水泵：
① 清洁水泵密封圈安装槽及接合端面。
② 清洁水泵与气缸体接合断面，如图 3-4-121 所示。

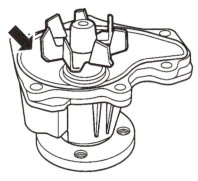

图 3-4-120　取出水泵密封圈

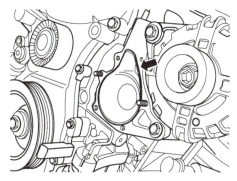

图 3-4-121　清洁水泵与气缸体接合断面

③ 安装新的水泵密封圈，如图 3-4-122 所示。

注意

水泵密封圈为一次性使用件，拆卸后必须更换新件。

④ 安装水泵及 4 颗固定螺栓和 2 颗固定螺母，但不要拧紧。
⑤ 按图 3-4-123 所示顺序并按规定力矩紧固固定螺栓和固定螺母。紧固螺母力矩：9N·m；紧固螺栓力矩：35N·m。

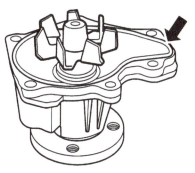

图 3-4-122　安装新的水泵密封圈

⑥ 安装并紧固水泵传动带轮固定螺栓。紧固力矩：22N·m。
⑦ 安装传动带。
⑧ 加注发动机冷却液。

（3）检查水泵

① 检查水泵壳体是否开裂和泄漏，叶片是否正常。
② 检查水泵轴承是否有间隙或有异响。
③ 检查水泵传动带轮从动盘是否严重磨损，若水泵损坏，则更换整套水泵。

2. 节温器

（1）节温器的结构认知

节温器的作用是控制发动机冷却液在冷却系统中的流动。节温器由发动机进水管接头组件密封，安装在气缸盖前部。节温器可以阻止发动机冷却液从发动机流向散热器，使发动机快速预热并调节发动机冷却液温度。蜡式节温器如图3-4-124所示。

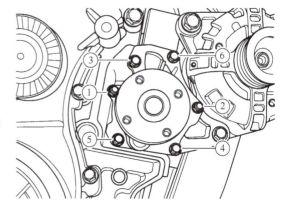

图3-4-123　按顺序紧固固定螺栓和固定螺母

图3-4-124　蜡式节温器

（2）拆装节温器

1）拆卸节温器：
① 排出发动机冷却液。
② 从发动机进水口座上拆卸散热器水管卡箍，如图3-4-125所示。
③ 从发动机进水口座上断开散热器出水管，如图3-4-126所示。

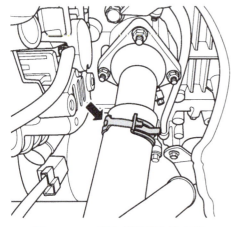

图3-4-125　拆卸散热器水管卡箍

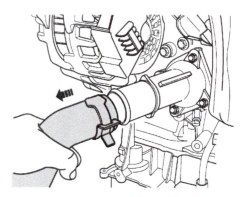

图3-4-126　断开散热器出水管

④ 拆卸发动机进水口座至气缸体的固定螺母，如图3-4-127所示。
⑤ 从气缸体上拆卸发动机进水口座，如图3-4-128所示。
⑥ 从气缸体上拆卸节温器，如图3-4-129所示。

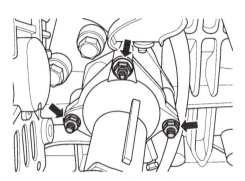

图 3-4-127 拆卸固定螺母

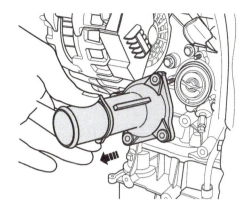

图 3-4-128 拆卸发动机进水口座

> **注意**
> 节温器与密封圈是一体的。

⑦ 清洁发动机进水口座与气缸体结合面。

2）安装节温器：

① 将节温器安装到气缸体上。

② 将发动机进水口座安装到气缸体上。

③ 安装发动机进水口座固定螺母。安装力矩：9N·m。

④ 安装散热器出水管到发动机进水口座上。

⑤ 安装散热器水管卡箍。

⑥ 加注发动机冷却液。

（3）检查节温器

如图 3-4-130 所示，阀门开启温度刻在节温器上。

如图 3-4-131 所示，将节温器浸入水中然后逐渐将水加热。

① 检查节温器阀开启温度。阀门开启温度应为 80~84℃。如图 3-4-131 所示，如果阀门开启温度不符合规定，则更换节温器。

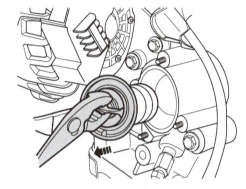

图 3-4-129 拆卸节温器

图 3-4-130 节温器开启温度

② 检查阀门升程。阀门升程在 95℃ 时应大于等于 10mm。如图 3-4-132 所示，如果阀门升程不符合规定，则更换节温器。

③ 当节温器处于低温（低于 77℃）时，检查并确认阀门全关。如果不能全关，则更换节温器。

3. 冷却风扇

（1）冷却风扇的结构认知

现代汽车已广泛使用电子风扇，电子风扇通常安装在散热器后方，由电动机、风扇叶片、风扇罩等组成，如图 3-4-133 所示。风扇的扇风量主要与风扇直径、转速、叶片形状、叶片安装角度及叶片数有关。电子风扇的作用是增加流过散热器芯的空气量，以增强散热器的散热能力。

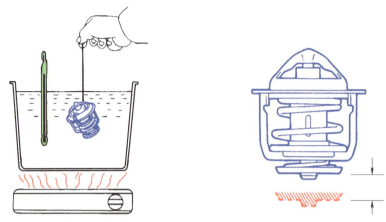

图 3-4-131　检查节温器阀开启温度　　　　图 3-4-132　阀门升程

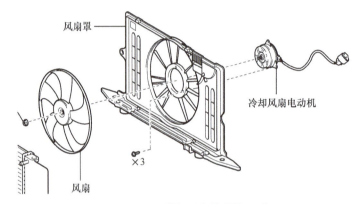

图 3-4-133　冷却风扇的结构组成

（2）拆装冷却风扇

1）拆卸冷却风扇：

① 断开蓄电池负极电缆。

> **注意**
>
> 风扇未断电时切勿将手伸到扇叶运转区内。

② 拆卸前保险杠。
③ 拆卸喇叭。
④ 拆卸正面碰撞传感器。
⑤ 拆卸前组合灯总成。
⑥ 拆卸膨胀罐与右前照灯钣金支架总成连接螺栓。
⑦ 拆卸右前照灯钣金支架总成固定螺栓。

⑧ 拆卸左前照灯钣金支架总成固定螺栓。
⑨ 取下左、右前照灯钣金支架总成。
⑩ 断开发动机罩锁扣线束插接器。
⑪ 拆卸发动机罩锁扣线束固定卡。
⑫ 从水管固定支架上取出发动机出水管。
⑬ 断开发动机罩锁扣拉线。
⑭ 拆卸通气软管固定卡扣。
⑮ 拆卸散热器上横梁固定螺栓，如图 3-4-134 所示。
⑯ 取出散热器上横梁，如图 3-4-135 所示。
⑰ 拆卸通气软管与冷却风扇固定螺栓。
⑱ 断开冷却风扇线束插接器，如图 3-4-136 所示。

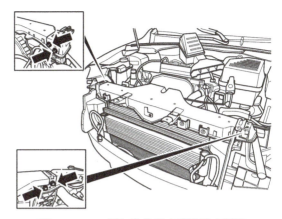

图 3-4-134　拆卸散热器上横梁固定螺栓

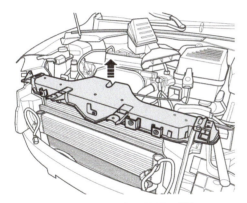

图 3-4-135　取出散热器上横梁

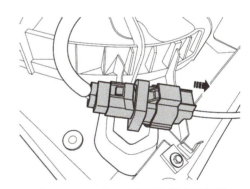

图 3-4-136　断开冷却风扇线束插接器

⑲ 脱开冷却风扇左、右侧限位卡扣，如图 3-4-137 所示。

图 3-4-137　脱开冷却风扇左、右侧限位卡扣

⑳ 取出冷却风扇总成，如图 3-4-138 所示。
2）安装冷却风扇：
① 安装冷却风扇总成，如图 3-4-139 所示。

> **注意**
>
> 将冷却风扇插入散热器卡槽中即可固定冷却风扇。

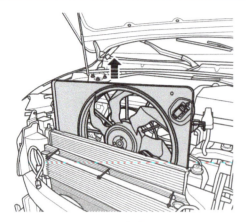

图 3-4-138　取出冷却风扇总成

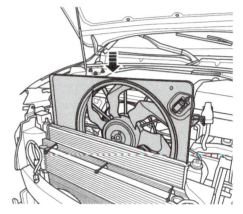

图 3-4-139　安装冷却风扇总成

② 连接冷却风扇线束插接器，如图 3-4-140 所示。

③ 安装并紧固通气软管与冷却风扇固定螺栓。

④ 安装散热器上横梁。

⑤ 安装并紧固散热器上横梁固定螺栓。紧固力矩：12N·m。

⑥ 安装通气软管固定卡扣。

⑦ 安装发动机罩锁扣拉线。

⑧ 安装发动机出水管至水管固定支架。

⑨ 安装发动机罩锁扣线束固定卡。

⑩ 连接发动机罩锁扣线束插接器。

⑪ 安装并紧固左前照灯钣金支架总成固定螺栓。

⑫ 安装并紧固右前照灯钣金支架总成固定螺栓。

⑬ 安装并紧固膨胀罐与右前照灯钣金支架总成连接螺栓。

⑭ 安装前照灯。

⑮ 安装正面碰撞传感器。

⑯ 安装喇叭。

⑰ 安装空滤进气管总成。

⑱ 安装前保险杠。

⑲ 连接蓄电池负极电缆。

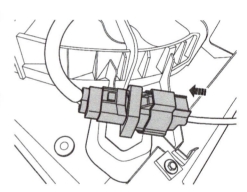

图 3-4-140　连接冷却风扇线束插接器

（3）检查冷却风扇

① 如图 3-4-141 所示，蓄电池连接到风扇电动机插接器上时，检查并确认电动机运转平稳。

② 将电流表的 400A 探针连接到冷却风扇电动机的端子 M+ 上。测量电动机运转时的电流，标准电流见表 3-4-10。如果结果不符合规定，则更换冷却风扇电动机。

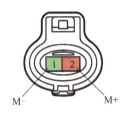

图 3-4-141　风扇电动机插接器

表 3-4-10　标准电流

项目	标准值
冷却风扇电动机	在 20℃、12V 时，应为 7.9~10.9A

如果结果不符合规定，则更换冷却风扇电动机。

4. 散热器

（1）散热器的结构认知

散热器安装在保险杠后方，主要由左储水室、右储水室、放水螺塞、散热器片、散热器芯等组成，如图 3-4-142 所示。散热器的作用是保护发动机，避免因过热造成损坏，并使发动机处于适当的温度范围内。散热器是一个热交换器，冷却液在散热器芯内流动，空气在散热器芯外通过。热的冷却液由于向空气散热而变冷，冷空气则因为吸收冷却液散出的热量而升温。

（2）更换散热器

1）拆卸散热器：

① 断开蓄电池负极电缆。

② 排放发动机冷却液。

③ 拆卸前保险杠总成。

④ 拆卸冷却风扇总成。

⑤ 拆卸散热器通气软管，如图 3-4-143 所示。

⑥ 拆卸散热器进水管。

⑦ 拆卸自动变速器出油软管。

⑧ 拆卸自动变速器进油软管。

⑨ 拆卸散热器出水管。

⑩ 取出散热器，如图 3-4-144 所示。

2）安装散热器：

① 安装散热器到车上，如图 3-4-145 所示。

② 安装散热器出水管。

③ 安装自动变速器进油软管。

④ 安装自动变速器出油软管。

⑤ 安装散热器进水管。

⑥ 安装散热器通气软管。

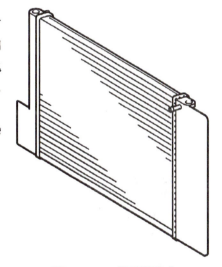

图 3-4-142　散热器总成

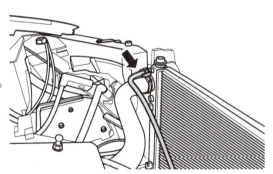

图 3-4-143　拆卸散热器通气软管

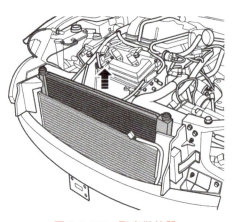

图 3-4-144 取出散热器

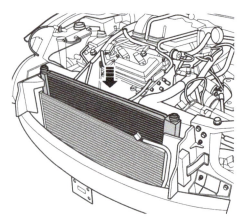

图 3-4-145 安装散热器到车上

⑦ 安装冷却风扇总成。
⑧ 安装前保险杠总成。
⑨ 加注发动机冷却液。
⑩ 连接蓄电池负极电缆。

（四）润滑系统的结构认知、拆装及检测

1. 机油泵

（1）机油泵的结构认知

机油泵的功用是保证机油在润滑系统内循环流动，并在发动机任何转速下都能以足够高的压力向润滑部位输送足够数量的机油。转子式机油泵主要由主动转子、从动转子、机油泵体、机油泵盖、减压阀等零件组成，如图 3-4-146 所示。

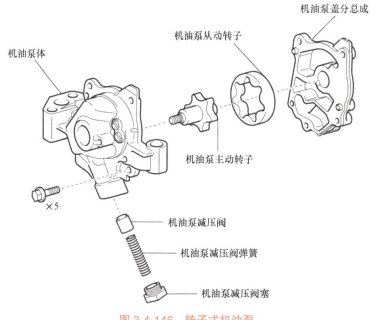

图 3-4-146 转子式机油泵

（2）拆装机油泵

1）拆卸机油泵：

① 断开蓄电池负极电缆。

② 拆卸油底壳。

③ 拆卸正时链罩。

④ 拆卸正时链条及曲轴正时链轮。

⑤ 拆卸机油泵链条张紧轨及其安装螺栓，如图 3-4-147 所示。

⑥ 拆卸机油泵链轮螺母，如图 3-4-148 所示。

⑦ 拆卸机油泵链条、机油泵链轮、曲轴机油泵链轮，如图 3-4-149 所示。

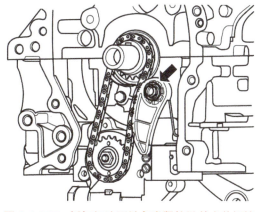

图 3-4-147　拆卸机油泵链条张紧轨及其安装螺栓

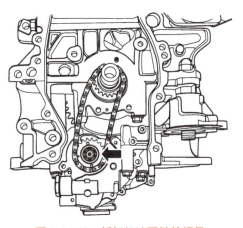

图 3-4-148　拆卸机油泵链轮螺母

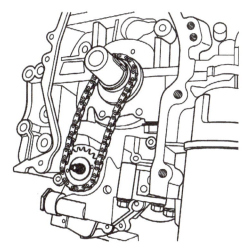

图 3-4-149　拆卸机油泵链条

⑧ 拆卸机油泵固定螺栓，如图 3-4-150 所示。

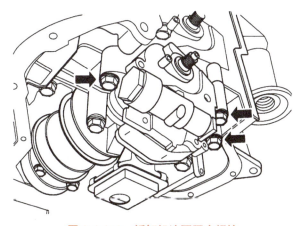

图 3-4-150　拆卸机油泵固定螺栓

⑨ 从发动机缸体上取下机油泵，如图 3-4-151 所示。

2）安装机油泵：

① 安装前必须清洁发动机油底壳内的机油集滤器。

② 清洁发动机缸体机油泵安装平面。

③ 安装机油泵密封圈，如图 3-4-152 所示。

> **注意**
> 安装前检查密封圈是否有裂痕变形，若有应更换。

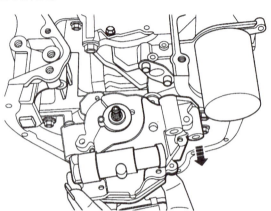

图 3-4-151 取下机油泵

④ 安装机油泵到发动机缸体上。

⑤ 安装并紧固机油泵固定螺栓，如图 3-4-153 所示。紧固力矩：19N·m。

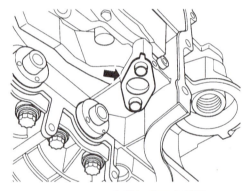

图 3-4-152 安装机油泵密封圈

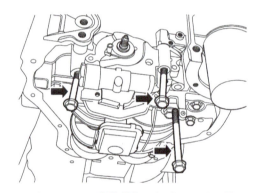

图 3-4-153 安装并紧固机油泵固定螺栓

⑥ 安装机油泵链轮与链条到机油泵上，如图 3-4-154 所示。

> **注意**
> 机油泵链条上两处黄色链节应与机油泵链轮上记号和曲轴机油泵链轮记号对齐。

⑦ 安装机油泵链轮固定螺母。安装力矩：30N·m。

⑧ 安装机油泵链条张紧轨及其安装螺栓。安装力矩：13N·m。

⑨ 安装正时链条及曲轴正时链轮。

⑩ 安装正时链罩。

⑪ 安装油底壳。

⑫ 连接蓄电池负极电缆。

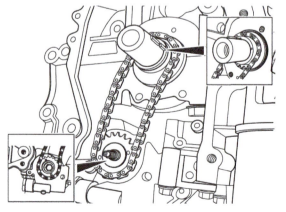

图 3-4-154 安装机油泵链轮与链条

(3）检查机油泵

1）检查机油泵减压阀：

如图 3-4-155 所示，在机油泵减压阀上涂抹一层机油，检查并确认该阀能依靠自身重量顺畅地滑入阀孔中。如果不能，则更换机油泵。

2）检查机油泵转子：

① 测量主动转子和从动转子的顶部间隙。如图 3-4-156 所示，用塞尺测量主动转子和从动转子的顶部间隙。标准顶部间隙：0.08~0.160mm；最大顶部间隙：0.35mm。如果顶部间隙大于最大值，则更换机油泵。

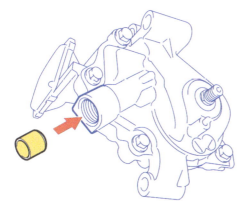

图 3-4-155　检查机油泵减压阀

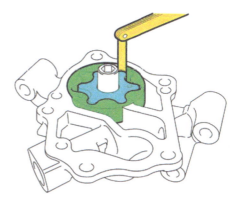

图 3-4-156　检查顶部间隙

② 测量两个转子和钢直尺间的间隙。如图 3-4-157 所示，用塞尺和钢直尺，测量两个转子和钢直尺间的间隙。标准侧隙：0.030~0.080mm；最大侧隙：0.16mm。如果侧隙大于最大值，则更换机油泵。

③ 测量从动转子和机油泵体间的间隙。如图 3-4-158 所示，用塞尺测量从动转子和机油泵体间的间隙。标准泵体间隙：0.12~0.19mm；最大泵体间隙：0.325mm。如果泵体间隙大于最大值，则更换机油泵。

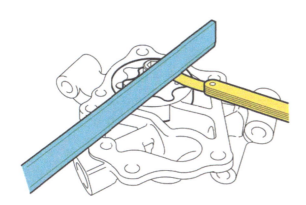

图 3-4-157　测量两个转子和钢直尺间的间隙

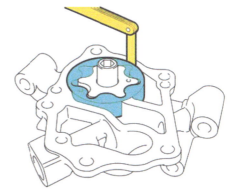

图 3-4-158　测量从动转子和机油泵体间的间隙

2. 油底壳

（1）油底壳的结构认知

油底壳一般由薄钢板冲压而成，有的发动机为了加强散热效果采用铝合金铸造。油底壳的形状取决于发动机的总体布置和所需机油的容量。

油底壳中后部一般做得较深，以便发动机纵向倾斜时机油泵仍能吸到机油。油底壳底部装有磁性的放油螺塞，放油螺塞的密封垫为一次性使用，拆过后即要予以更换，如图3-4-159所示。

油底壳主要用来储存机油并封闭曲轴箱。同时，底部的磁性放油螺塞能吸附机油中的金属屑，以减少发动机中运动零件的磨损。

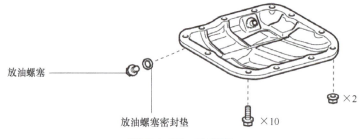

图3-4-159　油底壳

（2）拆装油底壳

1）拆卸油底壳：

① 断开蓄电池负极电缆。

② 举升车辆。

③ 松开发动机油底壳放油螺塞，排出发动机曲轴箱中的机油，如图3-4-160所示。

④ 拆卸油底壳固定螺栓，如图3-4-161所示。

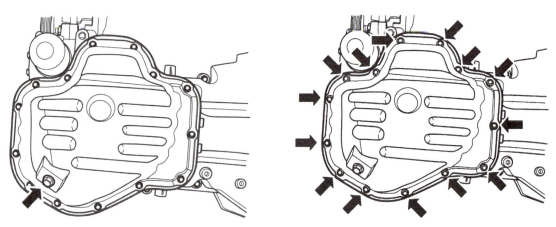

图3-4-160　发动机油底壳放油螺塞　　　图3-4-161　拆卸油底壳固定螺栓

⑤ 从曲轴箱上拆卸油底壳，如图3-4-162所示。

2）安装油底壳：

① 在安装油底壳之前必须检查、清洁机油集滤器，如图3-4-163所示。

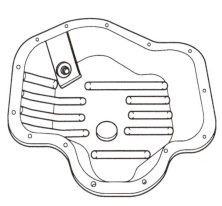

图 3-4-162 拆卸油底壳

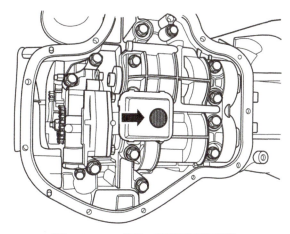

图 3-4-163 检查、清洁机油集滤器

② 清洁油底壳与曲轴箱结合面。

③ 在新的发动机油底壳上均匀涂上密封胶。

④ 安装油底壳,并按图 3-4-164 所示顺序紧固 14 颗固定螺栓。紧固力矩:9N·m。

⑤ 安装并紧固油底壳放油螺塞。紧固力矩:35N·m。

⑥ 连接蓄电池负极电缆。

3. 机油滤清器

(1) 机油滤清器的结构认知

机油滤清器的功用是滤除机油中的杂物、胶油和水分,向各润滑部件输送洁净的机油。当带有杂质的机油从滤芯的外围进入滤清器中心时,杂质被过滤在滤芯上,当滤芯严重堵塞时,旁通阀开启,机油不经过滤芯过滤直接进入主油道,防止机油断供现象的发生,如图 3-4-165 所示。

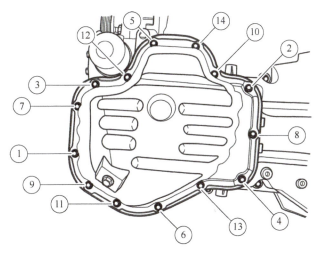

图 3-4-164 按顺序紧固固定螺栓

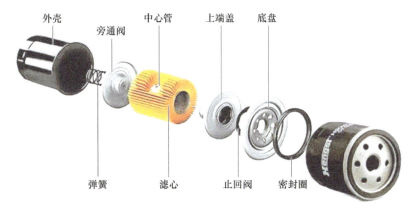

图 3-4-165 机油滤清器

（2）拆装机油滤清器

1）拆卸机油滤清器：使用专用工具拆下机油滤清器，如图 3-4-166 所示。

> **注意**
>
> 拆卸机油滤清器前放置一个容器，以容纳放出的机油。

2）安装机油滤清器：使用专用工具紧固机油滤清器。紧固扭矩：25N·m。

4. 机油喷嘴

（1）机油喷嘴的结构认知

机油喷嘴对无法直接与机油通道连接的部件进行润滑和冷却，如图 3-4-167 所示。

它通过集成一个单向阀确保在达到特定机油压力后才会打开和关闭。

（2）拆装机油喷嘴

1）拆卸机油喷嘴：

用 5mm 六角套筒扳手拆下螺栓和机油喷嘴，如图 3-4-168 所示。

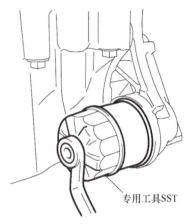

图 3-4-166　拆卸机油滤清器

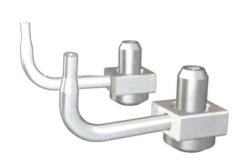

图 3-4-167　机油喷嘴

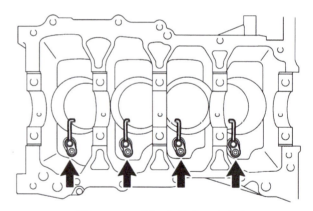

图 3-4-168　拆下螺栓和机油喷嘴

2）安装机油喷嘴：用 5mm 六角套筒扳手和螺栓安装机油喷嘴。安装扭矩：10N·m。

3）检查机油喷嘴：检查机油喷嘴是否损坏或阻塞。

> **提示**
>
> 如果出现损坏或阻塞，则更换机油喷嘴。

（五）燃油供给系统的结构认知、拆装及检测

1. 燃油泵

（1）燃油泵的结构认知

电动燃油泵是位于模块化燃油输送器内部的涡轮泵。发动机控制模块（ECM）通过燃油泵继电器对电动燃油泵进行控制。电动燃油泵提前 2s 开始供油，以保证燃油管路中的油压达到系统压力的要求。图 3-4-169 所示为电动燃油泵自带储油桶，以保证在油位较低或猛烈操作车辆时能正常供油。

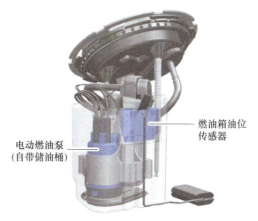

图 3-4-169　电动燃油泵

（2）拆装燃油泵

1）拆卸燃油泵：

① 释放燃油压力。
② 断开蓄电池负极电缆。
③ 拆下左侧中排座椅。
④ 拆下地毯。
⑤ 拆卸燃油箱检修口盖，如图 3-4-170 所示。
⑥ 断开燃油泵线束插接器，如图 3-4-171 所示。

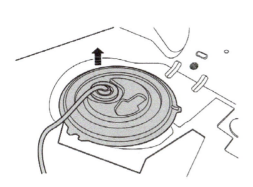

图 3-4-170　拆卸燃油箱检修口盖

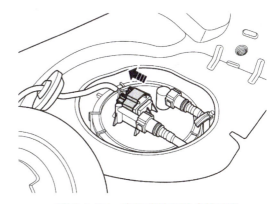

图 3-4-171　断开燃油泵线束插接器

⑦ 断开燃油泵出油管及回油管，如图 3-4-172 所示。
⑧ 用合适工具拆卸燃油泵总成锁环，如图 3-4-173 所示。
⑨ 取出燃油泵总成，如图 3-4-174 所示。

> **注意**
>
> 取出时注意燃油液位传感器，在拆卸过程中注意汽油不要滴落在地板及车身内饰上，否则会腐蚀地板密封胶及车身内饰。

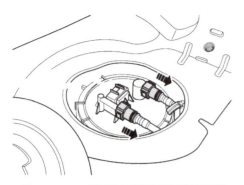

图 3-4-172　断开燃油泵出油管及回油管

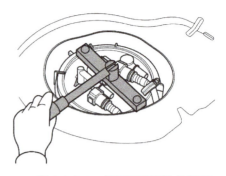

图 3-4-173　拆卸燃油泵总成锁环

2）安装燃油泵：
① 清洁燃油泵密封圈与燃油箱的接合面。
② 安装新的燃油泵密封圈。
③ 安装燃油泵总成。

> **注意**
>
> 安装时保证油泵总成上面的出油管及回油管对正车身前部，否则无法安装出油管及回油管。

④ 安装燃油泵总成锁环并顺时针拧紧燃油泵锁环。紧固力矩：75N·m。
⑤ 连接燃油泵出油管、回油管，如图 3-4-175 所示。
⑥ 连接燃油泵线束插接器，如图 3-4-176 所示。

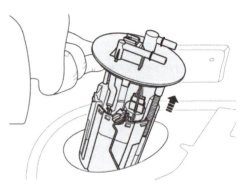

图 3-4-174　取出燃油泵总成

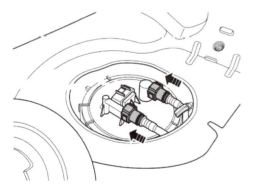

图 3-4-175　连接燃油泵出油管、回油管

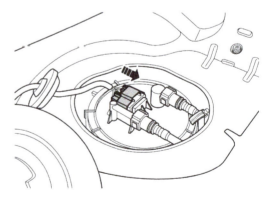

图 3-4-176　连接燃油泵线束插接器

⑦ 安装燃油箱检修口盖。

> **注意**
>
> 安装燃油箱检修口时，燃油箱检修口盖上的箭头方向应朝向车位。

⑧ 安装地毯。
⑨ 安装左侧中排座椅。
⑩ 连接蓄电池负极电缆。

(3) 检查燃油泵

1) 检查燃油泵工作情况和燃油是否泄漏：

① 检查燃油泵工作情况。使用故障诊断仪对汽车燃油泵进行动作测试。检查并确认能听到燃油在燃油箱中流动的声音。如果听不到声音，则检查集成继电器、燃油泵、ECM 和配线插接器。

② 检查燃油是否泄漏。检查并确认燃油系统任何部位均无燃油泄漏。如果存在燃油泄漏，必要时应维修或更换零件。

2) 检查燃油压力：

① 释放燃油系统压力。
② 测量蓄电池电压，应为 11~14V。
③ 从蓄电池负极端子上断开电缆。
④ 从主燃油管上断开燃油软管，安装压力表，如图 3-4-177 所示。
⑤ 擦掉系统中的燃油。
⑥ 将电缆连接到蓄电池负极端子上。
⑦ 使用故障诊断仪对汽车燃油泵进行动作测试，测量燃油压力。标准燃油压力：304~343kPa。如果燃油压力大于标准值，更换燃油压力调节器。如果燃油压力小于标准值，检查燃油软管连接情况，以及燃油泵、燃油滤清器和燃油压力调节器。
⑧ 取下故障诊断仪。
⑨ 起动发动机，测量怠速时的燃油压力。标准燃油压力：304~343kPa。
⑩ 关闭发动机。
⑪ 检查并确认燃油压力在发动机停止后能按规定持续 5min。此时的标准燃油压力：147kPa。如果燃油压力不符合规定，则检查燃油泵或喷油器。
⑫ 复原车辆，检查燃油是否泄漏。

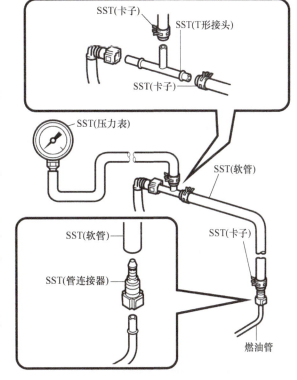

图 3-4-177　安装压力表

2. 燃油滤清器

(1) 燃油滤清器的结构认知

燃油滤清器安装在电动燃油泵出口侧的油路中，主要由壳体、油塞、滤芯、滤网等组成。滤芯采用菊花形结构，这种结构的特点是单位体积内过滤面积大。滤清器内经常承受 200~300kPa 的燃油压力，因此，要求滤清器壳体及油管的耐压强度应在 500kPa 以上，如图 3-4-178 所示。

燃油滤清器的作用是清除燃油中的粉尘、铁锈等固体杂质，防止供油系统阻塞，减少机械磨损，提高发动机工作的可靠性。

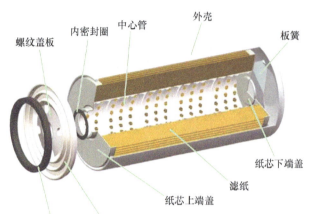

图 3-4-178　燃油滤清器的结构

（2）拆装燃油滤清器

1）拆卸燃油滤清器：

① 释放燃油系统压力。

② 断开蓄电池负极电缆。

③ 举升车辆。

④ 断开燃油滤清器搭铁线，如图 3-4-179 所示。

⑤ 断开进油管及出油管，如图 3-4-180 所示。

> **注意**
>
> 如果泥沙进入油管接头后有可能出现难以拆卸的情况，此时可以用木柄轻轻敲击滤清器壳体以使泥沙震出，先用力挤压按住快插接头锁片，然后把快插接头从燃油滤清器接头拔出，方向如图 3-4-180 所示。

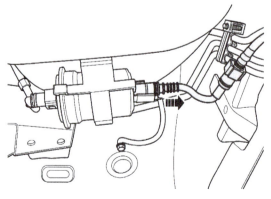
图 3-4-179　断开燃油滤清器搭铁线

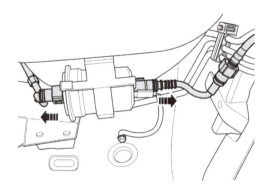
图 3-4-180　断开进油管及出油管

⑥ 拆卸燃油滤清器支架固定螺钉，取下燃油滤清器，如图 3-4-181 所示。

2）安装燃油滤清器：

① 安装燃油滤清器，并紧固支架固定螺钉。

> **注意**
>
> 滤清器安装的方向。

② 连接进油管及出油管。

③ 放下车辆。

④ 连接蓄电池负极电缆。

3. 喷油器

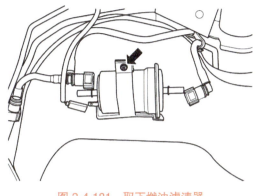

图 3-4-181　取下燃油滤清器

（1）喷油器的结构认知（图 3-4-182）

喷油器是高精度部件，可在精确规定的时刻将准确定量的燃油喷入燃烧室内。高额定功率和低额定功率发动机使用不同的喷油器。

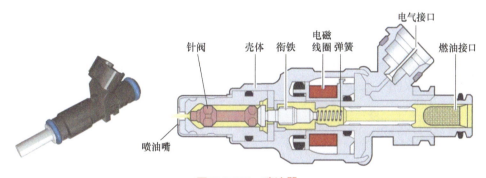

图 3-4-182　喷油器

（2）拆装喷油器

1）拆卸喷油器：

① 释放燃油系统压力。

② 断开蓄电池负极电缆。

③ 拆卸发动机塑料护罩。

④ 拆卸进气歧管总成。

⑤ 断开喷油器总成线束插接器，如图 3-4-183 所示。

⑥ 拆卸压紧环，如图 3-4-184 所示。

⑦ 使用专用工具拆卸喷油器总成，如图 3-4-185 所示。

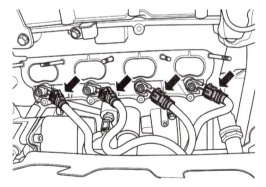

图 3-4-183　断开喷油器总成线束插接器

2）安装喷油器：

① 确认新的喷油器总成密封圈完好，在密封圈上涂抹少量发动机润滑油，如图 3-4-186 所示。

② 使用专用工具安装喷油器总成。

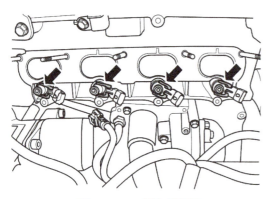

图 3-4-184　拆卸压紧环

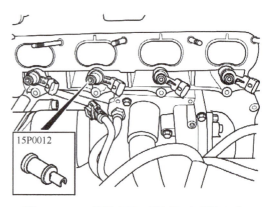

图 3-4-185　使用专用工具拆卸喷油器总成

③ 安装压紧环。
④ 连接喷油器总成线束插接器。
⑤ 安装进气歧管总成。
⑥ 安装发动机塑料护罩。
⑦ 连接蓄电池负极电缆。

（3）检查喷油器

1）检查喷油器电阻：如图 3-4-187 所示，用欧姆表测量喷油器电阻。并与表 3-4-11 中的标准电阻值进行对比。如果结果不符合规定，则更换喷油器总成。

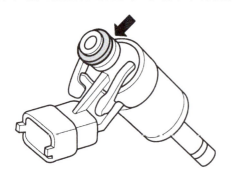

图 3-4-186　在密封圈上涂抹少量发动机润滑油

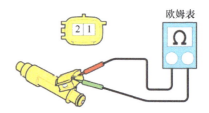

图 3-4-187　检查喷油器电阻

表 3-4-11　标准电阻

检测仪连接	条件	规定值
1-2	20℃	11.6~12.4Ω

2）检查喷油器工作情况：

注意

在良好通风区域执行检查。不要在任何靠近明火的地方执行检查。

① 如图 3-4-188 所示，将燃油管插接器连接到软管，然后将它们连接到燃油管（车辆侧）。

② 如图 3-4-189 所示，将 O 形圈安装到喷油器总成上。
③ 将适配工具和软管连接到喷油器总成，并用卡夹固定喷油器总成和接头。
④ 将喷油器总成放在量筒中。

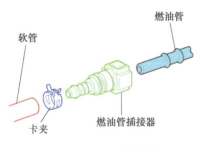

图 3-4-188　连接管路

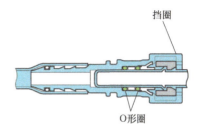

图 3-4-189　安装 O 形圈

 注意

将合适的塑料管安装至喷油器总成以防燃油喷出。

⑤ 如图 3-4-190 所示，将线束连接到喷油器总成和蓄电池 15s，用量筒测量喷油量。对各喷油器测试 2 或 3 次。标准喷油量见表 3-4-12。各喷油器间喷油量的差距：≤13cm³。如果喷油量不符合规定，则更换喷油器总成。

表 3-4-12　标准喷油量

检测仪连接	条件	规定值
正极端子 - 搭铁端子	15s（2 或 3 次）	60~73cm³

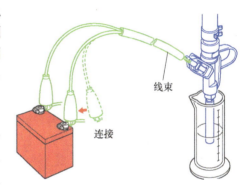

图 3-4-190　用量筒测量喷油量

3）检查喷油器是否泄漏：
最大燃油泄漏允许值：每 12min 1 滴或更少。

4. 高压供油泵

（1）高压供油泵的结构认知

高压供油泵将来自输油泵的低压燃油送到高压的公共油轨的机械驱动泵。高压供油泵通过油量调节阀和低压止回阀使燃油进入泵元件的燃油室内；在此，燃油通过一个活塞加压并通过高压止回阀输送至高压接口；随后燃油通过高压管路输送至共轨内。高压供油泵的结构如图 3-4-191 所示。

数字式发动机电子系统（DME）根据负荷状态和发动机转速确定所需燃油压力。由共轨压力传感器探测达到的压力水平并将其传输给 DME。将实际压力值与共轨压力规定值进行比较，按照最佳耗油量和发动机运行平稳性调节共轨压力。

（2）拆装高压供油泵

1）拆卸高压供油泵：
① 释放燃油系统压力。

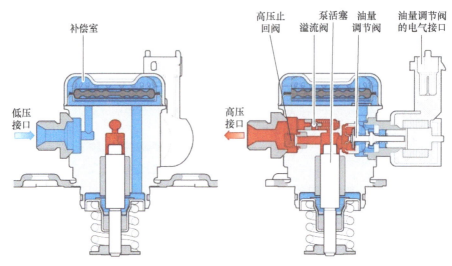

图 3-4-191　高压供油泵的结构

② 拆卸发动机塑料护罩。
③ 断开蓄电池负极电缆。
④ 断开高压供油泵线束插接器，如图 3-4-192 所示。
⑤ 拆卸高压供油泵隔音罩，如图 3-4-193 所示。

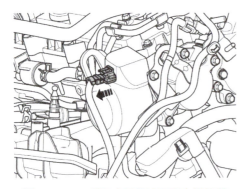

图 3-4-192　断开高压供油泵线束插接器

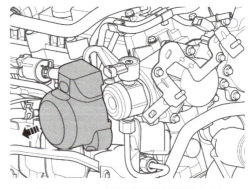

图 3-4-193　拆卸高压供油泵隔音罩

⑥ 拆卸高压供油泵出油管固定螺母，如图 3-4-194 所示。
⑦ 拆卸高压供油泵进油管固定螺母，如图 3-4-195 所示。
⑧ 拆卸高压供油泵固定螺栓，如图 3-4-196 所示。
⑨ 取出高压供油泵，如图 3-4-197 所示。

2）安装高压供油泵：
① 确认新的高压供油泵密封圈完好，在密封圈上涂抹少量发动机润滑油，如图 3-4-198 所示。

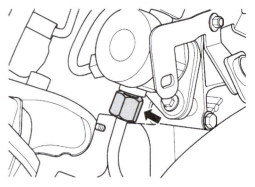

图 3-4-194　拆卸高压供油泵出油管固定螺母

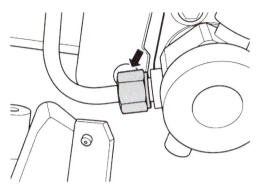

图 3-4-195　拆卸高压供油泵进油管固定螺母

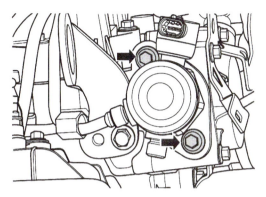

图 3-4-196　拆卸高压供油泵固定螺栓

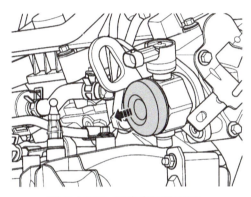

图 3-4-197　取出高压供油泵

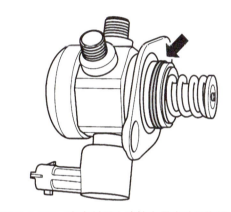

图 3-4-198　在密封圈上涂抹少量发动机润滑油

② 安装并紧固高压供油泵固定螺栓。紧固力矩：10N·m。
③ 安装并紧固高压供油泵进油管固定螺母。紧固力矩：28N·m。
④ 安装并紧固高压供油泵出油管固定螺母。紧固力矩：28N·m。
⑤ 安装高压供油泵隔音罩。
⑥ 连接断开高压供油泵线束插接器。
⑦ 连接蓄电池负极电缆。
⑧ 安装发动机塑料护罩。

（3）检查高压供油泵

汽油泵最容易出现的故障是堵塞，这主要是因为加了杂质较多的汽油；其次是烧坏，但这种故障概率并不太高。

不同于电子驱动的汽油泵，高压供油泵是纯机械驱动（靠凸轮轴驱动），因此其故障主要是机械损坏、堵塞、漏油等。

对于直喷式发动机，汽油泵和高压供油泵的故障有相似之处，如果出现加速无力、抖动现象，可以分步进行检测。但无论是汽油泵还是高压油泵，一旦出现故障，一般都是整体更换。

5. 燃油压力传感器

（1）燃油压力传感器的结构认知

燃油压力传感器位于高压油轨管上，直接测量高压供油系统内的燃油压力值。通过轨压传感器，可以实现对燃油压力的闭环控制。ECU 根据发动机当前工况下相关传感器输入的信号，计算出理论上需要的燃油压力，通过调节高压供油泵的燃油控制阀来实现燃油压力控制，并依靠燃油压力传感器检测当前实际燃油压力，将其与理论燃油压力进行对比修正，实现闭环控制，如图 3-4-199 所示。

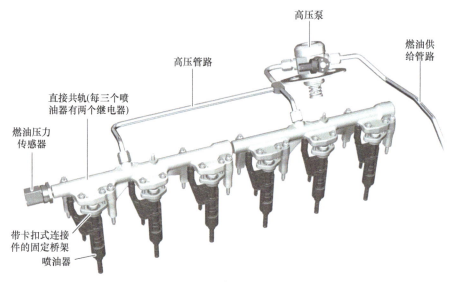

a) 安装位置

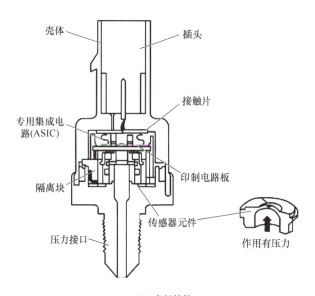

b) 内部结构

图 3-4-199　燃油压力传感器

（2）拆卸燃油压力传感器

1）拆卸燃油压力传感器：

① 释放燃油系统压力。

② 断开蓄电池负极电缆。

③ 拆卸进气歧管总成。
④ 断开燃油压力传感器线束插接器，如图 3-4-200 所示。
⑤ 拆卸燃油压力传感器，如图 3-4-201 所示。

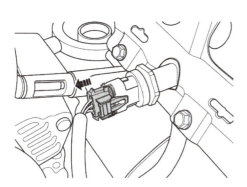

图 3-4-200　断开燃油压力传感器线束插接器

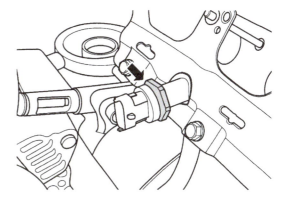

图 3-4-201　拆卸燃油压力传感器

2）安装燃油压力传感器：
① 安装并紧固燃油压力传感器。紧固力矩：10N·m。
② 连接燃油压力传感器线束插接器。
③ 安装进气歧管总成。
④ 连接蓄电池负极电缆。

（3）检查燃油压力传感器

1）检查燃油压力传感器和发动机线束、ECM 插接器的端子有无损坏，若有应进行检修或更换。

2）监测燃油压力。在发动机运转期间，使用故障诊断仪检查传感器燃油压力，怠速时燃油压力为 34.47MPa，最大燃油压力为 103.42MPa。若不符合，则应更换燃油压力传感器。

（六）进 / 排气系统的结构认知、拆装及检测

1. 节气门

（1）节气门的结构认知

当节气门关闭时，节气门位置传感器输出电压降低，当节气门开启时，传感器输出电压升高。ECM 根据这些信号来计算节气门开度并响应驾驶人输入来控制节气门执行器。这些信号同时也用来计算空燃比修正值、功率提高修正值并进行燃油切断控制。节气门总成的结构如图 3-4-202 所示。其中，节气门体主要由节气门位置传感器、节气门驱动电机、节气门阀、节气门驱动齿轮等组成。

（2）拆装节气门

1）拆卸节气门：
① 排净发动机冷却液
② 拆卸空气滤清器盖分总成。
③ 拆卸节气门体总成。

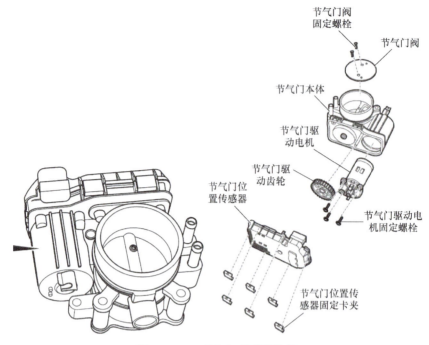

图 3-4-202　节气门总成的结构

- 断开插接器和 2 根水软管，如图 3-4-203 所示。
- 拆下 2 个螺栓、2 个螺母和节气门体，如图 3-4-204 所示。
- 拆下衬垫。

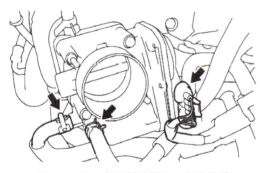

图 3-4-203　断开插接器和 2 根水软管

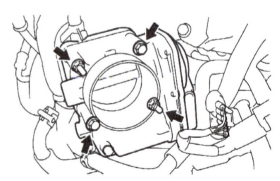

图 3-4-204　拆下 2 个螺栓、2 个螺母和节气门体

2）安装节气门：

① 安装节气门体总成：

- 新衬垫安装至进气歧管。
- 用 2 个螺栓和 2 个螺母安装节气门体。安装力矩：10N·m。
- 连接插接器和 2 根水软管。

② 安装空气滤清器盖分总成。

③ 添加发动机冷却液。

④ 检查冷却液是否泄漏。

（3）检查节气门

如图 3-4-205 所示，使用万用表检测电阻，标准阻值：0.3~100Ω。
如果结果不符合规定，则更换节气门体总成。

2. 空气滤清器

（1）空气滤清器的结构认知

空气滤清器的作用是清除空气中的微粒杂质。发动机在工作过程中要吸进大量的空气，如果空气不经过滤清，空气中悬浮的尘埃被吸入气缸中，就会加速活塞组及气缸的磨损。较大的颗粒进入活塞与气缸之间，会造成严重的"拉缸"现象，如图 3-4-206 所示。

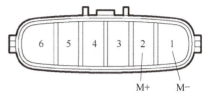

图 3-4-205　连接万用表检测电阻值

（2）拆装空气滤清器

1）拆卸空气滤清器：

① 拆卸发动机塑料护罩。
② 拆卸发动机右侧护板总成。
③ 拆卸带谐振腔空气滤清器进气管固定螺栓。
④ 拆卸带谐振腔空气滤清器进气管。
⑤ 拆卸发动机进气软管。
⑥ 拆卸曲轴箱通风管。
⑦ 拆卸空气滤清器安装支架固定螺母，如图 3-4-207 所示。
⑧ 取出空气滤清器总成，如图 3-4-208 所示。

2）安装空气滤清器：

按与拆卸相反的顺序安装。

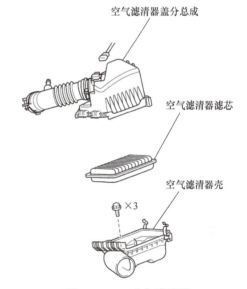

图 3-4-206　空气滤清器

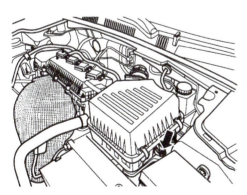

图 3-4-207　拆卸空气滤清器安装支架固定螺母

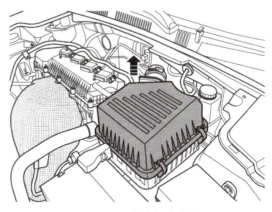

图 3-4-208　取出空气滤清器总成

3. 进气歧管

（1）进气歧管的结构认知

进气管是指空气从进气口进入，通过空气滤清器，直到要进入各个气缸前的这一段管道，是发动机的主要进气管路，也是总的进气管路。进气歧管是指空气从进气管进入各个气缸，往各个气缸分配的这一段管子。每个气缸有一个进气歧管，这样保证了各个气缸进气分配合理均匀，如图3-4-209所示。

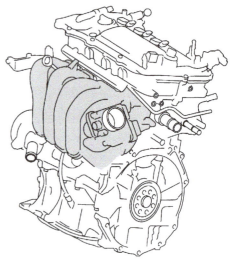

图3-4-209　进气歧管

（2）拆装进气歧管

1）拆卸进气歧管：

① 排净发动机冷却液。

② 拆卸2号气缸盖罩。

③ 拆卸节气门体总成。

④ 拆卸进气歧管。

- 拆下螺栓和线束支架。
- 断开3根软管。
- 拆下4个螺栓、2个螺母、进气歧管支架和进气歧管，如图3-4-210所示。

⑤ 将衬垫从进气歧管上拆下，如图3-4-211所示。

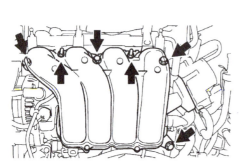

图3-4-210　拆下4个螺栓、2个螺母、进气歧管支架和进气歧管

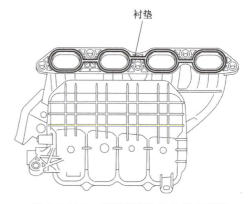

图3-4-211　将衬垫从进气歧管上拆下

2）安装进气歧管：

① 将新衬垫安装至进气歧管。

② 用4个螺栓和2个螺母安装进气歧管和进气歧管支架。安装力矩：28N·m。

③ 连接3根软管。

④ 安装节气门体总成。

⑤ 安装空气滤清器盖分总成。

⑥ 添加发动机冷却液。

⑦ 检查冷却液是否泄漏。

4. 排气歧管

（1）排气歧管的结构认知

排气歧管是连接每个气缸的，最后排气歧管会汇集成一根管子，排气歧管可以让气缸内排出的废气进入排气管。排气歧管也被称为排气头段，发动机的排气管是由三段组成的，分别是头段、中段和尾段，中段是在底盘上的一根偏长的管子，尾段部分靠近后保险杠且有一个消声器。排气歧管长期在高温循环的交变状态下工作，材料在高温下的抗氧化性能将直接影响排气歧管的使用寿命，需要在材料中加入合金元素以提高其高温抗氧化性能。排气歧管的结构如图3-4-212所示。

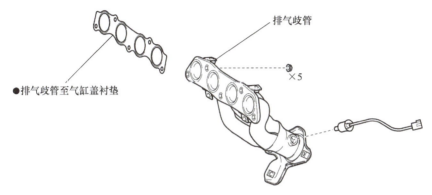

图3-4-212 排气歧管结构

（2）拆装排气歧管

1）拆卸排气歧管：

① 拆卸风窗玻璃刮水器电动机及连杆。
② 拆卸前围上外板。
③ 拆卸氧传感器。
④ 拆卸排气歧管隔热罩。
⑤ 拆卸氧传感器。
⑥ 拆卸前排气管总成：

• 拆下2个螺栓和2个压缩弹簧，如图3-4-213所示。

• 拆下排气管支架，然后拆下前排气管总成。

⑦ 拆卸排气歧管支架。
⑧ 拆卸排气歧管：

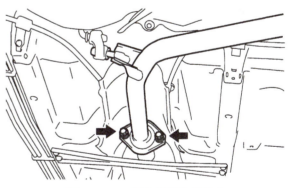

图3-4-213 拆卸前排气管总成

• 拆下5个螺母，然后拆下排气歧管，如图3-4-214所示。

• 拆下排气歧管衬垫。

2）安装排气歧管：

① 安装新排气歧管衬垫。
② 安装5个螺母，然后安装排气歧管。安装力矩：21N·m。
③ 安装排气歧管支架。

④ 安装前排气管总成。
⑤ 安装氧传感器。
⑥ 安装排气歧管隔热罩。
⑦ 安装氧传感器。
⑧ 安装前围上外板。
⑨ 安装风窗玻璃刮水器电动机及连杆。
⑩ 检查废气是否泄漏。

5. 三元催化转换器

（1）三元催化转换器的结构认知

三元催化转换器和消声器的外观很相似，

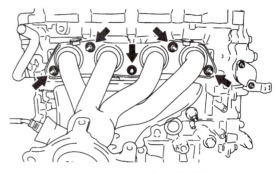

图 3-4-214　拆卸排气歧管

然而，在其不锈钢外壳里是一个顺着排气方向呈蜂窝状排列的陶瓷载体。陶瓷载体被衬垫包围，衬垫的主要功能是固定陶瓷载体，以防止其和内壳有任何接触和碰撞。转换器的每一端都有网状密封件，以防废气污染和衬垫被腐蚀，如图 3-4-215 所示。

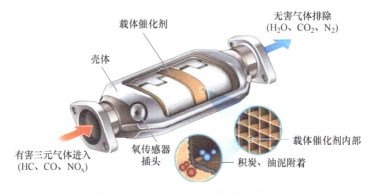

图 3-4-215　三元催化转换器的结构

（2）拆装三元催化转换器

1）拆卸三元催化转换器：

① 拆卸排气尾管总成：

- 拆下 2 个螺栓，如图 3-4-216 所示。
- 拆下排气管支架，然后拆下排气尾管总成。

② 拆卸氧传感器。

③ 拆卸中央排气管总成：

- 拆下 2 个螺栓和 2 个压缩弹簧，如图 3-4-217 所示。
- 拆下排气管支架，然后拆下中央排气管总成。

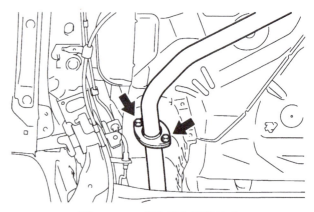

图 3-4-216　拆卸排气尾管总成

④ 拆卸前排气管总成：

- 拆下 2 个螺栓和 2 个压缩弹簧，如图 3-4-218 所示。
- 拆下排气管支架，然后拆下前排气管总成。

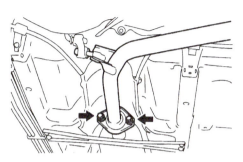

图 3-4-217 拆卸中央排气管总成

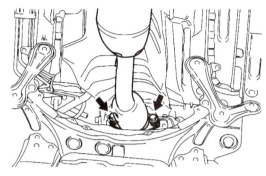

图 3-4-218 拆卸前排气管总成

⑤ 取出三元催化转换器。

2）安装三元催化转换器：

按拆卸的相反顺序安装。

6. 废气涡轮增压器

（1）废气涡轮增压器的结构认知

废气涡轮增压器由涡轮、压气机叶轮、轴以及供排气、空气进出和导向的壳体等零件组成，利用发动机排气的能量使涡轮旋转并带动与之同轴的压气机叶轮旋转，把提高了压力的新鲜空气供入气缸的增压器。增压后的发动机进气量增加，可相应地增加循环供油量，从而可以提升发动机功率。同时，增压还可以提高燃油经济性，改善发动机排放。废气涡轮增压器的结构如图 3-4-219 所示。

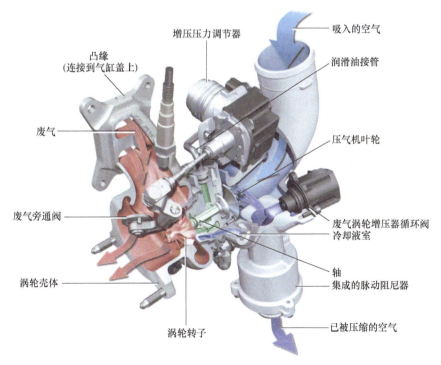

图 3-4-219 废气涡轮增压器的结构

（2）拆装废气涡轮增压器

1）拆卸废气涡轮增压器：

① 将发动机舱盖置于维修位置。

② 拆下隔音板。

③ 拆卸发动机舱盖后部密封条。

④ 拆卸后部隔音盖板。

⑤ 拆下空气滤清器壳。

⑥ 拆卸进气管和谐振器。

⑦ 拆卸发动机前部的隔音盖板。

⑧ 拆卸空燃比调节探头。

⑨ 拆卸前部机组防护板。

⑩ 拆卸转向器的机组防护板。

⑪ 拆卸中部机组防护板。

⑫ 拆卸转向机组的盖板。

⑬ 排放高温冷却液循环回路的冷却液。

⑭ 连接高温冷却液循环回路的冷却液管。

⑮ 拆下通道上的连接支架。

⑯ 拆卸整个排气装置。

⑰ 拆下废气催化转换器。

⑱ 拆卸废气涡轮增压器的冷却液进流管路。

⑲ 拆卸废气涡轮增压器的冷却液回流管路。

⑳ 拆卸废气涡轮增压器的机油回油管。

㉑ 拆卸废气涡轮增压器总成。

㉒ 解锁夹子1并且在该位置上嵌入，如图3-4-220所示。

㉓ 解锁锁止装置1，如图3-4-221所示。

㉔ 将压力管2按箭头方向抽出并置于一旁。

图3-4-220　解锁夹子

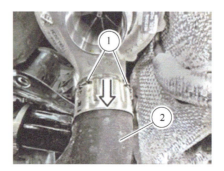

图3-4-221　解锁锁止装置并抽出压力管

㉕ 松开螺栓1，如图3-4-222所示。

㉖ 抽出并拆卸隔热板2。

㉗ 解除联锁并松开插头1，如图3-4-223所示。

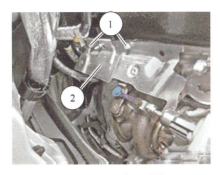

图 3-4-222　拆卸隔热板

图 3-4-223　解除联锁并松开插头

㉘ 松开螺栓 1，如图 3-4-224 所示。将废气涡轮增压器的进油管 2 抽出并置于一旁。

㉙ 固定废气涡轮增压器防止其跌落。

㉚ 将螺母和螺栓按照 4、3、2、1 的顺序松开，如图 3-4-225 所示。

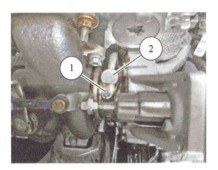

图 3-4-224　拆卸进油管

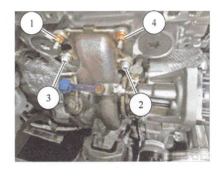

图 3-4-225　拆卸螺母和螺栓

㉛ 将废气涡轮增压器 1 抽出并置于一旁，如图 3-4-226 所示。

㉜ 抽出并拆卸密封件 1，如图 3-4-227 所示。

图 3-4-226　取下废气涡轮增压器

图 3-4-227　抽出并拆卸密封件

2）安装废气涡轮增压器：

① 安装废气涡轮增压器总成，清洁密封面 1'（图 3-4-228）。

② 清洁密封面 1，如图 3-4-229 所示。

③ 检查无头螺栓 1 是否损坏，必要时应更换，如图 3-4-230 所示。

图 3-4-228 将密封面 1' 清洁

图 3-4-229 将密封面 1 清洁

④ 检查双头螺栓 2 位置是否正确（图 3-4-230）。
⑤ 更新密封件，如图 3-4-231 所示。

图 3-4-230 检查螺栓

图 3-4-231 更新密封件

⑥ 穿入并安装密封件 1，如图 3-4-232 所示
⑦ 更换废气涡轮增压器进油管 1 上的 O 形圈 2，如图 3-4-233 所示。

图 3-4-232 穿入并安装密封件

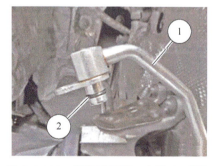

图 3-4-233 更换进油管 1 上的 O 形圈 2

⑧ 安装废气涡轮增压器到发动机上。
⑨ 按照 1、2、3、4 的顺序拧紧螺母和螺栓，如图 3-4-234 所示。
⑩ 安装废气涡轮增压器进油管。
⑪ 安装隔热板。
⑫ 连接插接器。
⑬ 将压力管 2 朝箭头方向穿入并安装，如图 3-4-235 所示。必须能听到锁止件 1 嵌入的声音。

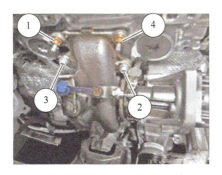 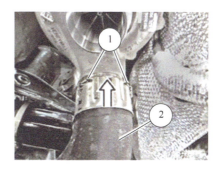

图 3-4-234　拧紧螺母和螺栓　　　　　图 3-4-235　安装压力管

⑭ 安装废气涡轮增压器的机油回油管。
⑮ 安装废气涡轮增压器的冷却液回流管路。
⑯ 安装废气涡轮增压器的冷却液进流管路。
⑰ 安装废气催化转换器。
⑱ 完整地安装排气系统。
⑲ 安装通道上的连接支架。
⑳ 安装空燃比调节探头。
㉑ 安装后部隔音盖板。
㉒ 安装发动机舱盖后部密封条。
㉓ 安装发动机前部的隔音盖板。
㉔ 安装进气管与谐振器。
㉕ 安装进气消声器壳。
㉖ 将冷却系统用真空加注机加注。
㉗ 将高温冷却液循环回路排气。
㉘ 检查机油油位。
㉙ 安装隔音板。
㉚ 安装转向机组的盖板。
㉛ 安装转向器的机组防护板。
㉜ 安装中心机组防护板。
㉝ 安装前部机组防护板。
㉞ 将发动机舱盖从维修位置取出。

（3）检查涡轮增压器

1）检查机油进油管和机油回油管是否脏污或堵塞，必要时清洁或更新。
2）机油进油管和机油回油管严重脏污时，建议更换机油和机油滤清器。
3）检查废气涡轮增压器的冷却液进流管路和冷却液回流管路是否脏污或堵塞，必要时清洁或更新。
4）检查所有管路的螺栓连接和插头连接是否正确。
5）检查空气滤清器是否脏污，如有必要，进行清洁或更新。
6）检查曲轴箱通风功能是否正常。

五 燃油汽车发动机电控系统的组成认知、拆装及检测

（一）发动机电控系统组成与概述

发动机电控系统包括传感器、发动机电子控制单元（ECU）和执行器，如图3-5-1所示。发动机在运行时，ECU接收各传感器送来的发动机工况信号，并根据ECU内部预先编制的控制程序和存储的数据，通过计算、处理、判断，确定适应发动机工况的喷油量（喷油时间）、点火提前角等参数，并将这些数据转变为电信号，向各个执行器发出指令，从而使发动机保持最佳运行状态。

（二）故障自诊断系统

1. 故障自诊断系统的介绍

发动机工作时，故障自诊断系统（图3-5-2）利用电子控制单元（ECU）监视电子控制系统各组成部分的工作情况，发现故障后，自动启动故障运行程序，不仅保证发动机在有故障的情况下可以继续运转，立即点亮仪表盘上的故障指示灯，同时还将故障信息以设

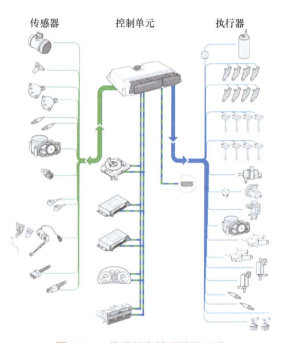

图3-5-1 发动机电控系统的组成

定的数码（故障码）形式储存在存储器中，以便驾驶人和维修人员发现和排除故障。因此，充分利用故障自诊断系统进行故障分析，是一种简便快捷的故障诊断方法，十分重要。但是发动机管理系统线路复杂，导致故障的原因也很多，单靠经验来排除故障难度很大，因此，必须掌握相关的理论知识，具备相应的检测设备和工具，借助准确的维修资料，按照科学的诊断步骤，才能有效正确的排除故障。

图3-5-2 汽车故障诊断仪及诊断接头

2. 故障自诊断系统的功能

1）监测控制系统工作情况，一旦发现某个传感器或执行器参数异常，就立即发出报警

信号。

2）将故障内容编成代码（称为故障码）存储在随机存储器（RAM）中，以便维修时调用或供设计参考。

3）启用故障运行程序，发挥失效保护功能，使发动机能在有故障的情况下可以继续运转，或采取切断燃油喷射等强制措施，停止发动机的工作。

4）在 ECU 发生故障时启用备用集成电路，按设定的信号控制发动机转入强制运转状态，实现"跛行回家"。

3. 随车故障诊断系统

自 1979 年在美国通用汽车公司正式使用以来，随着电子控制技术的发展，随车故障诊断系统（On Board Diagnostic，OBD）日益完善。

（1）第一代随车故障诊断系统（OBD-Ⅰ）

1980 年，美国各汽车制造厂开始在其生产的车辆上配备 OBD 系统。到了 1985 年，美国加利福尼亚州大气资源局（CARB）开始制定法规，要求在加利福尼亚州销售的车辆必须装置 OBD 系统，这些车辆配备的 OBD 系统，称为第一代随车故障诊断系统（OBD-Ⅰ）。

（2）第二代随车故障诊断系统（OBD-Ⅱ）

20 世纪 90 年代初期，美国汽车工程师学会（SAE）提出了在全球的汽车制造厂生产的汽车上采用统一的故障自诊断系统的倡议，并在第一代随车诊断标准（主要是当时的通用汽车公司和福特汽车公司的随车故障自诊断系统标准）基础上，制定了故障自诊断系统的工作方式、诊断插座、故障码、数据流等软硬件的统一标准，如 SAE J1962、SAE J2012、SAE J1930 和 SAE J1978 等。采用这一标准的故障自诊断系统采用相同标准的诊断接口、相同的故障码以及共同的资料传输标准，被称为第二代随车故障自诊断系统（OBD-Ⅱ）。

与 OBD-Ⅰ相比，OBD-Ⅱ在保持以前诊断系统的基础上对电控装置的监测范围更广，并具有以下主要特点：采用统一形状和尺寸的 16 端子诊断座，并安装在驾驶室仪表板下方；采用统一的故障代号及含义；具有数据传输与分析功能；具有行车记录功能；具有由仪器直接清除故障码功能。

（3）第三代随车故障诊断系统（OBD-Ⅲ）

2005 年，美国开始实施 OBD-Ⅲ（又称 MOBD）。在第二代随车故障诊断系统 OBD-Ⅱ中，由于每一个电子控制单元都是相对独立的，维修时，维修人员要操作诊断仪器分别进入发动机、变速器、ABS、防盗等不同的电子控制单元读取故障码和有关数据。而在 OBD-Ⅲ系统中，所有的电子控制单元都通过 CAN 总线连接。因此，OBD-Ⅲ系统能利用 CAN 总线同时监控不同的电子控制单元，能够将汽车行驶的有关状况参数全部记录下来，相当于汽车控制部分的一个"黑匣子"。

4. 故障自诊断系统测试内容

故障诊断仪是目前检测汽车电子控制系统最有效的仪器，故障自诊断测试的内容主要包括读取与清除故障码、数据流分析、监控执行器和编程匹配等。另外，故障诊断仪一般还具有打印功能、英汉词典、计算器及其他辅助功能等。

（1）读取与清除故障码

读取与清除故障码是指利用故障诊断仪或专用工具，将电子控制单元中存储的故障码读出或清除的测试过程。

汽车在使用过程中,只要蓄电池正极柱和负极柱上的电缆端子未曾拆下,ECU中存储的故障码就能长期保存。将故障码从ECU中读出,即可知道故障部位或故障原因,为诊断排除故障提供依据。因此,读取故障码是对包括发动机电子控制系统在内的各种电子控制系统进行自诊断测试的主要内容。

读取与清除故障码的方法有两种:一种是利用故障诊断仪读取,另一种是利用特定的操作方法和操作顺序进行人工读取。故障诊断仪对故障码有比较详细的说明,比如是历史性故障码还是当前的故障码,故障码出现几次。历史性故障码表示故障曾经出现过(如线路接触不良),现在已不出现,但在ECU中已经存储记忆。当前故障码表示最近出现的故障,并且通过出现的次数来确定此故障码是否经常出现。

清除故障码必须在确认故障已经排除之后才能进行。确认故障是否排除时,非常关键的一步是根据使用手册或相关资料,查明出现故障码的运行条件。如果运行条件不满足要求,故障就可能仍然存在。

(2) 数据流分析

数据流是ECU与传感器和执行器交流的数据参数,是通过诊断接口由故障诊断仪读取的数据,且随时间和工况而变化。数据的传输就像队列一样,一个一个通过数据线流向故障诊断仪,因此称作数据流。

根据各参数在故障诊断仪上显示方式的不同,数据参数可分为数值参数和状态参数。数值参数是有单位、一定变化范围的参数,通常反应电控元器件的工作电压、压力、温度、时间和速度等,主要包括发动机转速、喷油脉宽、空气流量、节气门开度、蓄电池电压、点火提前角、冷却液温度、进气温度等。状态参数是只有两种工作状态的参数,如开或关、闭合或断开、高或低、是或否等,通常表示电控元器件中的开关和电磁阀的工作状态。根据电子控制系统的控制原理,数据参数又分为输入参数和输出参数。输入参数是指各传感器输入给ECU的各个信息参数,以及发电机负荷、蓄电池电压和各种控制开关信号参数等。输入参数可以是数值参数,也可以是状态参数。输出参数是ECU给各执行器、各种继电器和电磁阀的输出指令。输出参数大多是状态参数,也有少部分是数值参数。

当发动机运转时,利用故障诊断仪将ECU内部的控制参数和计算结果等数值以数据表和串行输出方式在检测仪屏幕上一一显示出来的过程,称为数据传输、读取数据流(块)。根据发动机特定工况下(有故障)各种数据的变化与正常工作时的数据或标准数据流对比查找电子控制系统故障原因的过程,称为数据流分析。发动机电控系统传感器和执行器的工作参数具有一定的标准和范围,通过数据流分析,即根据发动机运转状态和传输数据的变化情况,将特定工况下的传输数据与标准数据进行比较,检修人员即可判断控制系统工作是否正常,并且能准确判断故障类型和故障部位。

(3) 监控执行器

利用故障诊断仪对执行器(如喷油器、怠速电机、继电器、电磁阀、冷却风扇电动机等)进行人工控制,向其发出强制驱动或强制停止指令来监测其动作情况,用以判定执行器及其控制电路的工作状况是否良好。例如,在发动机怠速状态下对怠速电机进行动作测试时,可以控制其开度的大小,随着怠速电机控制节气门(或旁通空气道)开度大小的变化,发动机怠速转速亦应相应地升高或降低,通过测试就可判定怠速电机及其控制线路是否正常。同理，可在发动机运转时对燃油泵继电器进行监控，当发出断开燃油泵继电器控制指令时，发动机应很快就停止运转。

不同故障诊断仪所能支持的执行器动作测试项目不尽相同，有的支持测试项目多，有的支持测试项目少，主要取决于检测仪和汽车电子控制单元的软件程序与匹配关系。

（4）编程匹配

编程匹配又称为初始设定，是指电控系统工作参数发生变化或更换新的控制部件之后，利用故障诊断仪与ECU进行数据通信，通过设定工作参数使系统或新换部件与控制系统匹配工作，编程匹配主要用于怠速设定、电子节气门设定、更换各种电子控制单元后的编码设定、防盗功能设定、自动灯光设定、自动变速器维修后的设定等。随着汽车电控技术的发展和控制精度的提高，编程匹配工作越来越多，特别是大众系列轿车在更换新的控制部件之后，大都需要进行编程匹配。

5. 故障自诊断系统的局限性

虽然故障自诊断系统已经很先进，但在诊断发动机控制系统故障时，还是存在局限性。

1）并不是所有的发动机控制系统的电路都能被监测，因此，不是所有的故障都能点亮故障指示灯或在ECU存储器中保存故障码。

2）故障码仅表示传感器、执行器、控制模块或其电路中的某个地方存在故障，但具体的故障位置必须要按照规定的步骤进行诊断和分析。

3）有些间发性故障ECU可能无法检测到。

在这些情况下，即使发动机控制系统顺利通过了"自诊断检查"，系统也不一定就没有故障，因此最好采用症状检测的方法进行故障诊断。

（三）进气控制系统

1. 进气系统的组成及工作原理

进气系统主要由空气滤清器、空气流量传感器、进气管、节气门体以及进气歧管等部分组成，其功用是为可燃混合气的形成提供必需的空气量。

空气经空气滤清器过滤掉杂质后，流过空气流量传感器，经由进气道进入进气歧管，与喷油器喷出的汽油混合后形成适当比例的可燃混合气，经进气门送入气缸内燃烧。驾驶人通过操作加速踏板控制节气门开度，来调节进入气缸的空气量。进气系统组成如图3-5-3所示。

2. 进气控制系统的工作原理

进气控制系统检测出进入气缸的空气量，并根据转速和负荷的变化，对发动机的进气量进行控制，为发动机可燃混合气的形成提供必需的空气。同时，提高发动机的充气效率，从而改善动力性。进气控制主要进行废气涡轮增压控制、可变气门正时控制、可变气门升程控制、可变惯性进气控制等。废气涡轮增压利用发动机排放的废气作为动力将进气进行压缩，从而提高进气密度，增大进气量，这样在不增加发动机排量的情况下提高发动机的输出功率。

（四）点火控制系统

1. 点火控制系统的组成

电控点火系统主要由传感器、ECU、执行器等组成，如图3-5-4所示。

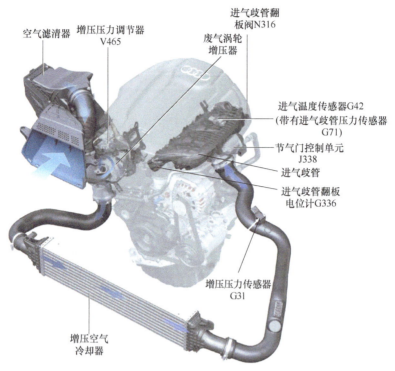

图 3-5-3 进气系统组成

（1）传感器

传感器用来检测与点火有关的发动机工况信息，并将检测结果输入发动机 ECU，作为计算和控制点火时刻的依据。主要有曲轴转速与位置传感器、凸轮轴位置传感器、空气流量传感器、节气门位置传感器、冷却液温度传感器、进气温度传感器、车速传感器、爆燃传感器。这些传感器大多与空气控制系统、燃油控制系统等电子控制系统共用，而且都由一个 ECU 集中控制。

（2）电子控制单元（ECU）

根据各种传感器和开关输入的信号，ECU 按预先编制的程序进行计算与分析，以判断当前发动机所处的工况与状态，输出最佳点火提前角和点火线圈初级电路导通时间的控制信号，通过执行机构实现发动机的最佳点火时间控制。

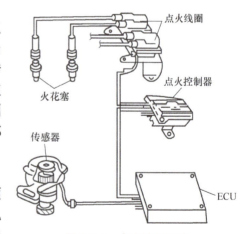

图 3-5-4 点火控制系统

（3）执行器

执行器主要包括点火控制器、点火线圈以及火花塞等。

1）点火控制器 它接受发动机 ECU 输出的点火控制信号控制点火线圈初级绕组接地端的通断并进行功率放大，以便驱动高压点火线圈工作，使火花塞点火。同时，还具有恒电流控制、停车断电保护、点火时刻低速延迟和超压保护等功能。

2）点火线圈由初级绕组、次级绕组和铁芯等组成,通过电磁感应将电源的12V低电压转换成15~30kV的脉冲高电压。

3）火花塞是点火系统的终端部件,它利用点火线圈产生的高压电击穿两极间隙获得电火花,从而点燃气缸内的可燃混合气。现代汽车越来越多采用的独立点火方式,每一个气缸都配有一个点火线圈,且直接安装在火花塞上方,无需高压分缸线,通常被称为火花塞总成。

2. 拆装点火线圈和火花塞

（1）拆卸点火线圈

① 断开蓄电池负极电缆。

② 拆卸发动机装饰罩总成。

③ 断开点火线圈线束连接器,如图3-5-5所示。

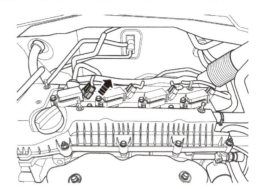

图3-5-5　断开点火线圈线束连接器

④ 拆卸点火线圈固定螺栓,如图3-5-6所示。

⑤ 取出点火线圈,如图3-5-7所示。

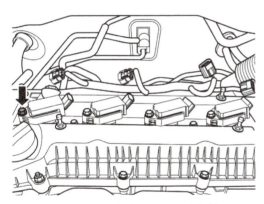

图3-5-6　拆卸点火线圈固定螺栓

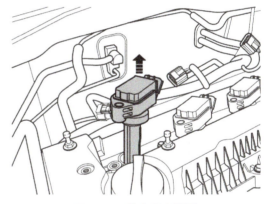

图3-5-7　取出点火线圈

（2）拆卸火花塞

① 使用火花塞套筒逆时针旋转,拆卸火花塞,如图3-5-8所示。

② 从气缸盖内取出火花塞,如图3-5-9所示。

（3）安装火花塞

① 将火花塞用火花塞套筒套好后装入发动机。

② 使用火花塞套筒顺时针旋转,安装火花塞。安装力矩:25N·m。

（4）安装点火线圈

① 将点火线圈放入发动机中。

② 安装并紧固点火线圈固定螺栓。紧固力矩:9N·m。

③ 连接点火线圈线束插接器。

④ 安装发动机塑料护罩。

⑤ 连接蓄电池负极电缆。

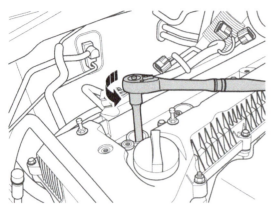

图 3-5-8 拆卸火花塞

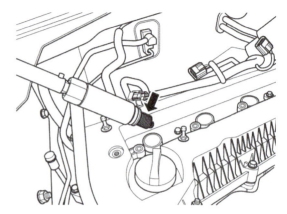

图 3-5-9 取出火花塞

3. 检查点火线圈和火花塞

（1）跳火试验

① 拆下点火线圈和火花塞。
② 断开 4 个喷油器连接器。
③ 将火花塞安装到各点火线圈上，并连接点火线圈插接器。
④ 将火花塞搭铁。
⑤ 检查并确认发动机起动过程中是否出现火花，如图 3-5-10 所示。如果没有出现火花，则检查点火线圈线路。

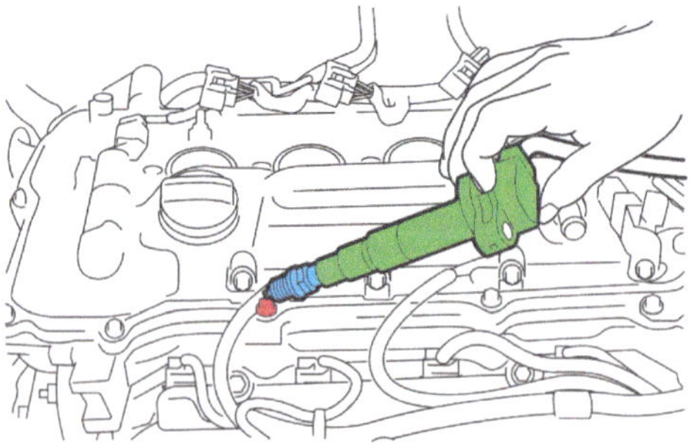

> **注意**
>
> 不要使发动机起动超过 2s。

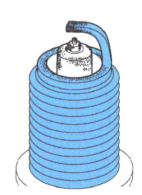

图 3-5-10 跳火试验

（2）检查火花塞

① 如图 3-5-11 所示，检查火花塞的螺纹和绝缘垫是否损坏。如果有任何损坏，则更换火花塞。

② 如图 3-5-12 所示，检查火花塞电极间隙。旧火花塞的最大电极间隙：1.3mm。

如果间隙大于最大值，则更换火花塞。新火花塞的电极间隙：1.0~1.1mm。

（五）排放控制系统

1. 蒸发排放控制系统

蒸发排放控制系统采用的基本原理是活性炭罐储存法。此方法将燃油蒸气从燃油箱转移到活性炭储存装置，以便在车辆不运行时保存蒸气。当发动机运行时，燃油蒸气被进气气流从炭芯中吸出并

图 3-5-11 检查火花塞的螺纹和绝缘垫

在正常燃烧过程中消耗掉。汽油蒸气从燃油箱流入标有燃油蒸汽回收油管。

排放控制主要对发动机排放控制装置的工作实行电子控制，从而有效减少有害污染物的排放，主要有燃油蒸发排放控制、三元催化转换器（TWC）与空燃比反馈控制、废气再循环（EGR）控制、二次空气喷射控制等。带有三元催化转换器的空燃比反馈控制可以将实际空燃比精确控制在标准的理论空燃比附近，三元催化转换器能够将一氧化碳、碳氢化合物和氮氧化合物转化为二氧化碳、氮气和水，有效降低排放污染物的含量，是目前最有效的排放控制方法。

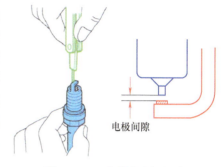

图 3-5-12　火花塞电极间隙

2. 燃油蒸发排放控制系统

汽油具有较强的挥发性，由于温度及环境压力的变化，在使用过程中容易造成挥发和泄漏，从而引起环境污染和燃油的浪费。在汽车的排放污染中，由燃油蒸发造成的污染约占总量的 15%~20%。燃油蒸发排放控制系统（EVAP）又称为燃油蒸汽控制回收系统，其功能是收集并储存燃油箱内蒸发的燃油蒸汽，并将其导入气缸参加燃烧，从而防止燃油蒸汽直接排入大气而造成污染，避免浪费。在装有燃油蒸发排放控制系统的汽车上，燃油箱盖上只有空气阀，而不设蒸汽放出阀。

燃油蒸发排放控制系统主要由燃油箱、活性炭罐、活性炭罐电磁阀等组成，如图 3-5-13 所示。其中，活性炭罐是系统中储存燃油蒸汽的部件，活性炭罐电磁阀根据 ECU 的控制指令对燃油蒸汽进入气缸的时机和进入量进行控制。ECU 根据发动机转速、节气门开度、冷却液温度等来决定燃油蒸汽进入气缸的时机和进入量，实现更加精确地控制。

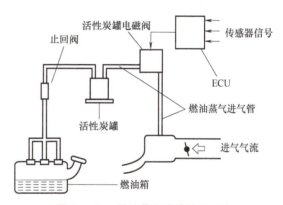

图 3-5-13　燃油蒸发排放控制系统

3. 曲轴箱强制通风（PCV）系统

活塞窜气是指过量燃气通过活塞环进入曲轴箱内的现象。窜气中包含氮氧化合物、一氧化碳和碳氢化合物。曲轴箱强制通风系统防止窜气排放到大气中。曲轴箱强制通风系统将曲轴箱内的窜气导回进气系统，使窜气进入燃烧室燃烧。曲轴箱强制通风系统如图 3-5-14 所示。

4. 排气再循环系统

排气再循环（Exhaust Gas Recirculation，EGR）系统将发动机排出的一部分废气引入进气系统中，和混合气一起再进入气缸中燃烧，以降低燃烧温度和氧浓度，减少氮氧化物（NO_x）的生成，如图 3-5-15 所示。

根据发动机的不同，送回的废气量最多可占气缸充气量的 20%。

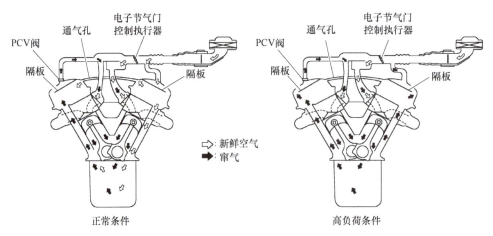

图 3-5-14　曲轴箱强制通风（PCV）系统

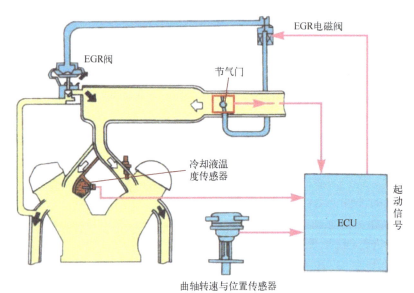

图 3-5-15　排气再循环系统

第四章
柴油发动机燃油供给系统

本章目录

一、柴油发动机燃油供给系统的组成与工作原理
二、低压燃油供给系统的组成
三、高压燃油供给系统的组成
四、柴油发动机燃油供给系统的拆装

一　柴油发动机燃油供给系统的组成与工作原理

柴油发动机燃油供给系统是柴油机中用于贮存、滤清和输送燃油的装置，它包括喷油泵、喷油器和调速器等主要部件及燃油箱、输油泵、油水分离器、燃油滤清器、喷油提前器、高压油管、低压油管等辅助装置，如图 4-1-1 所示。

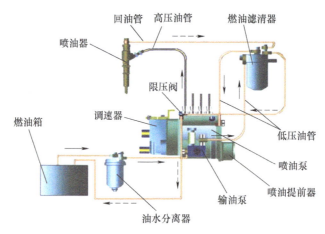

图 4-1-1　燃油供给系统的组成

输油泵从燃油箱内将燃油吸出，经燃油滤清器滤除杂质后进入喷油泵的低压油腔，喷油泵将燃油压力提高后，经高压油管输送至喷油器，当燃油压力达到一定值时，喷油器以雾状将燃油喷入燃烧室，形成混合气并燃烧做功后，经排气装置将废气排入大气。柴油发动机燃油供给系统的工作原理如图 4-1-2 所示。

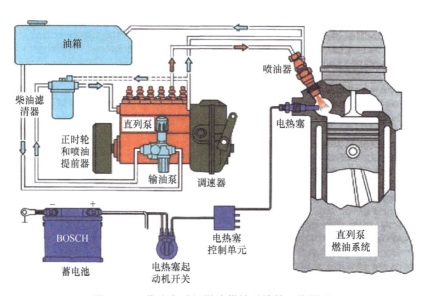

图 4-1-2　柴油发动机燃油供给系统的工作原理

低压燃油供给系统的组成

柴油发动机燃油供给系统可分为低压燃油系统和高压燃油系统两部分。低压燃油系统是指低压电动燃油泵至高压燃油泵之间的油路系统，包括低压电动燃油泵、燃油滤清器、低压油管、低压燃油压力传感器（部分发动机没有）等，如图4-2-1所示。低压燃油系统的主要功用是将燃油从油箱中泵出，经滤清器滤清后输送给高压燃油泵，按需要向高压燃油泵供油，并使低压燃油系统产生足够的系统油压（一般为400~700kPa）。发动机ECU根据低压燃油压力传感器信号或其他信号通过燃油泵ECU控制低压电动燃油泵工作，实现低压燃油压力的闭环控制。

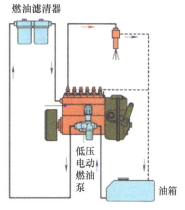

图4-2-1 低压燃油供给系统组成

高压燃油供给系统的组成

高压燃油供给系统是指高压燃油泵至高压喷油器之间的油路系统，主要由高压燃油泵（机械式）、燃油压力调节阀、高压燃油压力传感器、燃油共轨和高压喷油器等组成，其功能是在发动机运转时由高压燃油泵将低压电动燃油泵输送来的燃油加压至4~20MPa，通过高压油管和燃油共轨输送给高压喷油器，由高压喷油器按照发动机ECU的指令（喷油脉冲信号）将准确计量的燃油适时地喷入气缸内并雾化，使之与空气混合形成可燃混合气。高压燃油压力传感器安装在燃油共轨上，用来检测燃油共轨内的高压燃油系统燃油压力并将信号反馈给发动机ECU。燃油压力调节阀安装在高压燃油泵上，根据发动机ECU的控制指令调节高压燃油系统的燃油压力。

 柴油发动机燃油供给系统的拆装

以宝马B47柴油发动机为例。

1. 拆装燃油滤清器

1）拆下侧面底板饰件。
2）拆下燃油滤清器（图4-4-1）：
① 解除联锁并脱开插头连接1。
② 将燃油管路2解锁并松开。
③ 松开螺母3。
④ 将锁止件解除联锁4。

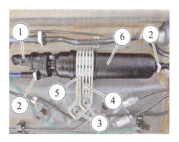

图4-4-1 拆下燃油滤清器

⑤ 抽出并拆下支架 5。
⑥ 抽出并拆下燃油滤清器 6。

3）更新燃油滤清器（图 4-4-2）。
① 松开螺栓 1。
② 将燃油预热器 2 沿箭头方向从燃油滤清器 3 中抽出并拆卸。
③ 更换燃油滤清器 3。
④ 将燃油预热器 2 沿箭头方向插入燃油滤清器 3 并安装，如图 4-4-3 所示。
⑤ 拧紧螺栓 1。

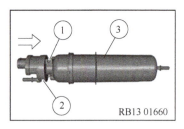 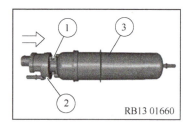

图 4-4-2　更新燃油滤清器　　　　图 4-4-3　安装燃油预热器

4）安装燃油滤清器。

注意

必须听到燃油管路嵌入的声音。

5）安装侧面底板饰件。

2. 拆装高压燃油泵

1）拆卸高压燃油泵。
① 将发动机舱盖置于维修位置。
② 断开所有蓄电池负极导线。
③ 拆卸发动机室左后方饰盖。
④ 拆卸左侧和右侧刮水器臂。
⑤ 拆卸风窗框板盖板。
⑥ 拆卸减振支柱盖上的两根拉杆。
⑦ 拆卸中间前围板上部总成。
⑧ 拆卸发动机舱盖后部密封条。
⑨ 拆下隔音板。
⑩ 拆下后部隔音板。
⑪ 拆卸喷油嘴的隔音板。
⑫ 拆下右前柱。
⑬ 拆卸谐振器。
⑭ 拆下发动机前部隔音盖板。

⑮ 拆卸数字式发动机电子伺服（DDE）控制单元。
⑯ 拆卸集成式供电模块（PDM）。
⑰ 拆卸控制单元支架。
⑱ 部分松开电线束部件。
⑲ 拆卸燃油管路。
⑳ 将压力管从节气门阀体上松开。
㉑ 拆下进气集气箱。
㉒ 拆卸高压燃油泵和高压油轨之间的高压管路。
㉓ 拆卸发动机缸体上的管接头。
㉔ 拆卸油管接头密封盖。
㉕ 拆卸机油滤清器。
㉖ 拆卸前部机组防护板或者前部护板。
㉗ 拆卸转向器或前部护板的机组防护板。
㉘ 拆卸中部机组防护板。
㉙ 在侧面拆卸变速器底板饰件。
㉚ 拆卸后部机组防护板。
㉛ 排放冷却液。
㉜ 拆下变速器油冷却器。
㉝ 松开放油螺塞。
㉞ 拧紧放油螺塞。
㉟ 拆下起动电动机。
㊱ 拆卸机油尺导管。
㊲ 拆卸主油路机油滤清器。
㊳ 安装用于拔下曲轴的专用工具。
㊴ 将燃油供油管 1 解除联锁并松开，如图 4-4-4 所示。
㊵ 将燃油回流管 2 解除联锁并松开。
㊶ 盛接排出的燃油并妥善处理。
㊷ 将高压燃油泵上的开口用专用工具封闭。
㊸ 松开螺栓，如图 4-4-5 所示。
㊹ 抽出并拆下支架 1。
㊺ 松开螺栓 1，如图 4-4-6 所示。

图 4-4-4　拆卸燃油管

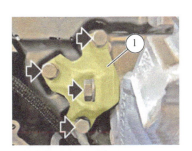

图 4-4-5　拆下支架

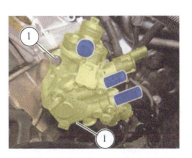

图 4-4-6　松开螺栓

㊻ 松开正时齿轮壳盖上的密封盖 1，如图 4-4-7 所示。

㊼ 将专用工具组 2448914 中的专用工具 A 和 B 旋入，以定位高压燃油泵的链轮，如图 4-4-8 所示。

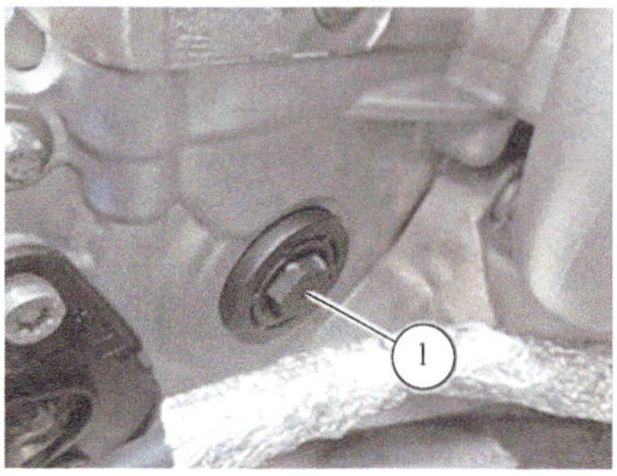

图 4-4-7 松开正时齿轮壳盖上的密封盖

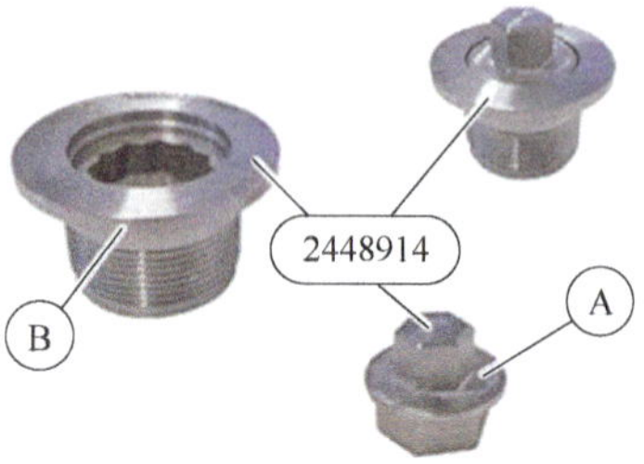

图 4-4-8 专用工具组

㊽ 在旋入专用工具 B 后，移除专用工具组 2448914 的专用工具 A。

㊾ 专用工具组 2448914 的专用工具 B 保留在其中，直至正时齿轮壳中的维修工作结束为止，如图 4-4-9 所示。

㊿ 松开高压燃油泵链轮上的螺栓 1，如图 4-4-10 所示。

(51) 螺栓 1 支撑在专用工具组 2448914 的专用工具 B 上，直至高压燃油泵被压出。

(52) 抽出并拆下高压燃油泵。

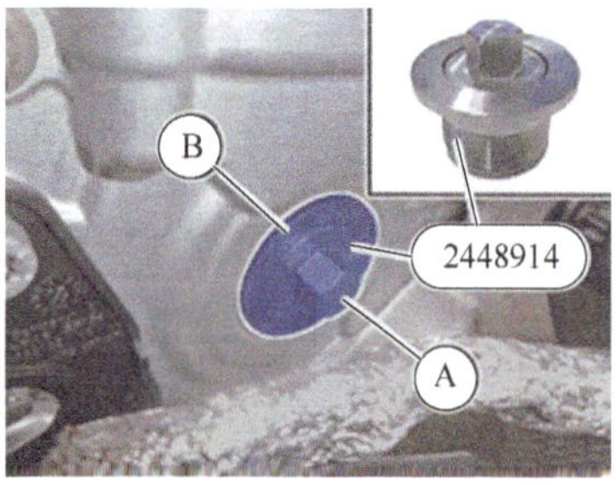

图 4-4-9 安装专用工具

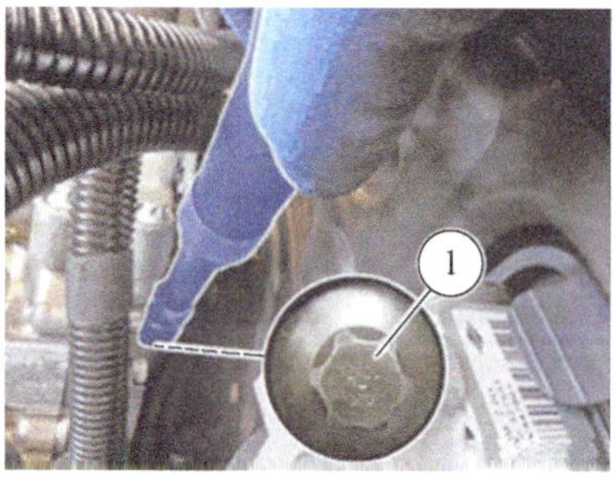

图 4-4-10 松开高压燃油泵链轮上的螺栓

2）安装高压燃油泵：

① 安装前将高压燃油泵密封圈 1 润滑，如图 4-4-11 所示。

② 必要时稍微转动高压燃油泵，以便将高压燃油泵轴上的凹槽正确地通过中心螺栓 1 定位在链轮中，重新将高压燃油泵正确地对齐曲轴箱，如图 4-4-12 所示。

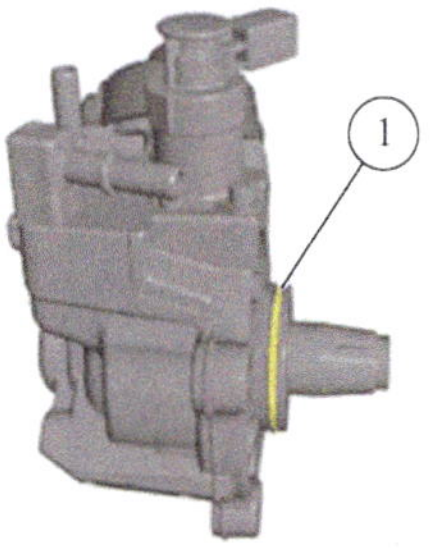

图 4-4-11 安装前将高压燃油泵密封圈润滑

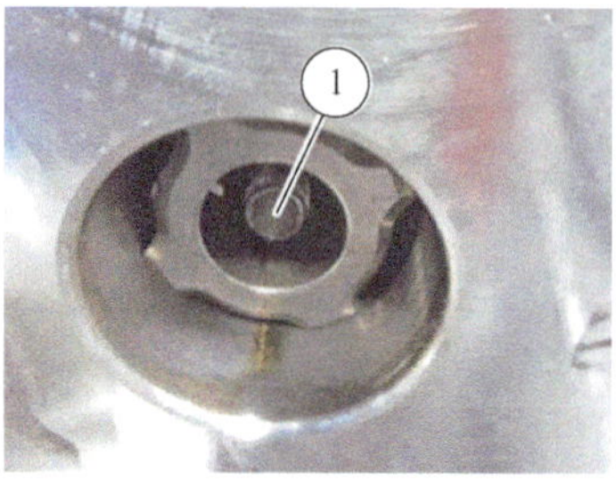

图 4-4-12 高压燃油泵轴上的凹槽正确地通过中心螺栓

③ 安装新的高压燃油泵 2，必要时转动高压燃油泵轴，以正确定位凹槽 1，如图 4-4-13 所示。

④ 将高压燃油泵轴用专用工具 2359956 沿顺时针方向旋转，直到高压燃油泵轴上凹槽的定位确保可以使用中心螺栓正确将维护周期显示器定位在链轮中，如图 4-4-14 所示。

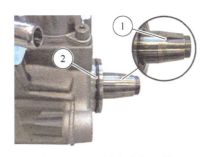
图 4-4-13　检查定位凹槽

图 4-4-14　定位凹槽

⑤ 将高压燃油泵装入链轮中并安装螺栓。
⑥ 连接燃油管。
⑦ 拆卸专用工具。
⑧ 将高压管路安装到高压油轨和高压燃油泵之间。
⑨ 拆卸曲轴专用拔取工具。
⑩ 安装起动机。
⑪ 安装主油路机油滤清器。
⑫ 安装机油滤清器。
⑬ 安装油尺导管。
⑭ 安装发动机缸体上的管接头。
⑮ 安装进气收集器。
⑯ 安装燃油管路。
⑰ 部分固定电线束部件。
⑱ 安装控制单元支架。
⑲ 安装集成式供电模块（PDM）。
⑳ 安装 DDE 控制单元。
㉑ 连接冷却液管。
㉒ 安装喷油嘴的隔音板。
㉓ 安装后部隔音板。
㉔ 安装中间前围板上部总成。
㉕ 安装减振支柱盖上的两根拉杆。
㉖ 安装风窗框板盖板。
㉗ 安装左侧和右侧刮水器臂。
㉘ 安装左后发动机室的饰盖。
㉙ 加注机油。
㉚ 安装油管接头密封盖。

㉛ 安装变速器油冷却器。
㉜ 安装发动机前部隔音盖板。
㉝ 安装谐振器。
㉞ 安装右侧前端支撑杆。
㉟ 安装隔音板。
㊱ 安装发动机舱盖后部密封条。
㊲ 将冷却系统用真空加注机加注。
㊳ 连接所有蓄电池负极导线。
㊴ 给冷却系统排气。
㊵ 检查机油油位。
㊶ 检查/补充自动变速器中的油位。
㊷ 安装前部机组防护板或者前部护板。
㊸ 安装前部转向器机组防护板或护板。
㊹ 安装中心机组防护板。
㊺ 安装后部机组防护板。
㊻ 在侧面安装变速器底板饰件。
㊼ 将发动机舱从维修位置取出。

3. 拆装高压油轨

1）拆卸高压油轨：
① 将发动机舱置于维修位置。
② 断开所有蓄电池负极导线。
③ 拆卸发动机舱盖后部密封条。
④ 拆下隔音板。
⑤ 拆下后部隔音板。
⑥ 拆卸喷油嘴的隔音板。
⑦ 将排油管从喷油嘴上松开。
⑧ 拆卸喷油嘴和高压油轨之间的高压管路。
⑨ 拆卸 DDE 控制单元。
⑩ 拆卸集成式供电模块（PDM）。
⑪ 拆卸控制单元支架。
⑫ 将压力管从节气门阀体上松开。
⑬ 部分松开电线束部件。
⑭ 拆下进气集气箱。
⑮ 拆卸高压泵和高压油轨之间的高压管路。
⑯ 解锁并松开油轨压力传感器插接器 1，如图 4-4-15 所示。
⑰ 将燃油回流管 2 解除联锁并松开。
⑱ 抽出燃油回流管 2 并置于一侧。
⑲ 解锁并松开油轨压力调节阀上的插头 3。
⑳ 松开螺栓 1，如图 4-4-16 所示。

㉑ 抽出并拆卸油轨 2。

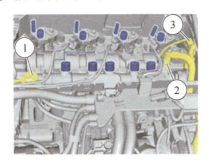

图 4-4-15　拆卸燃油管

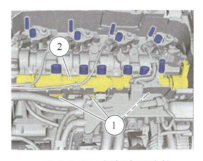

图 4-4-16　拆卸高压油轨

2）安装高压油轨：
① 安装高压油轨，拧紧螺栓，紧固力矩：19N·m。
② 连接油轨压力传感器插接器。
③ 安装燃油管。
④ 安装喷油嘴和高压油轨之间的高压管路。
⑤ 将高压管路安装到高压油轨和高压燃油泵之间。
⑥ 将排油管固定在喷油嘴上。
⑦ 安装进气收集器。
⑧ 部分固定电线束部件。
⑨ 将压力管固定在节气门体上。
⑩ 安装控制单元支架。
⑪ 安装集成式供电模块（PDM）。
⑫ 安装 DDE 控制单元。
⑬ 安装喷油嘴的隔音板。
⑭ 安装后部隔音板。
⑮ 安装隔音板。
⑯ 安装发动机舱盖后部密封条。
⑰ 连接所有蓄电池负极导线。
⑱ 将发动机舱盖从维修位置取出。

4. 拆装喷油嘴

1）拆卸喷油嘴：
① 拆下隔音板。
② 拆卸发动机舱盖后部密封条。
③ 拆下后部隔音板。
④ 拆卸喷油嘴的隔音板。
⑤ 拆卸排油管。
⑥ 拆卸喷油嘴和高压油轨之间的高压管路。
⑦ 解除联锁并松开插头 1，如图 4-4-17 所示。
⑧ 松开螺栓 2。

⑨ 抽出并拆下卡爪 3。
⑩ 略微旋转抽出并拆卸喷油嘴 4。
⑪ 将专用工具 135250（0493321）旋到固定的喷油嘴 1 上，如图 4-4-18 所示。
⑫ 用专用工具 135250（0493321）的滑锤敲出固定式喷油嘴 1。

图 4-4-17　略微旋转抽出并拆卸喷油嘴

图 4-4-18　滑锤敲出固定式喷油嘴

2）安装喷油嘴：
① 清洁喷油嘴安装孔。
② 拧紧螺栓 1，如图 4-4-19 所示。
③ 将卡爪置于螺栓 1 上。
④ 更新铜制密封环 1（在喷油嘴 3 上），如图 4-4-20 所示。
⑤ 更新回油管接头上的密封环 2。
⑥ 用耐热油脂略微涂敷喷油嘴 3。

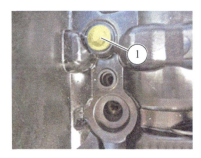

图 4-4-19　拧紧螺栓，将卡爪置于螺栓上

图 4-4-20　更新铜制密封环，用耐热油脂略微涂敷喷油嘴

⑦ 安装喷油嘴到发动机上，安装卡爪，拧紧螺栓，连接插接器。
⑧ 如果已更换 DDE 控制单元或喷油嘴，则必须进行喷油嘴油量匹配。喷油嘴油量匹配值（7 位的字母代码/数字代码）刻印在每个喷油嘴上。
⑨ 读取匹配值 1（每个喷油嘴 2 上），如图 4-4-21 所示。
⑩ 安装喷油嘴和高压油轨之间的高压管路。
⑪ 安装排油管。
⑫ 安装喷油嘴的隔音板。
⑬ 安装后部隔音板。
⑭ 安装发动机舱盖后部密封条。
⑮ 安装隔音板。

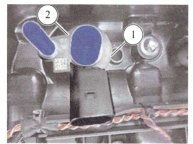

图 4-4-21　读取喷油嘴油量匹配值

第五章
汽车变速器的结构认知、拆装及检测

本章目录

一、汽车变速器的主要类型
二、手动变速器的结构认知、拆装及检测
三、自动变速器的结构认知、拆装
四、双离合器变速器的结构认知、拆装
五、无级变速器的结构认知、拆装

一 汽车变速器的主要类型

汽车变速器的主要作用：变速变矩，实现倒车，中断动力。汽车变速器按照操控方式可分为：手动变速器，自动变速器。汽车变速器的主要类型如图 5-1-1 所示。

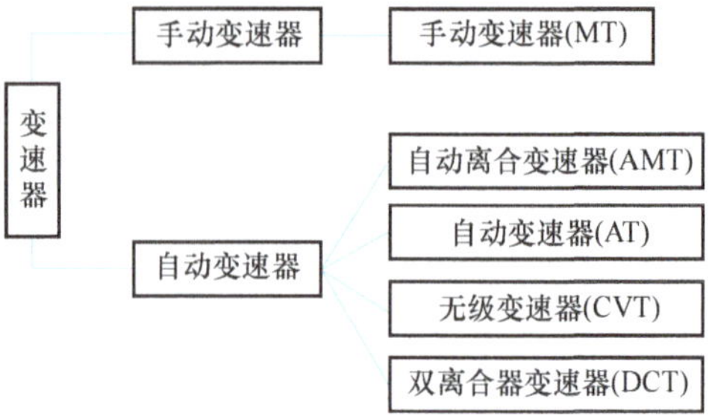

1. 手动变速器

手动变速器（Manual Transmission，MT）就是必须用手拨动变速器杆才能改变传动比的变速器。手动变速器主要由壳体、传动组件（主动轴、从动轴、齿轮、同步器等）、操纵组件（换档拉杆、换档拨叉等）组成，如图 5-1-2 所示。

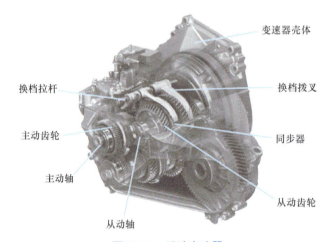

图 5-1-1　汽车变速器的主要类型

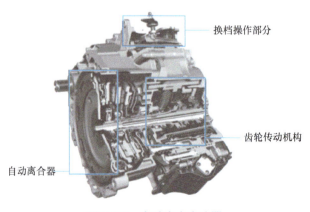

图 5-1-2　手动变速器

2. 自动离合变速器

自动离合变速器（Automated Manual Transmission，AMT）就是"手动变速器＋自动换档装置"，可以看成是自动的手动变速器。自动离合变速器本质上是在手动变速器的基础之上发展而来，保留了手动变速器的换档结构和离合器；在原有的基础上加装了计算机控制的自动操纵系统，通过计算机系统来完成操作离合器和选档两个动作。自动离合变速器的结构如图 5-1-3 所示。AMT 汽车相对 MT 汽车来说，驾驶更简单，只需要踩下加速踏板，由 AMT 系统自动选择最佳的换档时机，消除了发动机、离合器和变

图 5-1-3　自动离合变速器

速器的错误使用,从而避免换错档的情况出现。而 AMT 分为两种换档模式:自动换档(D)模式和手动换档(M)模式。

3. 自动变速器

自动变速器(Automatic Transmission,AT)一般都是液力变矩器式自动变速器,它主要由两大部分构成:与发动机飞轮连接的液力变矩器、紧跟在液力变矩器后方的变速机构,其结构如图 5-1-4 所示。

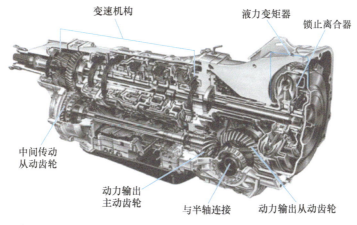

图 5-1-4 自动变速器

4. 无级变速器

无级变速器(Continuously Variable Transmission,CVT)的主要部件是两个滑轮和一条金属带,金属带套在两个滑轮上。滑轮由两块轮盘组成,这两片轮盘中间的凹槽形成一个V形,其中一边的轮盘由液压控制机构控制,可以根据不同的发动机转速,进行分开与拉近的动作,V形凹槽也随之变宽或变窄,将金属带升高或降低,从而改变金属带与滑轮接触的直径,相当于齿轮变速中切换不同直径的齿轮。两个滑轮呈反向调节,即其中一个带轮凹槽逐渐变宽时,另一个带轮凹槽就会逐渐变窄,从而迅速加大传动比的变化。无级变速器的结构如图 5-1-5 所示。

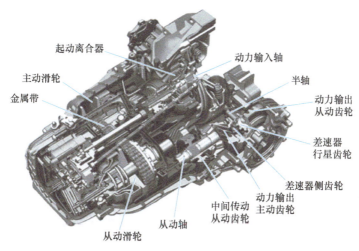

图 5-1-5 无级变速器

5. 双离合器变速器

双离合器变速器（Dual-Clutch Transmission，DCT）具有两个离合器，它能够消除换档时动力传递的中断现象，缩短换档时间，同时换档更加平顺。双离合器变速器的结构如图 5-1-6 所示。

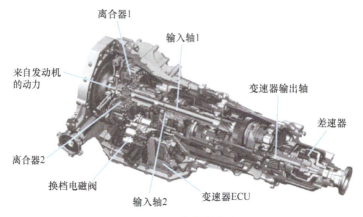

图 5-1-6　双离合器变速器

二　手动变速器的结构认知、拆装及检测

1. 手动变速器工作原理

手动变速器的工作原理是利用不同齿数的齿轮啮合传动的组合实现转速和转矩的改变。

手动变速器是一种变速装置，用来改变发动机传到驱动轮上的转速和转矩，在原地起步、爬坡、转弯、加速等各种工况下，使汽车获得不同的牵引力和速度，同时使发动机工作在较为有利的工况范围内。

2. 离合器

（1）离合器的分类

离合器按压紧弹簧形式不同分为：周布弹簧离合器和膜片弹簧离合器，如图 5-2-1、图 5-2-2 所示。周布弹簧离合器采用螺旋弹簧，沿压盘的圆周和中央布置；膜片弹簧离合器采用膜片弹簧，结构简单，使用寿命长，目前使用最为广泛。

图 5-2-1　周布弹簧离合器　　　　图 5-2-2　膜片弹簧离合器

（2）离合器的作用

1）使发动机和变速器之间能逐渐结合，从而保证汽车平稳起步，如图 5-2-3 所示。

2）暂时切断发动机与变速器之间的联系，以便换档和减少换档时的冲击。

3）当汽车紧急制动时能起分离作用，防止变速器等传动系统过载，从而起到一定的保护作用。

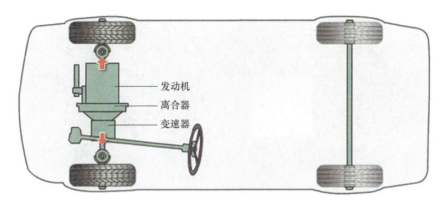

图 5-2-3　离合器的位置

（3）拆装离合器

1）拆卸离合器：

① 拆卸手动变速器总成。

② 拆卸离合器分离泵放气螺塞至挠性软管的连接管。

- 拆下螺栓并断开离合器管路夹箍。
- 使用连接螺母扳手，从离合器分离泵放气螺塞分总成上拆下离合器分离泵放气螺塞至挠性软管的连接管，如图 5-2-4 所示。

③ 拆卸离合器分离泵放气螺塞分总成。

- 使用连接螺母扳手，从放气螺塞至离合器分离泵的管上断开离合器分离泵放气螺塞分总成。
- 从手动变速器总成上拆下 2 个螺栓和离合器分离泵放气螺塞分总成，如图 5-2-5 所示。

图 5-2-4　拆卸离合器分离泵放气
螺塞至挠性软管的连接管

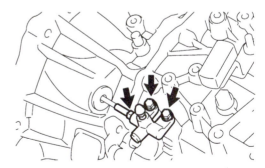

图 5-2-5　拆卸螺栓和离合器分离泵放气螺塞分总成

④ 拆卸带轴承的离合器分离泵总成。

- 从手动变速驱动桥总成上拆下离合器管防尘套，如图 5-2-6 所示。
- 使用连接螺母扳手，松开放气螺塞至离合器分离泵管的连接螺母，如图 5-2-7 所示。
- 将 3 个螺栓、带轴承的离合器分离泵总成和放气螺塞至离合器分离泵的管一起拆下。
- 从带轴承的离合器分离泵总成上拆下放气螺塞至离合器分离泵的管。

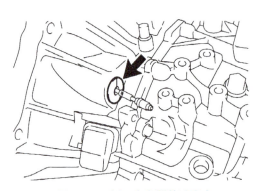

图 5-2-6　拆下离合器管防尘套

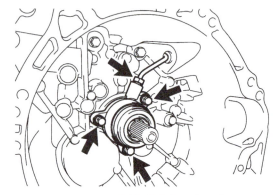

图 5-2-7　拆卸离合器分离泵管

⑤ 拆卸离合器盖总成。
- 在离合器盖总成和飞轮分总成上标上装配标记。
- 每次将各定位螺栓拧松一圈，直至弹簧张力被完全释放。
- 拆下定位螺栓并取下离合器盖。

⑥ 拆卸离合器摩擦片总成。

2）安装离合器：

① 安装离合器摩擦片总成。将专用工具插入离合器摩擦片总成，然后将它们一起插入飞轮分总成，如图 5-2-8 所示。

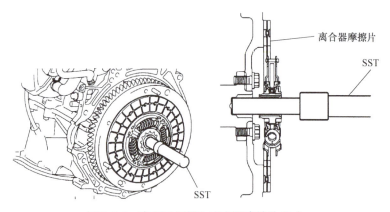

图 5-2-8　专用工具插入离合器摩擦片总成

> **注意**
>
> 插入离合器摩擦片总成并使其朝向正确的方向。

② 安装离合器盖总成。

- 将离合器盖总成上的装配标记和飞轮分总成上的装配标记对准。
- 安装离合器盖总成并暂时安装标记为 3 的螺栓。
- 从位于顶部锁销附近的螺栓开始，按顺序拧紧 6 个螺栓，如图 5-2-9 所示。拧紧力矩：19N·m。

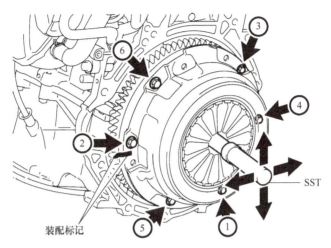

图 5-2-9　安装离合器盖总成

> **注意**
>
> 按照图 5-2-9 所示的顺序，每次均匀拧紧一个螺栓。
> 检查并确认摩擦片位于中心位置后，上下左右轻微地移动 SST，然后拧紧螺栓。拆下专用工具。

③ 检查并调整离合器盖总成。
- 用带滚子仪的百分表检查膜片弹簧顶端高度偏差，如图 5-2-10 所示。最大偏差：0.5mm。
- 如果偏差不符合规定，则使用专用工具调整膜片弹簧顶端高度偏差，如图 5-2-11 所示。

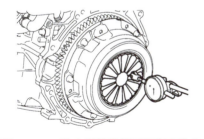 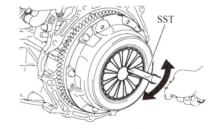

图 5-2-10　检查膜片弹簧顶端高度偏差　　图 5-2-11　使用专用工具调整膜片弹簧顶端高度偏差

④ 安装带轴承的离合器分离泵总成。
- 将放气螺塞至离合器分离泵的管连接到新的带轴承的离合器分离泵总成上并拧上连接螺母，如图 5-2-12 所示。
- 清洁并去除带轴承的离合器分离泵总成所有安装表面的油脂。
- 用 3 个新螺栓安装带轴承的离合器分离泵总成。安装力矩：23N·m。
- 将离合器管防尘套安装到手动变速驱动桥总成上。

- 将离合器分离泵放气螺塞分总成暂时连接到放气螺塞至离合器分离泵管上。
- 用2个螺栓将离合器分离泵放气螺塞分总成暂时安装到手动变速驱动桥总成上。
- 使用连接螺母扳手，拧紧放气螺塞至离合器分离泵管的连接螺母以将其连接到带轴承的离合器分离泵总成上。拧紧力矩：15N·m。
- 在输入轴花键上涂抹离合器花键润滑脂，如图5-2-13所示。

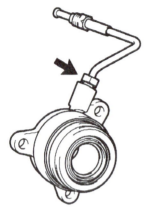

图5-2-12　安装分离泵管

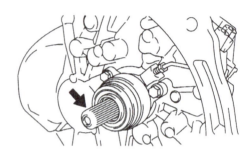

图5-2-13　涂抹离合器花键润滑脂

⑤ 安装离合器分离泵放气螺塞分总成。

⑥ 安装离合器分离泵放气螺塞至挠性软管的管。

⑦ 安装手动变速器总成。

（4）检查离合器

1）检查离合器摩擦片总成：

① 用游标卡尺测量铆钉头的深度，如图5-2-14所示。最小铆钉的深度：0.3mm。

如果深度小于最小值，则更换离合器摩擦片总成。

② 将离合器摩擦片总成安装到驱动桥总成上。

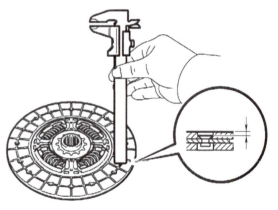

图5-2-14　用游标卡尺测量铆钉头的深度

提示

插入离合器摩擦片总成并使其朝向正确的方向。

③ 用百分表测量离合器摩擦片总成的跳动，如图5-2-15所示。最大跳动：0.8mm。

如果跳动大于最大值，则更换离合器摩擦片总成。

2）检查离合器盖总成：

用游标卡尺测量膜片弹簧磨损的深度和宽度，如图5-2-16所示。最大宽度：6.0mm；最大深度：0.5mm。

如果深度或宽度大于最大值，则更换离合器盖总成。

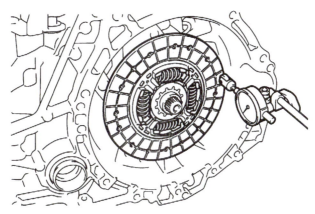

图 5-2-15 用百分表测量离合器摩擦片总成的跳动

3）检查飞轮分总成：

用百分表检查飞轮分总成的跳动，如图 5-2-17 所示。最大跳动：0.1mm。如果跳动大于最大值，则更换飞轮分总成。

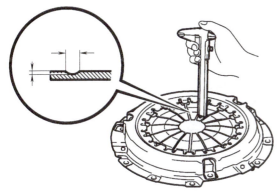

图 5-2-16 用游标卡尺测量膜片弹簧
磨损的深度和宽度

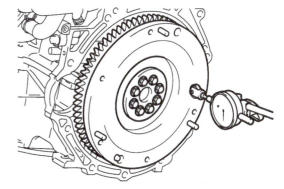

图 5-2-17 用百分表检查飞轮分总成的跳动

3. 变速器操纵机构

（1）变速器操纵机构的结构认知

变速器操纵机构是用来改变变速器齿轮的搭配实现换档的机构。在驾驶人操作下，变速器操纵机构能迅速、准确、可靠地摘下、挂入某个档位或退到空档，如图 5-2-18 所示。

（2）拆装变速器操纵机构

1）拆卸换档杆总成：

① 拆卸仪表板下饰板。

② 断开变速器控制拉索总成。

③ 拆下 4 个螺母和换档杆总成，如图 5-2-19 所示。

2）安装换档杆总成：

① 安装换档杆总成。

② 连接变速器控制拉索总成。

③ 调整选档控制拉索。
④ 安装仪表板下饰板。

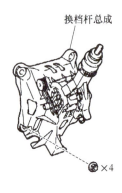
a) 换档杆总成

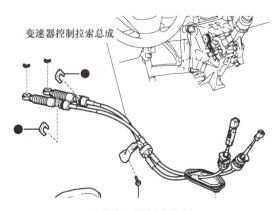
b) 变速器控制拉索总成

图 5-2-18　变速器操纵机构的组成

图 5-2-19　拆下 4 个螺母和换档杆总成

4. 离合器操纵机构

（1）离合器操纵机构的结构认知

通过操纵机构对离合器进行接合与分离的控制，即连接或切断发动机与变速器之间的动力，如图 5-2-20、图 5-2-21 所示。

（2）拆装离合器踏板

1）拆卸离合器踏板：

① 拆卸仪表板安全垫分总成。
② 断开离合器总泵推杆 U 形夹。
③ 拆下 2 个螺母、螺栓和离合器踏板支撑件总成，如图 5-2-22 所示。
④ 拆卸锁紧螺母，如图 5-2-23 所示。
⑤ 拆卸离合器踏板开关总成（换档指示灯）。
⑥ 拆卸离合器踏板开关总成（离合器起动系统）。
⑦ 拆卸离合器踏板限位螺栓，如图 5-2-24 所示。

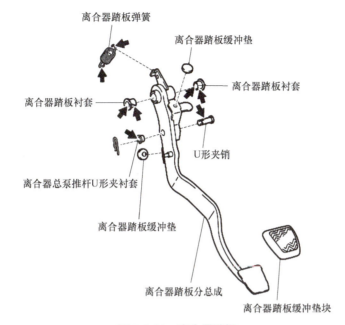

图 5-2-20 离合器踏板

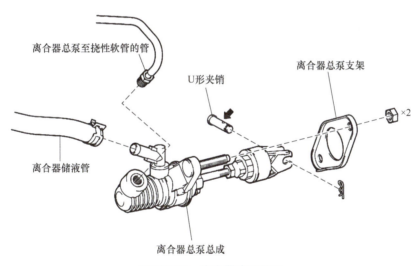

图 5-2-21 离合器液压总泵

⑧ 拆卸离合器踏板弹簧。
⑨ 拆卸离合器踏板衬套。
⑩ 拆卸离合器踏板缓冲垫。
⑪ 拆卸离合器总泵推杆 U 形夹衬套。

2）安装离合器踏板：
① 安装离合器总泵推杆 U 形夹衬套。
② 安装离合器踏板缓冲垫。
③ 安装离合器踏板衬套。
④ 安装离合器踏板缓冲垫块。

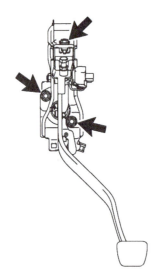

图 5-2-22 拆下螺母、螺栓和离合器踏板支撑件总成

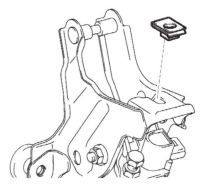

图 5-2-23 拆卸锁紧螺母

⑤ 安装离合器踏板分总成。
⑥ 安装离合器踏板弹簧。
⑦ 安装离合器踏板限位螺栓。
⑧ 安装离合器踏板开关总成（离合器起动系统）。
⑨ 安装离合器踏板开关总成（换档指示灯）。
⑩ 安装离合器踏板支撑件分总成。
⑪ 连接离合器总泵推杆U形夹。
⑫ 检查并调整离合器踏板分总成。
⑬ 安装仪表板安全垫分总成。

（3）拆装离合器总泵

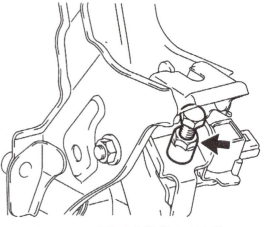

图 5-2-24 拆卸离合器踏板限位螺栓

1）拆卸离合器总泵：
① 拆卸制动助力器总成。
② 断开离合器储液管，如图 5-2-25 所示。
③ 断开离合器总泵推杆U形夹。
④ 拆下2个螺母和离合器总泵总成，拆下离合器总泵支架，如图 5-2-26 所示。

2）安装离合器总泵：
① 安装离合器总泵支架，用2个螺母安装离合器总泵总成，安装力矩：13N·m。
② 连接离合器总泵推杆U形夹。
③ 使用连接螺母扳手，连接离合器总泵至挠性软管的管，安装力矩：15N·m，如图 5-2-27 所示。
④ 安装离合器储液管。
⑤ 安装制动助力器总成。
⑥ 排出离合器管路内的空气。

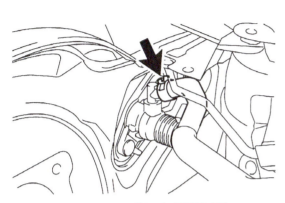

图 5-2-25 断开离合器储液管

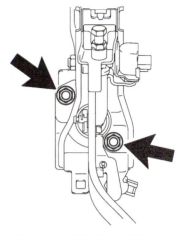

图 5-2-26 拆下离合器总泵支架

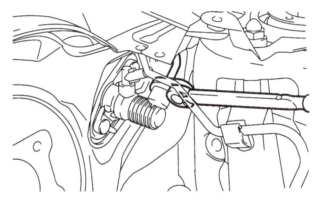

图 5-2-27 紧固挠性软管的管

⑦ 检查制动液液位。
⑧ 检查制动液是否泄漏。
⑨ 检查并调整离合器踏板分总成。

（4）检查离合器踏板

1）检查并调整离合器踏板高度：
① 将地毯向后折。
② 检查并确认离合器踏板高度正确，如图 5-2-28 所示。离合器踏板距离地板的高度应为 143.7~153.7mm。

2）检查离合器踏板自由行程和推杆行程：
① 检查并确认离合器踏板自由行程和推杆行程正确，如图 5-2-29 所示。
② 踩下离合器踏板直到开始感觉到离合器阻力。离合器踏板自由行程应为 5.0~15.0mm。
③ 轻轻踩下离合器踏板直到阻力开始略微增加。离合器踏板顶端处的推杆行程：1.0~5.0mm。

3）检查离合器分离点：
① 拉紧驻车制动杆并安装车轮止动楔。
② 起动发动机，使其怠速运转。

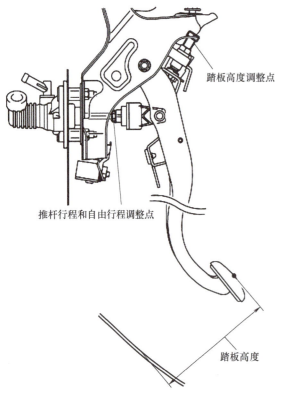

图 5-2-28 检查并调整离合器踏板高度

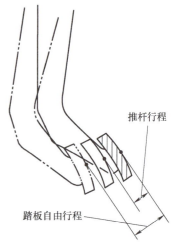

图 5-2-29 检查离合器踏板自由行程和推杆行程

③ 未踩下离合器踏板时,缓慢移动换档杆至 R 位直至齿轮接触。

④ 逐渐踩下离合器踏板,并测量从齿轮噪声停止点(分离点)到踏板全行程终点位置的行程距离,如图 5-2-30 所示。标准距离:25mm 或更长(自踏板行程终点位置至分离点)。

如果该距离不符合规定,则执行以下步骤:
- 检查离合器踏板高度。
- 检查离合器踏板自由行程和推杆行程。
- 排出离合器管路中的空气。
- 检查离合器盖和离合器摩擦片。

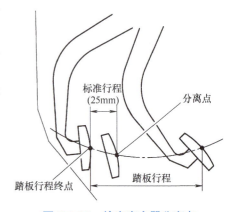

图 5-2-30 检查离合器分离点

三 自动变速器的结构认知、拆装

(一)自动变速器的结构认知

1. 自动变速器的组成

自动变速器由以下几个系统组成:

① 动力传递系统（液力变矩器）：用来连接发动机与自动变速器。
② 齿轮变速系统（行星齿轮机构）：主要用来改变汽车的行驶速度和行驶方向。
③ 液压控制系统：将油泵输出的压力油调节成不同的压力并输送至不同的部位以达到不同的液压控制目的。
④ 电子控制系统：通过监控汽车的整体运行工况实现自动变速器不同功能的控制。
⑤ 冷却控制系统：使自动变速器始终保持在合理的工作温度范围内。

各种自动变速器的外部形状和内部结构有所不同，但它们的基本组成相同，都是由液力变矩器和紧跟在液力变矩器后方的变速机构组合而成。常见的组成部分有液力变矩器、行星齿轮机构、离合器、制动器、油泵、滤清器、管道、控制阀体、速度调压器等，按照这些部件的功能，可将它们分为液力变矩器、变速齿轮机构、供油系统、自动换档控制系统和换档操纵机构五大部分。

9速自动变速器是目前变速器中档位最多的，有9个档位，如图5-3-1所示。高传动比意味着汽车在日常行驶过程中，变速器可以帮助发动机始终保持在最理想的转速区间，以提升汽车燃油经济性，同时换档过程也会更加平顺、不易察觉。

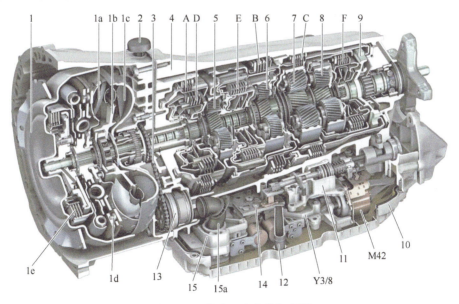

图 5-3-1　奔驰9速自动变速器

1—变矩器护盖；1a—涡轮；1b—定子；1c—叶轮；1d—离心摆；1e—变矩器锁止离合器；2—变速器外壳通风装置；3—油泵传动链；4—变速器外壳；5—行星齿轮组1；6—行星齿轮组2；7—行星齿轮组3；8—行星齿轮组4；9—驻车止动爪齿轮；10—油底壳；11—电液驻车止动爪促动器的活塞外壳；12—导向管；13—油泵；14—完全集成式变速器控制系统（VGS）的支撑体；15—护板/换档油阀壳；15a—压力和进气管；A—多片式制动器B08；B—多片式制动器B05；C—多片式制动器B06；D—多盘式离合器K81；E—多盘式离合器K38；F—多盘式离合器K27；M42—电动变速器油泵；Y3/8—完全集成式变速器控制单元

2. 液力变矩器

液力变矩器主要由泵轮、涡轮和导轮组成，如图5-3-2所示。

液力变矩器的优点：

① 即使在变矩器锁止离合器接合时，液压油也能最佳地通过液力变矩器并进行冷却。

② 在所有行驶工况下都能很好地控制变矩器锁止离合器。

液力变矩器的作用：

① 传递转矩：发动机的转矩通过液力变矩器的主动元件，再通过自动变速器油（ATF）传给液力变矩器的从动元件，最后传给变速器。

② 无级变速：液力变矩器可以在一定范围内实现转速和转矩的无级变化。

③ 自动离合：液力变矩器由于采用ATF传递动力，当踩下制动踏板时，发动机也不会熄火，此时相当于离合器分离。

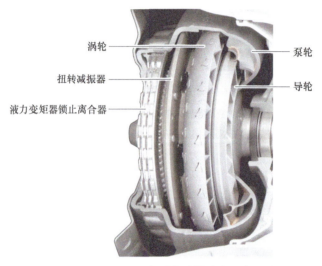

图 5-3-2　宝马 8 速自动变速器的液力变矩器

3. 机械电子模块

机械电子模块安装在变速器油底壳内，由液压换档机构和电子控制单元组合而成，如图 5-3-3 所示。液压换档机构（液压模块）包含变速器控制系统的机械组件，例如阀门、减振器和执行机构。电子控制单元（电子模块）包含变速器的整个电子控制单元。电子模块以密封机油的方式焊接。温度不超过 145℃时可保证电子模块正常工作。

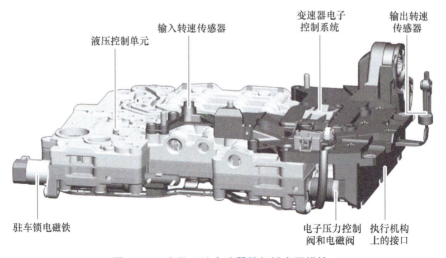

图 5-3-3　宝马 8 速变速器的机械电子模块

（1）变速器电子控制单元

变速器电子控制系统处理变速器、发动机和车辆的信号。系统根据这些信号并结合所存储的数据计算变速器的标准状态参数，例如：

① 选档。

② 变矩器锁止离合器的策略。

③ 操纵制动器和离合器的控制指令。

执行规定指令时，系统通过功率输出级和电流调节电路控制电磁阀和压力调节器。借此控制自动变速器液压系统。

在变速器内装有以下传感器：

① 涡轮转速传感器。

② 输出转速传感器。

③ 用于探测驻车锁位置的位置传感器。

④ 变速器油温度传感器。

（2）液压换档机构

内部带有阀门和液压控制通道的阀体位于机械电子模块内。阀体分为下部部件（真正的阀体）和上部部件（通过铝合金隔板隔开的阀盘）。

下部阀体内有 14 个液压阀、7 个电子压力控制阀、1 个电磁阀和用于驻车锁锁止的驻车锁电磁阀，如图 5-3-4 所示。

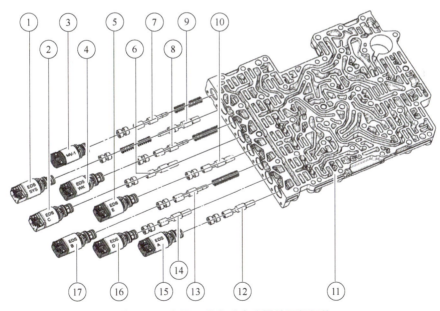

图 5-3-4　宝马 8 速自动变速器的下部阀体

1—系统压力电子压力控制阀；2—片式离合器 C 电子压力控制阀；3—电磁阀 1；4—变矩器锁止离合器电子压力控制阀；5—片式离合器 E 电子压力控制阀；6—片式离合器 C 离合器阀；7—减压阀；8—片式离合器 C 保持阀；9—驻车锁阀；10—片式离合器 E 离合器阀；11—阀体；12—片式制动器 A 离合器阀；13—片式离合器 B 离合器阀；14—片式离合器 D 离合器阀；15—片式制动器 A 电子压力控制阀；16—片式离合器 D 电子压力控制阀；17—片式制动器 B 电子压力控制阀

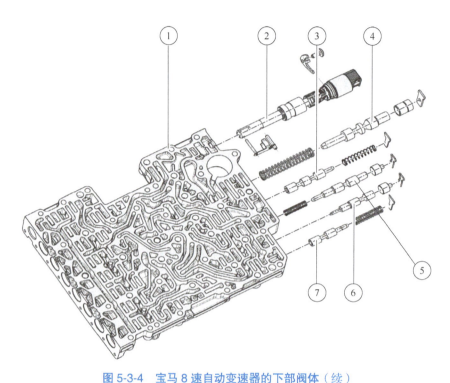

图 5-3-4　宝马 8 速自动变速器的下部阀体（续）

1—阀体；2—驻车锁缸；3—系统压力阀；4—变矩器压力控制阀；5—变矩器锁止离合器阀；
6—片式制动器 B1 离合器阀；7—片式制动器 B1 保持阀

上部阀体内有另外 7 个液压阀以及钢球、滤网和板阀等插入件。上部阀体上边的液压通道连接到变速器壳体的通道和接口，如图 5-3-5 所示。

4. 液压油供给系统

液压油供给系统是一个带油泵的普通压力循环系统，油泵从油底壳中抽吸液压油并传输至调压阀。调压阀调节系统压力，因此也称为系统压力阀。体积流量为 14.5cm³/min 时系统压力在 5.5~17.5bar 之间。

双叶片泵位于变速器内液力变矩器壳体下的液压油滤网上，是由两个单级叶片泵装在一个泵体内的油路上并联组成的叶片泵。双叶片泵由液力变矩器壳通过滚子齿形链驱动，其转动一圈可输送两次液压油。宝马 8 速自动变速器双叶片泵如图 5-3-6 所示。

液压油泵通过过滤器抽吸液压油并输送至机械电子模块内的系统调压阀，在此调节所需系统压力。多余的液压油输送到油泵的抽吸通道内。抽吸通道内的引入管指向流动方向，因此有填充效果。这有助于避免形成气穴和噪声以及提高效率，如图 5-3-7 所示。

5. 齿轮组

如图 5-3-8 所示的 8 速自动变速器，其 8 个前进档和倒车档由 4 个单排单行星架行星齿轮组形成。两个前部齿轮组共用一个太阳轮，另外两个齿轮组分别有一个太阳轮。

第五章 汽车变速器的结构认知、拆装及检测

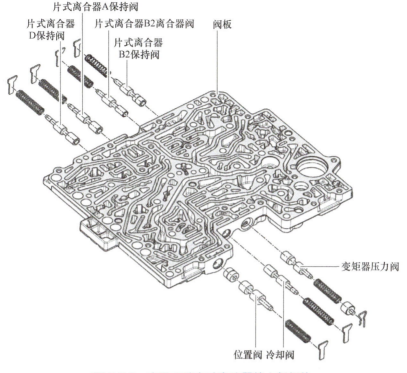

图 5-3-5 宝马 8 速自动变速器的上部阀体

图 5-3-6 宝马 8 速自动变速器双叶片泵

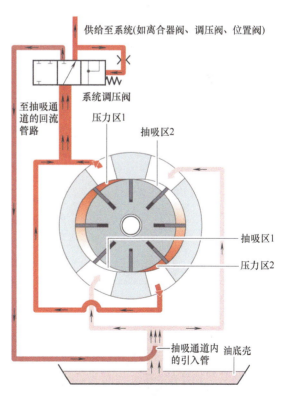

图 5-3-7 宝马 8 速自动变速器油泵填充

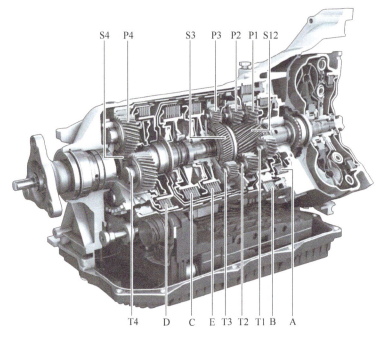

图 5-3-8 宝马 8 速自动变速器齿轮组

A—片式制动器 A；B—片式制动器 B；C—片式离合器 C；D—片式离合器 D；E—片式离合器 E；
S12—共用太阳轮 1/2；S3—太阳轮 3；S4—太阳轮 4；P1—行星齿轮 1；P2—行星齿轮 2；P3—行星齿轮 3；
P4—行星齿轮 4；T1—行星架 1；T2—行星架 2；T3—行星架 3；T4—行星架 4

6. 换档元件

可以切换或改变档位的制动器和离合器称为换档元件。如图 5-3-8 所示的 8 速自动变速器只需要 5 个换档元件来切换 8 个档位，分别是：

① 2 个固定安装的片式制动器（制动器 A 和 B）；

② 3 个旋转的片式离合器（离合器 C、D 和 E）。

片式离合器（C、D 和 E）将驱动力矩传入行星齿轮箱。片式制动器（A 和 B）将驱动力矩作用在变速器壳体上，如图 5-3-9 所示。

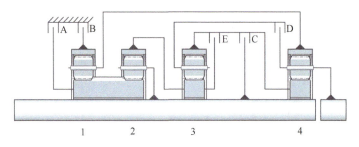

图 5-3-9 变速器结构示意图

A—片式制动器 A；B—片式制动器 B；C—片式离合器 C；D—片式离合器 D；
E—片式离合器 E；1—齿轮组 1；2—齿轮组 2；3—齿轮组 3；4—齿轮组 4

系统以液压方式使离合器和制动器接合。为此液压油压力施加在活塞上，以便活塞将摩擦片套件压在一起。液压油压力消除时，在除片式制动器 B 外的所有换档元件中活塞都在盘形弹簧的作用下压回到初始位置。片式离合器 B 在液压系统的作用下分离。

利用换档元件可以在牵引力不中断的情况下换档。为此所有换档（从 1 档至 8 档以及返回）都以重叠换档方式实现。换档期间施加在"输出"离合器上的压力减小，直至"接管"离合器能够传输力矩。

（二）液力自动变速器（AT）常见零部件的拆装

以宝马 530LI（G38）为例。

1. 拆装液力变矩器

1）拆卸液力变矩器：

① 停用 48V 车载网络。
② 断开所有蓄电池负极导线。
③ 拆卸后部机组防护板。
④ 在侧面拆卸变速器底板饰件。
⑤ 拆下电动机。
⑥ 拆下通道上的连接支架。
⑦ 拆卸右侧扭力杆，必要时拆卸左侧扭力杆。
⑧ 拆卸整个排气系统。
⑨ 拆卸隔热板。
⑩ 拆卸定位板。
⑪ 拆下变速器横梁。
⑫ 部分松开传动轴。
⑬ 拆卸自动变速器。
⑭ 拆卸变矩器。

- 用专用工具 002550（0490189）测量，接触面 1 和变矩器螺纹孔外边缘 2 之间的尺寸，如图 5-3-10 所示。
- 将专用工具 241440（0496717）旋入变矩器中，如图 5-3-11 所示。
- 取出变矩器并垂直放置。
- 盛接流出的变速器油并妥善处理。

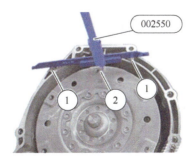

图 5-3-10　测量接触面和变矩器的距离

图 5-3-11　将专用工具旋入变矩器中，取出变矩器

2）安装液力变矩器：

① 安装变矩器。

- 更新驱动轴上的 O 形圈 1，如图 5-3-12 所示。
- 将变矩器推到变速器轴上，直至极限位置。
- 用手将变矩器压入到变矩器壳中。此时旋转变矩器，直至变矩器轮毂上的凹口嵌入泵轮的从动件中。
- 应感觉到变矩器向内滑动。
- 用专用工具 0490189（002550）测量接触面 1 和变矩器螺纹孔的外边缘 2 之间的尺寸，如图 5-3-10 所示。理论状态下，测得的值应大于 15mm。

② 安装自动变速器。
③ 固定传动轴（部分已拆卸）。
④ 安装变速器横梁。
⑤ 安装定位板。
⑥ 安装隔热板。
⑦ 完整地安装排气系统。
⑧ 安装右侧扭力杆，必要时安装左侧扭力杆。
⑨ 安装通道上的连接支架。
⑩ 安装电动机。
⑪ 连接所有蓄电池负极导线。
⑫ 检查/补充自动变速器中的油位。
⑬ 安装后部机组防护板。
⑭ 在侧面安装变速器底板饰件。
⑮ 启动 48V 车载网络。

图 5-3-12　更换 O 形圈

2. 拆装机械电子控制系统

1）拆卸机械电子控制系统：
① 停用 48V 车载网络。
② 断开所有蓄电池负极导线。
③ 在侧面拆卸变速器底板饰件。
④ 拆卸后部机组防护板。
⑤ 拆下变速器油底壳。
⑥ 拆卸油量储存器。
⑦ 拆卸机械电子控制系统。

- 将变速器换档轴的轴颈 1 用专用工具 2355850 3 沿箭头方向向下拉，如图 5-3-13 所示。
- 沿箭头方向将专用工具 2355850 2 安装在变速器换档轴轴颈 1 与变速器外壳之间。
- 沿箭头方向转动并拔下插头 1，如图 5-3-14 所示。
- 将专用工具 242390（0494213）插入密封套 1 中，如图 5-3-15 所示。
- 松开螺栓 1 并沿箭头方向解锁密封套及滑尺 2，如图 5-3-16 所示。
- 沿箭头方向拉出密封套 1，如图 5-3-17 所示。

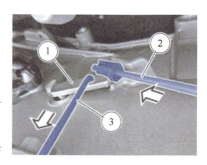

图 5-3-13　将轴颈往下拉

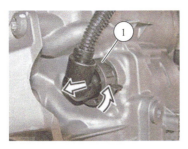

图 5-3-14　转动并拔下拔下插头

图 5-3-15　将专用工具插入密封套

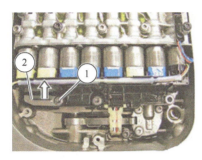

图 5-3-16　解锁密封套及滑尺

图 5-3-17　沿箭头方向拉出密封套

- 松开标记区域 1 内机械电子控制系统的螺栓，如图 5-3-18 所示。
- 在标记区域 1 内安装专用工具 241430（0496715）。
- 拧紧翼形螺母 1（图 5-3-18）。
- 松开螺栓 2（图 5-3-18）。
- 将输出转速传感器 3 小心地从壳体中拔出，并将其插入模块的凹口，如图 5-3-19 所示。
- 松开螺栓 1（图 5-3-19）。
- 松开专用工具 0496715（241430）的翼形螺母（图 5-3-19）。

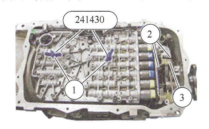

图 5-3-18　松开螺栓

图 5-3-19　拆卸输出转速传感器

- 拆下机械电子控制系统。
- 拆下压力管 1，如图 5-3-20 所示。

2）安装机械电子控制系统：

① 安装机械电子控制系统。

- 安装压力管。
- 装配机械电子控制系统。
- 将选择轴的轴颈用图 5-3-13 中的专用工具 2355850 3 沿箭头方向向下拉。

图 5-3-20　拆下压力管

- 安装输出转速传感器。
- 将密封套用滑尺 2 联锁，如图 5-3-21 所示。
- 放置螺栓 1，并将其略微拧紧（图 5-3-21）。
- 连接插头。
- 按照 1~17 的顺序拧紧螺栓，如图 5-3-22 所示。

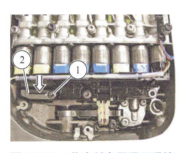

图 5-3-21　将密封套用滑尺联锁

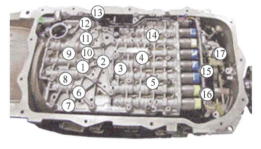

图 5-3-22　按照 1~17 的顺序拧紧螺栓

② 安装油量储存器。
③ 安装变速器油底壳。
④ 连接所有蓄电池负极导线。
⑤ 检查 / 补充自动变速器中的油位。
⑥ 安装后部机组防护板。
⑦ 在侧面安装变速器底板饰件。
⑧ 启动 48V 车载网络。

四　双离合器变速器的结构认知、拆装

（一）双离合器变速器的结构认知

1. 双离合器变速器的结构

双离合器变速器是具有两个独立作用的离合器，换档时不中断动力传递的机械式自动变速器。典型的双离合器变速器由两个集成而又独立作用的离合器、基于手动变速器的三轴式齿轮变速系统、自动换档机构和电控液压系统组成，第一离合器负责奇数档和倒档，第二离合器负责偶数档。工作过程中总有奇偶两个相邻档位的齿轮保持啮合，一个离合器工作，另一个则为下一步换档做好准备。与采用常规液力变矩器的自动变速器相比，该换档过程中动力传递几乎无中断，能够有效消除换档离合时的动力传递迟滞，大大改善了车辆的加速性和运行舒适性，同时电控换档时机选择更加合理，燃油消耗可降低 10% 以上。图 5-4-1 所示为大众 02E 双离合器变速器的结构。

2. 双离合器变速器的工作原理

大众 02E 双离合器变速器的工作原理如图 5-4-2 所示，每个传动机构配备一个多片式离合器，两个多片式离合器浸在机油中工作，根据将要挂入的档位来进行调节、松开以及接合。其中，多片式离合器 K1 负责切换到 1、3、5 和倒档。多片式离合器 K2 负责切换到 2、4、6 档。工作过程中总有一个传动机构在传递动力，而同时另一个传动机构已经挂上了邻近的高档位，只是还没有接合。每一个档位都配有传统手动变速器上的同步装置和换档机构。

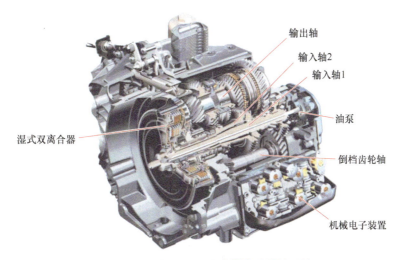

图 5-4-1　大众 02E 双离合器变速器的结构

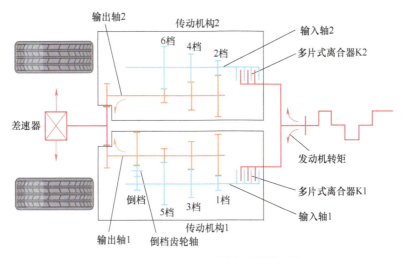

图 5-4-2　大众 02E 双离合器变速器的工作原理

3. 双离合器变速器转矩输出

大众 02E 双离合器变速器的转矩输出如图 5-4-3 所示。发动机转矩由双质量飞轮借助花键传递到双离合器的输入毂上。根据具体的行车档位，发动机转矩相应传递到输入轴 1 或 2，然后再传递到相应的输出轴 1 或 2。为清楚表示出每个轴，图 5-4-3 中的输出轴 1、2 以及倒档轴并不处于实际位置，而是与其他轴处于同一平面。输入轴采用同轴布置形式，且奇数档和偶数档齿轮混合分布在两个输出轴上。两个输出轴采用不同的传动比将发动机转矩传递到主传动直齿圆柱齿轮上，然后再传递到差速器。

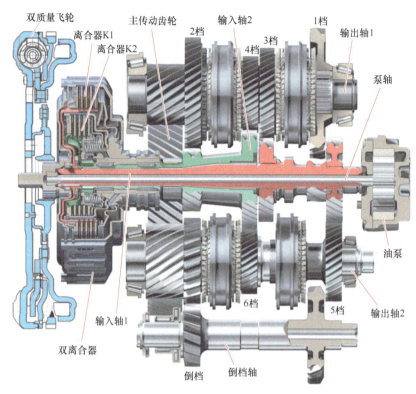

图 5-4-3　大众 02E 双离合器变速器的转矩输出

4. 双离合器变速器内各轴的位置及传动装置

双离合器变速器主要由两个相互独立的传动机构组成，每个传动机构的结构与手动变速器是相同的。每个传动机构配备一个多片式离合器。两个多片式离合器分别与两根输入轴相连，换档和离合操作是通过机械电子装置实现的。大众 02E 双离合器变速器内各轴的位置及传动装置如图 5-4-4 所示。

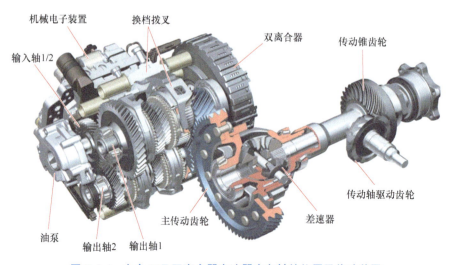

图 5-4-4　大众 02E 双离合器变速器内各轴的位置及传动装置

5. 双离合器的结构

离合器 K1 的结构如图 5-4-5 所示，离合器 K2 的结构如图 5-4-6 所示。发动机转矩经外片支架传递到相应的离合器内。当离合器接合时，转矩就传递到内片支架上，即传递到相应的输入轴上。

如图 5-4-5 所示，离合器 K1 是一个外离合器，可将转矩传递到 1、3、5 和倒档所在的输入轴 1 上。当液压油进入离合器 K1 的压力腔时，活塞 1 就开始移动，使离合器 K1 的片组压靠在一起，离合器接合。转矩经内片支架的片组传递到输入轴 1 上。

如图 5-4-6 所示，离合器 K2 是一个内离合器，可将转矩传递到 2、4、6 档所在的输入轴 2 上。要想使该离合器接合，必须将液压油压入离合器 K2 的压力腔内。于是，活塞 2 就通过该离合器片组将转矩传递到输入轴 2 上。

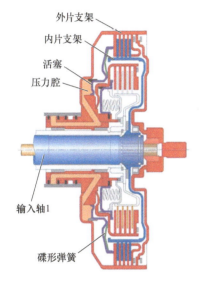

图 5-4-5　离合器 K1 的结构

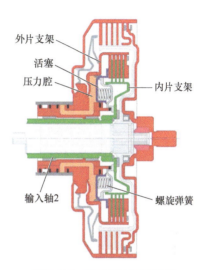

图 5-4-6　离合器 K2 的结构

6. 双离合器变速器的换档拨叉

双离合器变速器的换档机构与手动变速器一样，也是采用换档拨叉。每个换档拨叉配有一个行程传感器，该传感器用于感知换档拨叉的准确位置和行程，如图 5-4-7 所示。

换档液压油经过变速器壳体上的孔流至相应档位的液压缸内。于是，在换档拨叉上产生压力，将换档拨叉推至左侧止点位置或右侧止点位置或中间位置（空档位置）。如果已挂档，则相应的液压缸就会卸压。档位由换档齿的齿背和止动销来保持。

7. 双离合器变速器的电液控制系统

电液控制系统的任务是接收并评估输入的电信号，然后相应地驱动变速器控制单元的控制/转换阀。通过控制/转换阀和下游控制/换档阀（集成在换档阀中），可以使液压传递至各档位促动器气缸、离合器和驻车止动爪系统以进行换档。图 5-4-8 为奔驰 7 速双离合器变速器控制单元分解图。

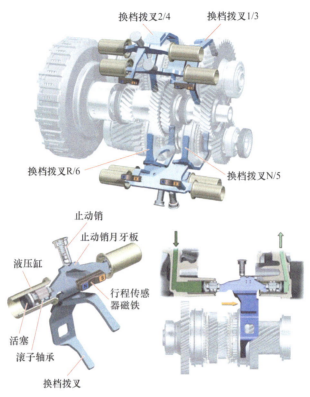

图 5-4-7 大众 02E 双离合器变速器的换档拨叉

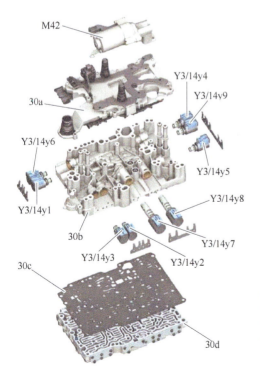

图 5-4-8 奔驰 7 速双离合器变速器控制单元分解图

30a—支撑体；30b—阀体箱；30c—中间板；30d—换档阀体；M42—电动辅助机油泵；Y3/14y1—换档杆控制阀 A；Y3/14y2—换档杆控制阀 B；Y3/14y3—换档杆控制阀 C；Y3/14y4—换档杆控制阀 D；Y3/14y5—驻车止动爪转换阀；Y3/14y6—系统压力控制阀；Y3/14y7—K1 离合器控制阀；Y3/14y8—K2 离合器控制阀；Y3/14y9—换档缸压力控制阀

（二）双离合器变速器常见零部件的拆装

以大众斯柯达速派为例，介绍双离合器变速器常见零部件的拆装步骤。

1. 拆装双离合器

1）拆卸双离合器：

① 所需要的专用工具和维修设备（表5-4-1）。

表5-4-1 拆卸双离合器需要的专用工具和维修设备

序号	名称	图片
1	拉拔器 T10055	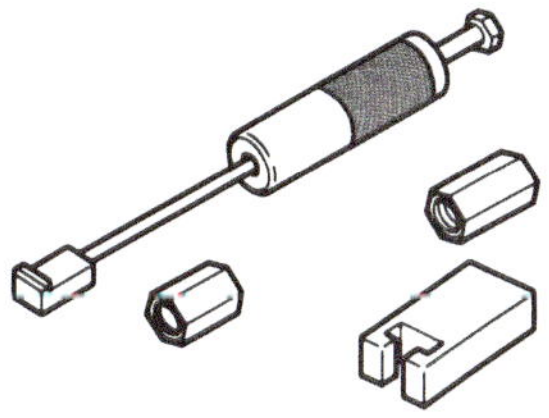
2	钩子 3438	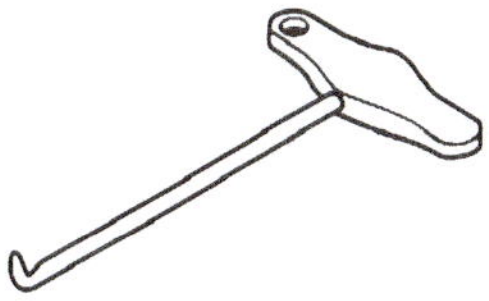
3	拉具 T10525 或 CT10525	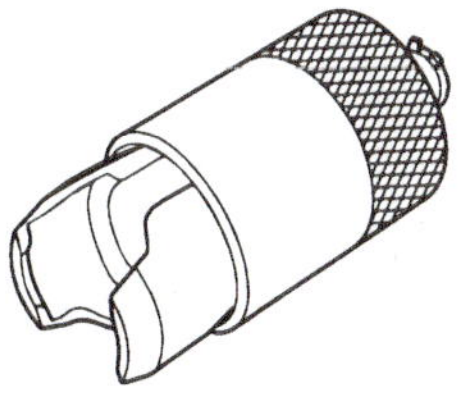
4	钩子 T10118 或 CT10118	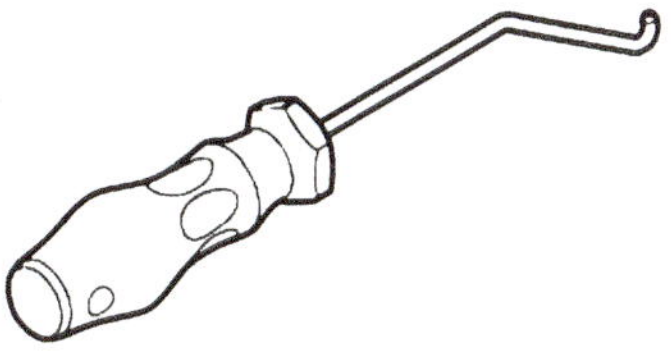
5	开口弹簧钳 SVW161a	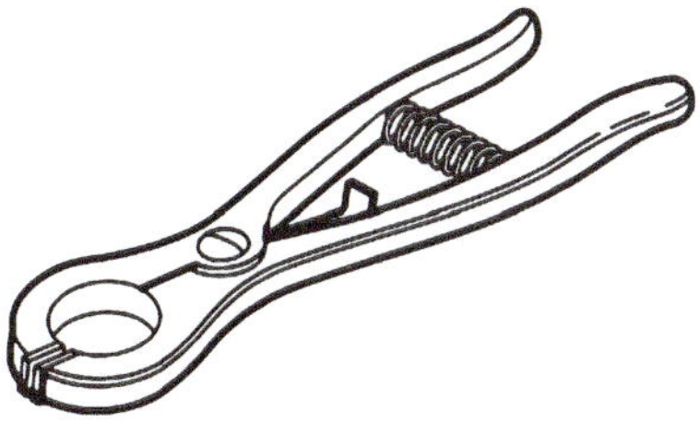

② 固定变速器。

如图5-4-9所示，使用支撑架VW309和变速器支撑板VW353，将变速器以垂直向上的方式固定在装配架上。

③ 检查驱动盘的安装位置。

检查驱动盘上的标记是否对准外板支架上的标记，如图 5-4-10 所示。

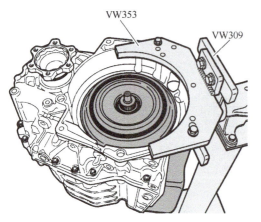

图 5-4-9　固定变速器

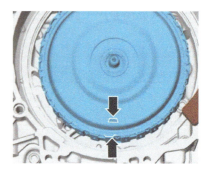

图 5-4-10　检查驱动盘上的标记

如果没有标记，应使用永久性记号笔在驱动盘相对于外板支架的边缘的安装位置做标记。安装时，必须将驱动盘与外板支架的边缘记号互相对齐。

④ 使用螺丝刀 1 沿箭头方向撬出驱动盘上的卡环 2，如图 5-4-11 所示。

⑤ 将拉拔器 T10055 与拉具 T10525 安装到驱动盘上的花键上，并沿箭头方向拉出驱动盘，如图 5-4-12 所示。

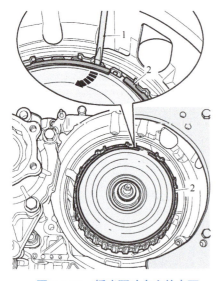

图 5-4-11　撬出驱动盘上的卡环

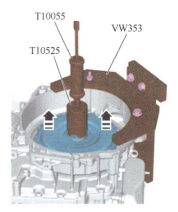

图 5-4-12　拉出驱动盘

⑥ 使用开口弹簧钳 SVW161a 拆下卡环，并将其保存好，如图 5-4-13 所示。此时不要扔掉卡环。因为后续在测量并确定调整垫片厚度时需要再次用到。

⑦ 取下垫片，如图 5-4-14 所示。

⑧ 将钩子 3438 和 CT10118 安装在离合器的两个相对位置，如图 5-4-15 所示。

⑨ 使用钩子 3438 和 CT10118 沿箭头方向拉出离合器，如图 5-4-16 所示。

图 5-4-13　拆下卡环

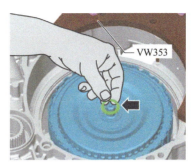

图 5-4-14　取下垫片

图 5-4-15　安装钩子

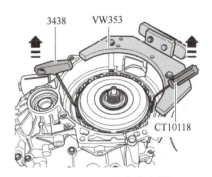

图 5-4-16　拉出离合器

2）安装双离合器：
① 所需要的专用工具和维修设备（表5-4-2）。

表 5-4-2　安装双离合器需要的专用工具和维修设备

序号	名称	图片
1	压块 T10526 或 CT10526	
2	钩子 3438	

（续）

序号	名称	图片
3	千分表 V/35.1	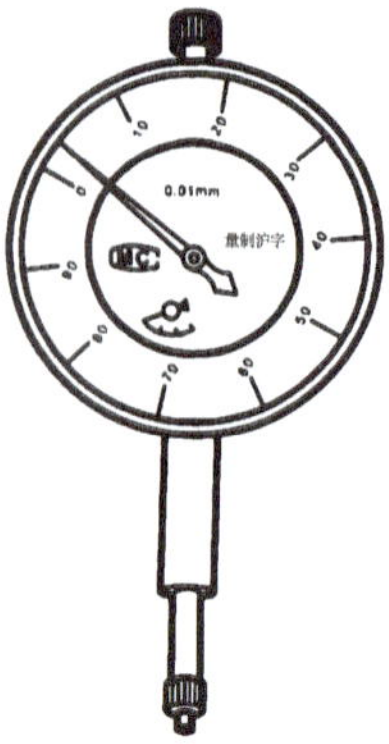
4	钩子 T10118 或 CT10118	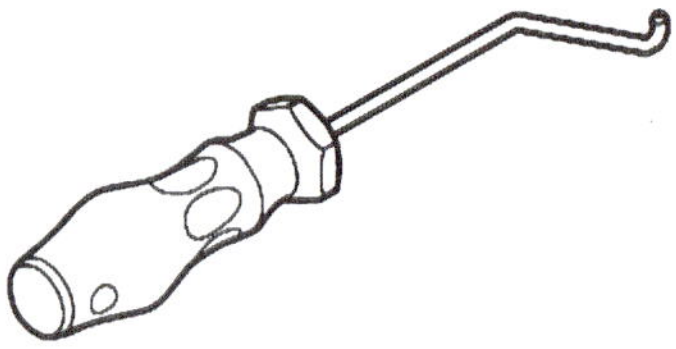
5	开口弹簧钳 SVW161a	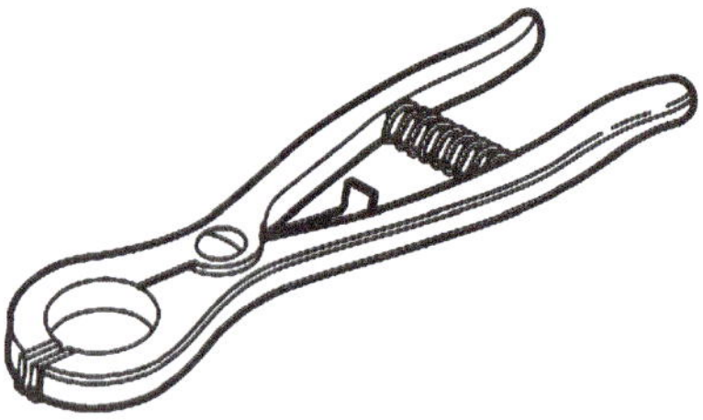
6	离合器盘定位工具 CT10524B	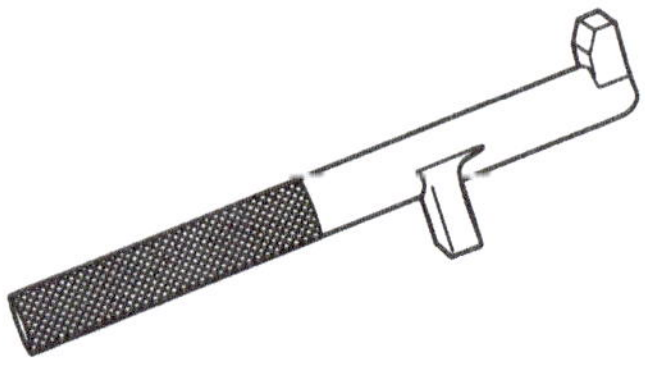
7	通用千分表托架 VW387	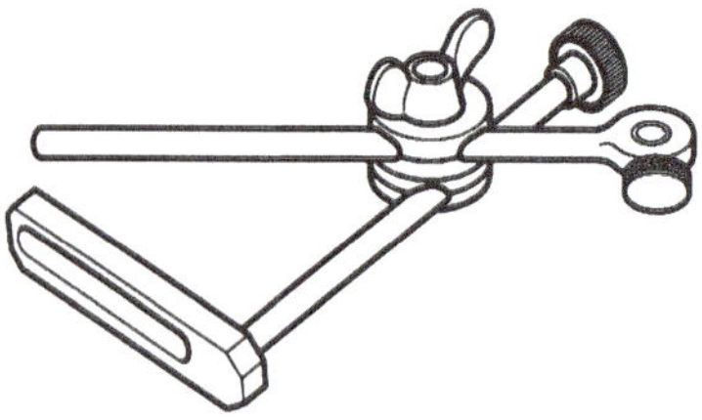

② 将离合器从包装中小心地取出，如图 5-4-17 所示。
③ 用手转动双离合器轴上的 4 个活塞环，它们必须能够灵活转动。
④ 确保卡环 1、2、3、4 位置正确，如图 5-4-18 所示。
⑤ 卡环 2 和 4 的对接处应当对准，并且相对卡环 1 和 3 的对接处偏移 180°。
⑥ 安装之前，检查离合器上是否存在标记，如图 5-4-10 所示。

第五章 汽车变速器的结构认知、拆装及检测

图 5-4-17 取出离合器

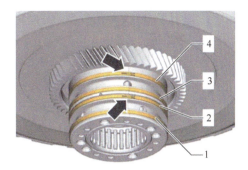

图 5-4-18 检查卡环位置

⑦ 如果离合器上没有标记，应用永久性记号笔在驱动盘和外板支架上做彩色标记。
⑧ 安装离合器盘定位工具 CT10524B（图 5-4-19）。

注意

在安装离合器时，离合器盘定位工具 CT10524B 应当由另一名机修工把持住。

⑨ 小心地安装离合器。不要让其掉落进去，如图 5-4-20 所示。
⑩ 如有必要，安装离合器时可轻微转动。

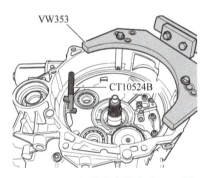

图 5-4-19 安装离合器盘定位工具

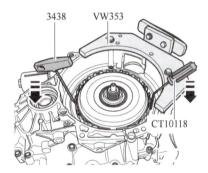

图 5-4-20 安装离合器

⑪ 如果离合器盘定位工具 CT10524B 与双离合器之间几乎无任何间隙，则表明双离合器安装正确，如图 5-4-21 所示。

注意

离合器盘定位工具应一直保持安装状态直至离合器端盖完成安装。

此时双离合器不得进行任何转动，因为转动会改变离合器盘定位工具 CT10524B 的位置。

⑫ 使用螺丝刀 1 沿箭头方向撬出驱动盘的卡坏 2，如图 5-4-11 所示。

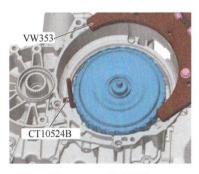

图 5-4-21 检查间隙

⑬ 将拉拔器 T10055 与拉具 T10525 安装到驱动盘上的花键上，并沿箭头方向拉出驱动盘，如图 5-4-12 所示。

> **注意**
>
> 在驱动盘被拉出时，离合器盘定位工具 CT10524B 必须由另一名机修工把持住。
> 小心地从离合器上拆卸驱动盘，并将其置于一侧。
> 不要向上提升（即使轻微动作也不行）或者拆卸摩擦片支架！因为会引起内部摩擦片的转动并无法进行人为调整。

⑭ 调整双离合器垫片厚度。
   a. 离合器盘定位工具 CT10524B 仍保持安装状态。
   b. 暂时安装旧卡环，卡环位置如图 5-4-13 所示。
   c. 在最终处理卡环之前，必须进行 3 次测量。
• 第一次测量（轴的轴向间隙）：将通用千分表 VW387 安装至变速器凸缘，如图 5-4-22 所示。将千分表的表针置于输入轴上。将千分表预紧至读数为 1mm，并调整为 0。使用钩子 3438 和 CT10118 用力沿箭头方向将离合器提升至止点，并记下测量值，如图 5-4-16 所示。将其记为数值"A"。

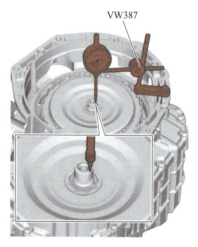

> **注意**
>
> 随后进行检查测量时需要此测量值，因此记录此测量值"A"直至执行最后一次测量。

图 5-4-22　第一次测量

• 第二次测量：离合器盘定位工具 CT10524B 仍保持安装状态。将千分表的表针置于大的摩擦支架轮毂上，如图 5-4-23 所示。

> **注意**
>
> 千分表的表针不得置于卡环上。

将千分表预紧至读数为 1mm，并调整为 0。用力将双离合器提升至止点，并记下测量值"B"。
计算所需安装的调整垫片厚度 =B−A−0.11mm，记下计算结果。

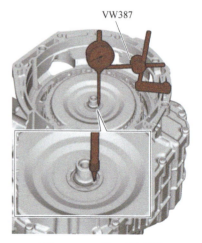

> **注意**
>
> 垫片的尺寸以 0.05mm 为增量。

图 5-4-23　第二次测量

测量垫片并确定哪一个最接近计算结果。拆下旧卡环，如图 5-4-13 所示。安装所选择的垫片。

• 第三次测量（检查测量）：为确保垫片厚度正确，还需进行一次检查测量。离合器盘定位工具 CT10524B 仍保持安装状态。再次安装旧卡环，将千分表表针置于大的摩擦片轮毂支架上，如图 5-4-24 所示。

> **注意**
>
> 将千分表预紧至读数为 1mm，并调整为 0。用力将双离合器提升至止点，并记下测量值"C"。

使用如下公式进行检查：D=C–A。计算得出的数值 D 必须在 0.05 和 0.12mm 之间；如果计算结果不在此范围，则需要安装一个更厚或更薄的垫片，并再次进行测量和检查。

d. 安装新卡环，卡环位置如图 5-4-13 所示。

⑮ 将驱动盘安装至双离合器上。

• 安装时，确保驱动盘上的标记对准外板支架上的标记。如果标记是后来标记的，也要将它们对准，如图 5-4-10 所示。

• 另一名机修工仍需要将离合器盘定位工具 CT10524B 把持住，并轻轻朝外压。

• 使用压块 T10526 和塑料锤小心地推动驱动盘至其安装位置。

• 安装驱动盘卡环。

• 从开口处开始，将卡环以顺时针方向逐步压入其安装位置。

• 卡环必须完全就位。

• 使用螺丝刀检查卡环是否正确就位。

• 从离合器和壳体之间拆卸离合器盘定位工具 CT10524B。

⑯ 安装双离合器端盖。

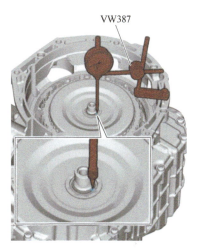

图 5-4-24　第三次测量

2. 排放和添加变速器齿轮油

① 所需要的专用工具和维修设备（表 5-4-3）。

② 前提条件。

• 发动机已关闭。

• 车辆处于水平状态，举升机的 4 个支撑架位于相同高度。

• 已拆卸发动机舱底部隔音板。

• 已拆卸左前轮罩内板。

• 换档杆挂入 P 位。

• 连接故障诊断仪 VAS6150A。

• 执行换油工作时，齿轮油温度不得高于 45℃。

> **注意**
>
> 只允许使用对应的双离合器齿轮油。

表 5-4-3　排放变速器齿轮油需要的专用工具和维修设备

序号	名称	图片
1	旧油收集和抽吸装置 V.A.G1782 或集油盘	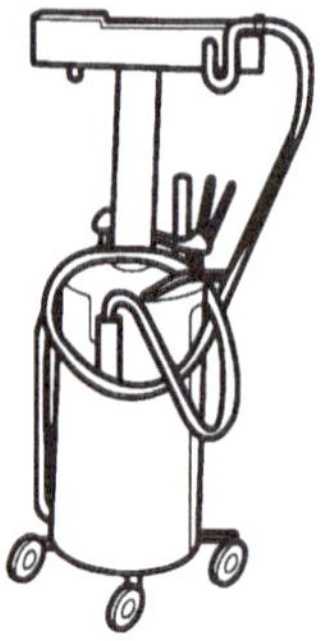
2	扭力扳手 Hazet6290-1CT 或 V.A.G1331	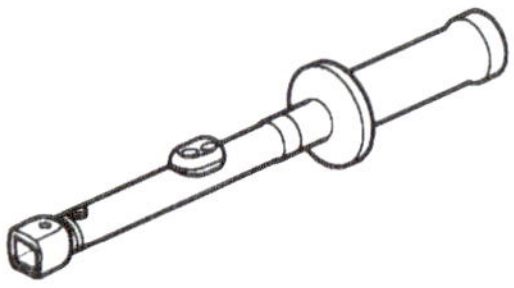
3	棘轮头 Hazet6403-1	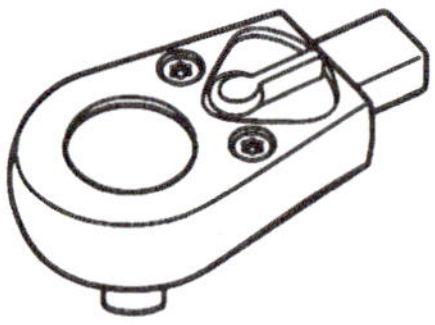
4	B5 轮毂螺母套头 Hzaet986-14	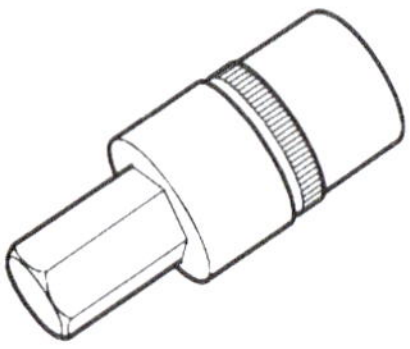
5	变速器加油工具 SVW4004	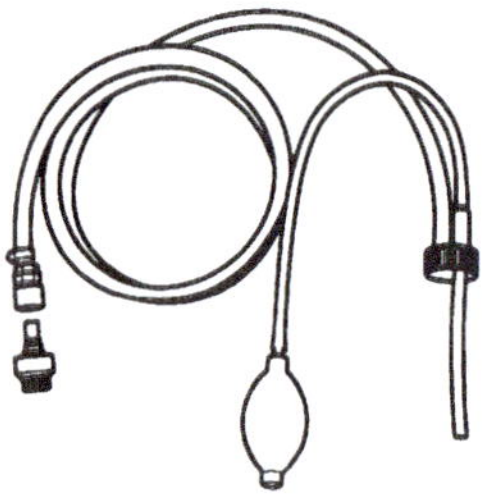
6	便携式计算机、故障诊断仪 VAS6150A	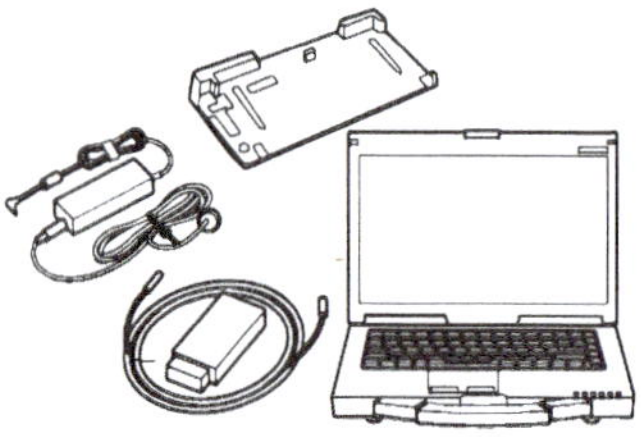

③ 将集油盘放在变速器下面。
④ 旋出放油螺塞 B，如图 5-4-25 所示。
⑤ 更换放油螺塞的垫片，如图 5-4-26 所示。

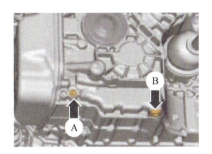

图 5-4-25　旋出放油螺塞

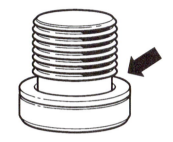

图 5-4-26　更换放油螺塞的垫片

⑥ 拆卸油位管，并让齿轮油流出，如图 5-4-27 所示。
⑦ 旋出放油螺塞 A，如图 5-4-25 所示。

> **注意**
>
> 大约再流出 1.7L 油。

通常无须拆卸齿轮油滤清器。
拧上油位管直至止点，并拧紧至 3N·m。
⑧ 用手将变速器加油工具 SVW4004 中的适配接头 A 旋入放油孔中，如图 5-4-28 所示。

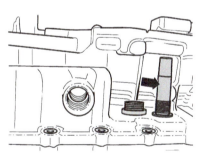

图 5-4-27　拆卸油位管

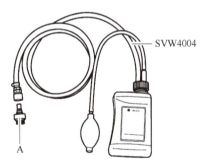

图 5-4-28　安装适配接头

⑨ 打开储油罐之前先摇晃，并将变速器加油工具 SVW4004 旋在储油罐上。
⑩ 添加约 5L 齿轮油。
⑪ 起动发动机，此时变速器加油工具 SVW4004 应当还旋在变速器上。
⑫ 踩住制动踏板，将换档杆在每个档位停留 3s，然后将换档杆置于 P 位。
⑬ 不关闭发动机，检查变速器齿轮油液位。
⑭ 变速器齿轮油液位正常，则结束换油作业。

3. 检查变速器齿轮油液位

1）前提条件：
① 发动机处于非工作状态。
② 车辆处于水平状态，举升机的 4 个支撑架位于相同高度。
③ 拆卸发动机舱底部隔音板。
④ 换档杆挂入 P 位。
⑤ 故障诊断仪已连接。
⑥ 在开始相关工作之前，要求齿轮油温度不得高于 45℃。
⑦ 检查变速器齿轮油液位时，要求齿轮油温度在 35~45℃之间。

2）检查变速器齿轮油液位：
① 如果变速器齿轮油温度高于 45℃时，首先应让变速器冷却。
② 用诊断仪读取变速器齿轮油温度，要求温度在 35~45℃之间。
③ 挂入 P 位，起动发动机并怠速运行。
④ 旋出变速器放油螺塞 B，如图 5-4-25 所示。
⑤ 更换放油螺塞垫片。

> **注意**
>
> 即使变速器齿轮油液位很低的情况下，当旋出放油螺塞后仍然有少量的变速器齿轮油会漏出。因为变速器在运行过程中齿轮油可能会进入油位管。

⑥ 让变速器齿轮油自然地流出。
⑦ 当多余的变速器齿轮油基本流出后（当开始出现滴油的情况），安装带新垫片的放油螺塞。
⑧ 如果之前没有齿轮油流出来，需要加注变速器齿轮油。

4. 拆卸和安装齿轮油滤清器

1）拆卸齿轮油滤清器：
① 将换档杆置于 P 位。
② 拆卸发动机舱底部隔音板。
③ 旋出螺栓，拆下右侧传动轴上的隔热板，如图 5-4-29 所示。
④ 将集油盘放在变速器下面。
⑤ 拆下齿轮油滤清器外壳 1，如图 5-4-30 所示。
⑥ 取出齿轮油滤清器。

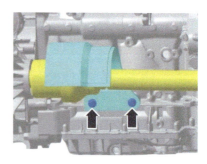

图 5-4-29　拆下右侧传动轴上的隔热板

> **注意**
>
> 更换缺失的或者损坏的隔热罩 2。

2）安装齿轮油滤清器：

① 以凸肩朝向车辆行驶的方向装入新的齿轮油滤清器，拧紧齿轮油滤清器外壳。拧紧力矩：50N·m，如图 5-4-31 所示。

② 将溢流到变速器壳体上的齿轮油擦干净。

③ 其余步骤按照与拆卸相反的顺序进行。

图 5-4-30　拆下齿轮油滤清器外壳

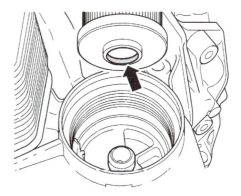

图 5-4-31　安装齿轮油滤清器

五　无级变速器的结构认知、拆装

（一）无级变速器的结构认知

1. 无级变速器的组成

无级变速器（CVT）是采用带轮传动，主动轮和从动轮的工作直径在一定范围内能做无级自动调整的变速器。没有具体的档位概念。无级变速器的传动比是连续的，不会产生跳跃换档的现象，因此动力传输连续顺畅，但动力传递能力有限，目前只能应用在中、小功率的车辆上，如图 5-5-1 所示。

2. 无级变速器的工作原理

无级变速器将发动机扭矩从变矩器传送到变速器。钢带将来自主动滑轮组件的力传送到从动滑轮组件。然后，扭矩通过带多片式离合器的单行星齿轮系统被传送到内部轴。最后，通过齿轮中间轴，扭矩被传送到差速器。差速器将驱动力均匀地分配给车轴，如图 5-5-2 所示。

3. 无级变速器主要组件

（1）滑轮组件

滑轮组件由固定滑轮和移动滑轮组成。当一个滑轮组件的移动滑轮向固定滑轮靠拢时，另一个滑轮组件的移动滑轮与固定滑轮分开。这样既改变了速度，又实现了动力的不间断传递。滑轮组件如图 5-5-3 所示。

当压力作用在主动滑轮组件的移动滑轮上时，移动滑轮向固定滑轮靠拢，这使主动滑轮上的钢带运转半径增大，变速器处于高速状态。

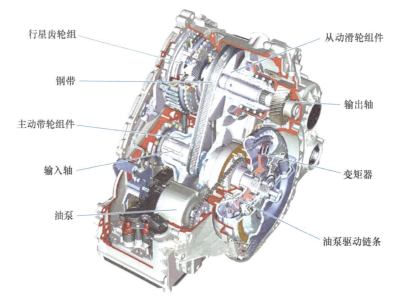

图 5-5-1　无级变速器的组成

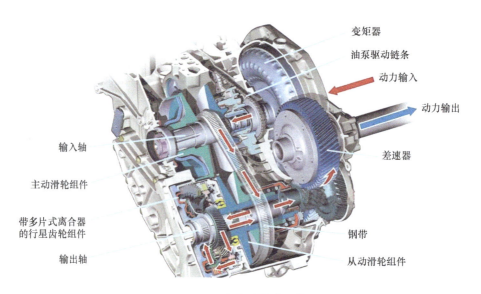

图 5-5-2　无级变速器动力传递

当压力作用在从动滑轮组件上时，移动滑轮远离固定滑轮，从而使钢带的运转半径缩小，变速器处于低速状态。

（2）钢带

钢带位于变速器两个滑轮之间，将发动机动力从主动滑轮组件传递到从动滑轮组件上，如图 5-5-4 所示。

（3）行星齿轮组件

行星齿轮组件将变速器动力传递给输出轴，同时通过前进档多片式离合器和倒档多片式离合器的切换实现前进档和倒档的变换，如图 5-5-5 所示。

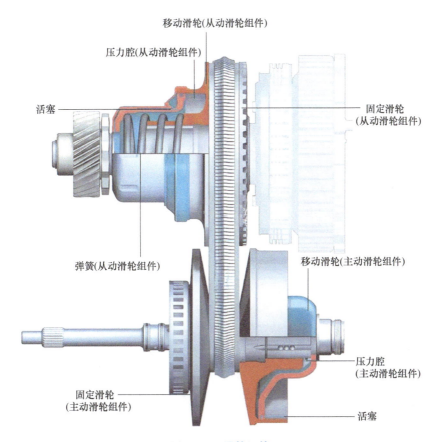

图 5-5-3 滑轮组件

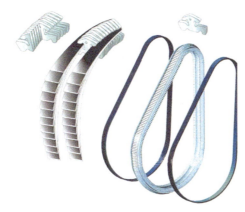

图 5-5-4 钢带

(4)多片式离合器

倒档多片式离合器、前进档多片式离合器与行星齿轮式变速器多片式离合器结构相同,如图 5-5-6 所示。

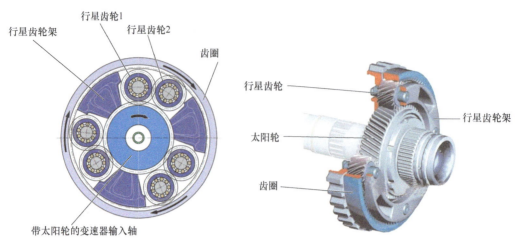

图 5-5-5 行星齿轮组件

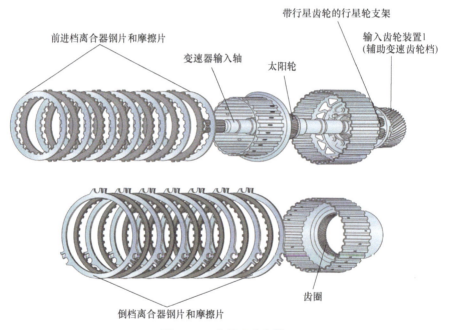

图 5-5-6 多片式离合器

（5）电子液压控制单元与电子控制单元

电子液压控制单元通过控制各电磁阀或调节阀切换内部液压油的流向，从而完成变速器的换档，如图 5-5-7 所示。电子控制单元是变速器的核心，安装在电子液压控制单元上，负责收集各传感器信号，判断变速器工作状态，并向各电磁阀或调节阀输出控制信号，指令其打开或关闭，如图 5-5-8 所示。

（二）无级变速器常见零部件的拆装

以日产无级变速器为例，介绍无级变速器常见零部件的拆装步骤。

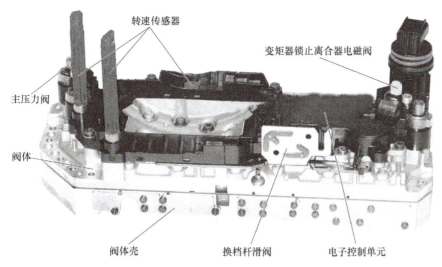

图 5-5-7 电子液压控制单元

图 5-5-8 电子控制单元

1. 更换无级变速器（CVT）油

① 使用故障诊断仪在"变速器"中选择"数据监控"。
② 选择"油温"，然后确认 CVT 油温度处于 40℃或以下。
③ 检查选档杆置于 P 位，然后完全接合驻车制动。
④ 顶起车辆。
⑤ 拆下排放塞，然后排出油底壳的 CVT 油。
⑥ 在油底壳上安装排放塞。

> **注意**
>
> 使用旧的排放塞密封垫。

⑦ 从变矩器壳体上拆下溢流塞1，如图 5-5-9 所示。

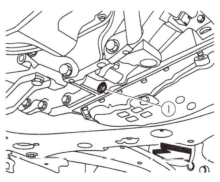

图 5-5-9 拆下溢流塞

⑧ 把加注管 A 安装到溢流塞孔上，如图 5-5-10 所示。

> **注意**
>
> 用手拧紧加注管。

⑨ 将自动变速器油更换器软管 B 安装到加注管上。

> **注意**
>
> 将自动变速器油更换器软管一直按压在加油管上直至停止。

⑩ 添加约 3L CVT 油。
⑪ 拆下 ATF 更换器软管及加油管，然后安装溢流塞。（如果 CVT 油泄漏，请迅速执行此操作）
⑫ 降下车辆。
⑬ 起动发动机。
⑭ 踩下制动踏板的同时，将换档杆从 P 位经过所有档位换至 D/S 档，然后再切换到 P 位。（使换档杆在每个档位停留 5s）
⑮ 检查并确认"油温"处于 35~45℃。
⑯ 关闭发动机。
⑰ 顶起车辆。
⑱ 拆下排放塞，然后排出油底壳的 CVT 油。
⑲ 重复步骤⑧~⑱。
⑳ 以规定扭矩拧紧排放塞。
㉑ 拆下溢流塞。
㉒ 把加注管安装到溢流塞孔上。

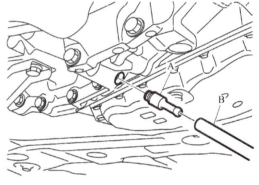

图 5-5-10 安装加注管

> **注意**
>
> 用手拧紧加注管。

㉓ 将 ATF 更换器软管安装到加注管上。

> **注意**
>
> 将自动变速器油更换器软管一直按压在加油管上直至停止。

㉔ 添加约 3L CVT 油。
㉕ 拆下 ATF 更换器软管及加油管，然后安装溢流塞。（如果 CVT 油泄漏，请迅速执行

第五章 汽车变速器的结构认知、拆装及检测

此操作）

㉖ 降下车辆。

㉗ 起动发动机。

㉘ 踩下制动踏板的同时，将换档杆从 P 位经过所有档位换至 D/S 位，然后再切换到 P 位。（使换档杆在每个档位停留 5s）

㉙ 检查并确认"油温"处于 35~45℃。

㉚ 顶起车辆。

㉛ 拆下溢流塞，确认从溢流塞孔中排出了 CVT 油。（如 CVT 油未排出，需重新加注 CVT 油）

> **注意**
>
> 车辆怠速时，执行此操作。

㉜ CVT 油流动速度变慢到滴油时，将溢流塞拧紧到规定的力矩。

> **注意**
>
> 切勿重复使用 O 形圈。

㉝ 降下车辆。

㉞ 使用故障诊断仪在"变速器"中选择"数据监控"。

㉟ 选择"确认 CVT 油劣化"。

㊱ 选择"清除"。

㊲ 关闭发动机。

2. 检查 CVT 变速器油

① 检查选档杆置于 P 位，然后完全接合驻车制动。

② 起动发动机。

③ 调节 CVT 油温至约 40℃。

④ 踩下制动踏板的同时，将选档杆从 P 位经过所有档位换至 D/S 位，然后再切换到 P 位。（使换档杆在每个档位停留 5s）

⑤ 顶起车辆。

⑥ 检查并确认无 CVT 油泄漏。

⑦ 从变矩器壳体上拆下溢流塞。

⑧ 把加注管安装到溢流塞孔上。

> **注意**
>
> 用手拧紧加注管。

⑨ 将自动变速器油更换器软管安装到加注管上。

> **注意**
> 将自动变速器油更换器软管一直按压在加油管上直至停止。

⑩ 添加约 0.5L CVT 油。
⑪ 拆下加注管的自动变速器油更换器软管,确认 CVT 油从加注管排出。如果没有排出,再次加注。

> **注意**
> 车辆怠速时,执行此操作。

⑫ 当 CVT 油流动速度变慢至滴油时,从变矩器壳体上拆下加注管。
⑬ 以规定扭矩拧紧溢流塞。

> **注意**
> 切勿重复使用 O 形圈。

⑭ 降下车辆。
⑮ 关闭发动机。

3. 拆装油底壳

1)拆卸油底壳:
① 从油底壳上拆下排放塞,然后排出 CVT 油。
② 拆下排放塞衬垫。
③ 拆下油底壳螺栓,然后拆下油底壳和油底壳衬垫。
④ 拆下油底壳上的磁铁。

2)安装油底壳:
按照与拆下相反的顺序安装,并注意以下事项:
切勿重复使用油底壳衬垫。
切勿重复使用排放塞密封垫。
切勿重复使用 O 形圈。
完全清除油底壳的磁铁区域和磁铁上的铁粉。
① 安装油底壳衬垫至油底壳。

> **注意**
> 彻底将油底壳表面、油底壳螺栓孔和驱动桥箱上的水汽和机油擦除。

② 安装油底壳总成至驱动桥箱,然后暂时拧紧油底壳螺栓。
③ 按图 5-5-11 所示顺序将油底壳螺栓拧紧至规定扭矩。

第五章 汽车变速器的结构认知、拆装及检测

④ 安装后加注 CVT 油。

4. 更换差速器侧油封

图 5-5-12 为差速器侧油封位置图。

1）拆卸差速器侧油封：

① 拆下前驱动轴（左侧）。

② 拆下前驱动轴（右侧）。

③ 使用合适的工具（A）拆下差速器侧油封 1，如图 5-5-13 所示。

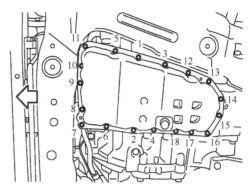

图 5-5-11 油底壳螺栓紧固顺序

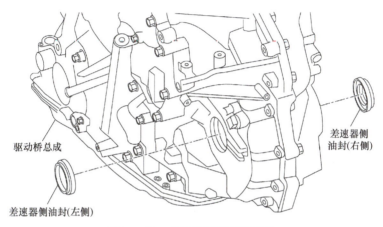

图 5-5-12 差速器侧油封位置图

> **注意**
>
> 注意不要刮伤驱动桥箱和变矩器壳。

2）安装差速器侧油封：

按照与拆下相反的顺序安装。

检查差速器侧油封的 4 个对角点的平行度，如图 5-5-14 所示。

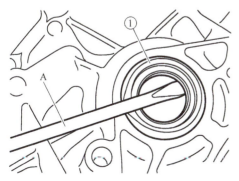

图 5-5-13 拆下差速器侧油封

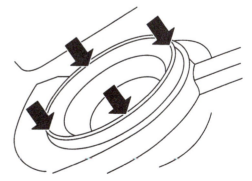

图 5-5-14 4 个对角点的平行度

第六章 汽车底盘结构认知、拆装

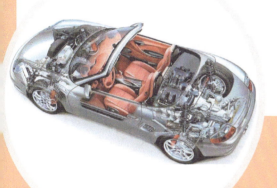

本章目录

一、传动系统的结构认知、拆装
二、行驶系统的结构认知、拆装
三、转向系统的结构认知、拆装
四、制动系统的结构认知、拆装

一 传动系统的结构认知、拆装

1. 驱动形式

驱动形式是指发动机的布置方式以及驱动轮的数量、位置的形式，分为前置后驱（FR）、前置前驱（FF）、后置后驱（RR）、中置后驱（MR）、四轮驱动（WD）。

（1）前置后驱（FR）

前置后驱（图 6-1-1）即发动机前置、后轮驱动，是一种最传统的驱动形式。其优点是：前、后轮各司其职，转向和驱动分开，因此高速稳定性好，车辆爬坡能力强。其缺点是：由于必须将动力从车辆前部发动机处通过传动轴传递到后车轮，因此前置后驱车的内部地板中间有一道凸起，影响了车内空间和布置，同时也增加了汽车的质量，多了传动轴也增加了动力损耗。

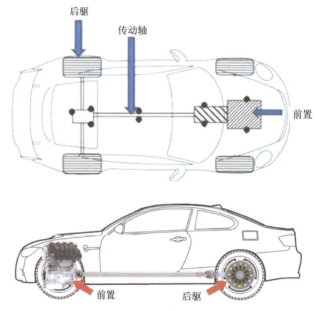

图 6-1-1 前置后驱

（2）前置前驱（FF）

前置前驱（图 6-1-2）即发动机前置、前轮驱动，是轿车（含微型、经济型汽车）上比较盛行的驱动形式（如大众甲壳虫轿车）。其优点是：机械结构简单、发动机散热条件好，车内空间大、易布置，减轻了整车质量，比较节约汽油，维修起来也很方便。其缺点是：由于前轮同时承担转向和驱动的工作，高速稳定性较差，上坡时驱动轮易打滑，高速下坡时易翻车。

（3）后置后驱（RR）

后置后驱（图 6-1-3）即发动机后置、后轮驱动。其优点是：使车辆的前、后质量比接近完美，兼顾前置后驱车的优点，但是又不会有前置后驱车那样的传动损耗。

第六章 汽车底盘结构认知、拆装

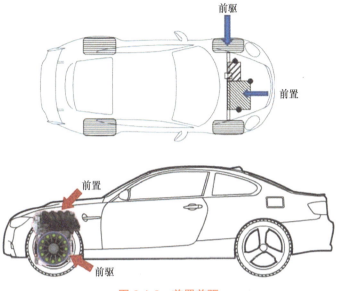

图 6-1-2 前置前驱

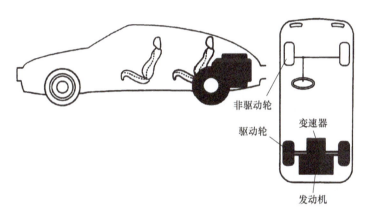

图 6-1-3 后置后驱

（4）中置后驱（MR）

中置后驱（图6-1-4）即发动机中置、后轮驱动，是大多数运动型轿车和方程式赛车所采用的形式。其优点是：操纵稳定性和行驶平顺性较好，使发动机具有较高的传动效率，转向盘操作灵敏，运动性好。其缺点是：占据了车厢和行李舱的一部分空间，发动机的隔音和绝热效果差，乘坐舒适性有所降低。

（5）四轮驱动（WD）

四轮驱动（图6-1-5）又称全轮驱动，是指汽车前后轮都有动力。其优点是：动力均衡。其缺点是：整车质量增加，油耗较高，维

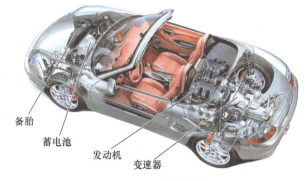

图 6-1-4 中置后驱

211

护修理比较复杂。

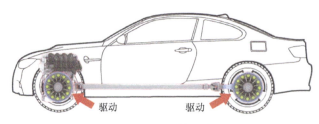

图 6-1-5 四轮驱动

2. 主减速器

（1）主减速器的结构

主减速器是传动系统末端的齿轮传动机构，由它经半轴或驱动轴直接驱动车轮。主减速器将来自变速器或万向传动装置的转矩增大，同时降低转速并改变转矩的传递方向。主减速器由一对或几对减速齿轮副构成，动力由主动齿轮输入经从动齿轮输出。主减速器由主动齿轮、从动齿轮、差速器、壳体等组成，如图 6-1-6 所示。

图 6-1-6 主减速器的结构

（2）拆装后桥差速器

以宝马 X5 为例，介绍后桥差速器的拆装步骤。

1）拆卸后桥差速器：

① 拆卸左、右外倾导臂盖板。

② 拆卸左侧和右侧底板饰件（油箱盖板）。

③ 拆卸左侧和右侧后部拉杆。

④ 拆卸左、右车尾扩压器。

⑤ 拆下排气装置。

⑥ 拆卸隔热板。

⑦ 拆下后桥盖板（如果装有）。

⑧ 松开后桥差速器上的万向轴。

⑨ 从后桥差速器上松开左右输出轴。

⑩ 将专用工具 0 496 009（33 5 200）放到专用工具 0 490 133（00 2 030）上。

⑪ 将后桥差速器 1 用专用工具 0 496 009（33 5 200）支撑。

⑫ 将后桥差速器 1 用行李箱张紧带 0 496 080（33 5 206）固定在专用工具 0 496 009（33 5 200）上，如图 6-1-7 所示。

⑬ 松开后部后桥架梁上的螺母 1，如图 6-1-8 所示。

⑭ 将螺栓 1 从后桥架梁中拉出，如图 6-1-9 所示。

⑮ 松开前部后桥架梁上的螺栓 1，如图 6-1-10 所示。

第六章 汽车底盘结构认知、拆装

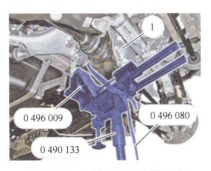

图 6-1-7 支撑后桥差速器总成

图 6-1-8 后部后桥架梁上螺母的位置

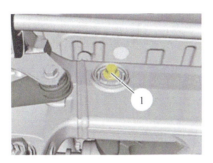

图 6-1-9 后桥架梁中螺栓的位置

图 6-1-10 前部后桥架梁上螺栓的位置

⑯ 将后桥差速器 1 用专用工具 0 496 009（33 5 200）降低，如图 6-1-11 所示。
⑰ 向右旋转后桥差速器 1，同时拉出右输出轴 2。
⑱ 拉出左侧输出轴 3。
⑲ 将输出轴 2 和 3 绑在一起。
⑳ 降低并拆卸整个后桥差速器 1。
2）安装后桥差速器：
① 将装配防护环 1 装入径向密封环 2 中，如图 6-1-12 所示。

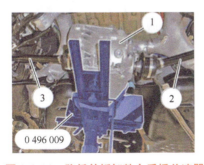

图 6-1-11 降低并拆卸整个后桥差速器

图 6-1-12 将装配防护环装入径向密封环中

② 掀开装配防护环 1，如图 6-1-13 所示。

注意

右侧和左侧均须执行。

213

③ 用专用工具 0 496 009（33 5 200）抬起后驱动桥 1，如图 6-1-14 所示。
④ 将左侧输出轴 3 嵌入后桥差速器 1 中。
⑤ 向右转动后桥差速器 1。同时将右侧输出轴 2 插入后桥差速器 1 中。

图 6-1-13　掀开装配防护环

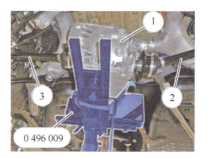

图 6-1-14　抬起后驱动桥

⑥ 在装配防护环的凸耳 1 上拉动，如图 6-1-15 所示，直到两个标准断裂位置之一下沉。
⑦ 拉出并妥善处理装配防护环。

> **注意**
>
> 右侧和左侧均须执行。

⑧ 用专用工具 0 496 009（33 5 200）和 0 490 133（00 2 030）将后桥差速器 1 抬起并定位到后桥架梁上，如图 6-1-7 所示。
⑨ 确保专用工具 0 496 080（33 5 206）没有卡在后桥差速器和防尘盘之间。
⑩ 安装螺栓 1，如图 6-1-10 所示。标准力矩：120N·m，旋转 90°。
⑪ 安装螺栓 1，如图 6-1-9 所示。
⑫ 安装螺栓螺母 1，如图 6-1-8 所示。标准力矩：165N·m，旋转 90°。

图 6-1-15　装配防护环的凸耳 1 上拉动

⑬ 将专用工具 0 496 080（33 5 206）从后桥差速器 1 上松开并拆卸，如图 6-1-7 所示。
⑭ 降低专用工具 0 490 133（00 2 030）和 0 496 009（33 5 200）并置于一侧。

3. 半轴

（1）半轴的结构

半轴是将差速器或主减速器传来的输出转矩传给车轮或轮边减速器的轴。半轴可以由好几节组成，节与节之间可以由万向节连接，如图 6-1-16 所示。

（2）拆装半轴

1）拆卸半轴：
① 拆卸前轮。

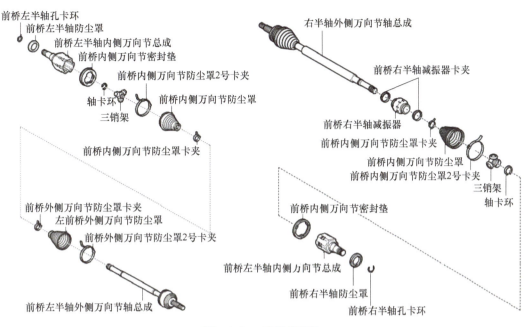

图 6-1-16　半轴的结构

② 拆卸发动机 1 号底罩。
③ 拆卸发动机后部右侧底罩。
④ 拆卸发动机后部左侧底罩。
⑤ 排净变速器油。
⑥ 拆卸前桥轮毂螺母。
⑦ 分离前稳定杆连杆总成。
⑧ 分离前轮转速传感器。
⑨ 分离前挠性软管。
⑩ 分离左前盘式制动器制动钳总成。
⑪ 拆卸前制动盘。
⑫ 分离横拉杆接头分总成。
⑬ 分离前悬架下臂。
⑭ 拆卸前桥总成。
⑮ 拆卸前桥左半轴总成。使用专用工具SST，拆下前桥左半轴，如图6-1-17所示。

> **注意**
>
> 不要损坏驱动桥壳油封、内侧万向节防尘套及驱动轴防尘罩。
> 小心不要掉落驱动轴。

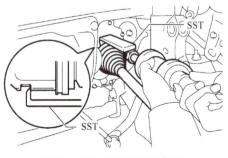

图 6-1-17　拆下前桥左半轴

⑯ 拆卸前桥右半轴总成。用螺丝刀和锤子，拆下前桥右半轴。

> **注意**
>
> 不要损坏驱动桥壳油封、内侧万向节防尘套及驱动轴防尘罩。
> 不要掉落驱动轴。

2）安装半轴：
① 安装前桥左半轴总成。
• 在内侧万向节轴花键上涂齿轮油。
• 对准轴花键，用铜棒和锤子敲进驱动轴，如图 6-1-18 所示。

> **注意**
>
> 使开口侧向下安装卡环。

② 安装前桥右半轴总成。

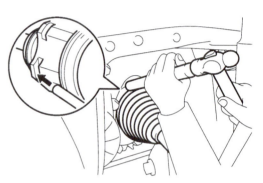

图 6-1-18　安装前桥左半轴总成

> **注意**
>
> 执行与左侧相同的程序。

③ 安装前桥总成。
④ 安装前悬架下臂。
⑤ 安装前稳定杆连杆总成。
⑥ 连接横拉杆接头分总成。
⑦ 安装前制动盘。
⑧ 安装前盘式制动器制动钳总成。
⑨ 安装前挠性软管。
⑩ 安装前轮转速传感器。
⑪ 安装前桥轮毂螺母。
• 用非残留性溶剂清洁驱动轴上的带螺纹零件和车桥轮毂螺母。

> **注意**
>
> 新的驱动轴应确保执行此工作。

使带螺纹的零件远离油液和异物。
• 使用套筒扳手，安装新的车桥轮毂螺母。安装力矩：216N·m。

- 用冲子和锤子，锁紧前桥轮毂螺母，如图 6-1-19 所示。

⑫ 加注变速器油。

⑬ 检查变速器油。

⑭ 安装前轮。安装力矩：103N·m。

⑮ 检查并调整前轮定位。

⑯ 检查转速传感器信号。

⑰ 安装发动机后部左侧底罩。

⑱ 安装发动机后部右侧底罩。

⑲ 安装发动机 1 号底罩。

4. 万向节

万向节（图 6-1-20）即万向接头，是实现变角度动力传递的机件，用于需要改变传动轴线方向的位置，它是汽车驱动系统的万向传动装置的"关节"部件。万向节与传动轴组合，称为万向节传动装置。在发动机前置后轮驱动的车辆上，万向节传动装置安装在变速器输出轴与驱动桥主减速器输入轴之间；而发动机前置前轮驱动的车辆省略了传动轴，万向节安装在既负责驱动又负责转向的前桥半轴与车轮之间。

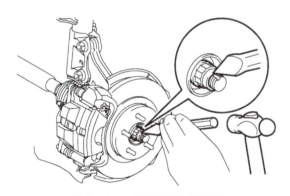

图 6-1-19　安装前桥轮毂螺母

图 6-1-20　万向节

行驶系统的结构认知、拆装

1. 悬架

（1）悬架的结构

悬架是汽车的车架（或承载式车身）与车桥（或车轮）之间一切传力连接装置的总称，其作用是传递作用在车轮和车架之间的力和力矩，并且缓冲由不平路面传给车架或车身的冲击力，并减少由此引起的振动，以保证汽车平顺行驶。悬架的结构如图 6-2-1 所示。

（2）拆装减振器

以大众斯柯达车型为例，介绍减振器的拆装步骤。

1）拆卸减振器：

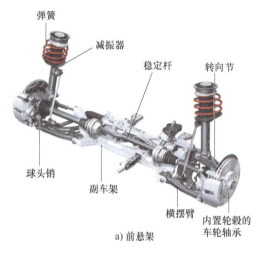

a) 前悬架

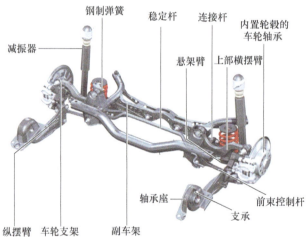

b) 四连杆悬架

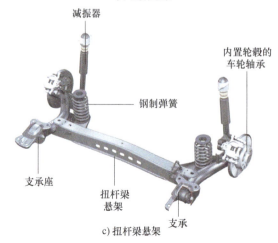

c) 扭杆梁悬架

图 6-2-1 悬架的结构

① 所需要的专用工具和维修设备（表 6-2-1）。

表 6-2-1　拆卸减振器需要的专用工具和维修设备

序号	名称	图片
1	扩张器 3424 或 Hazet 4912-1	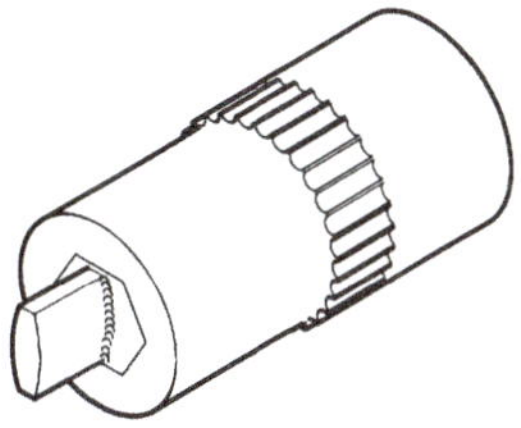
2	扭矩扳手 V.A.G 1332	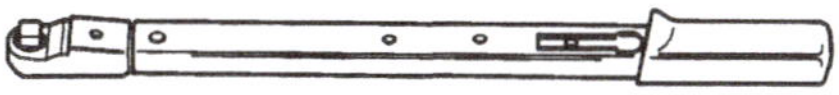
3	发动机和变速器举升装置 V.A.G 1383 A 或 SVW1383 A	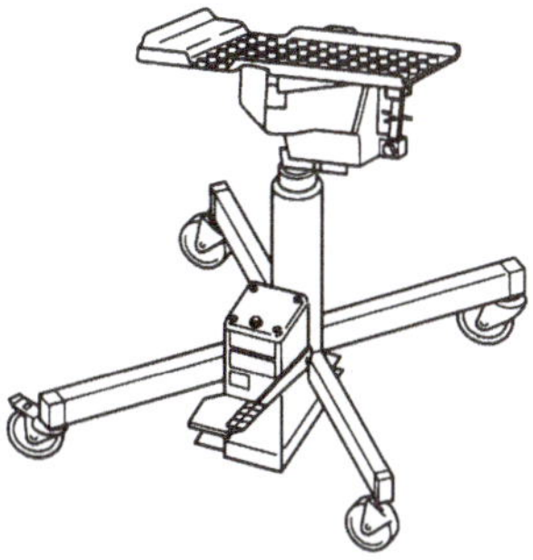
4	定位件 T10149	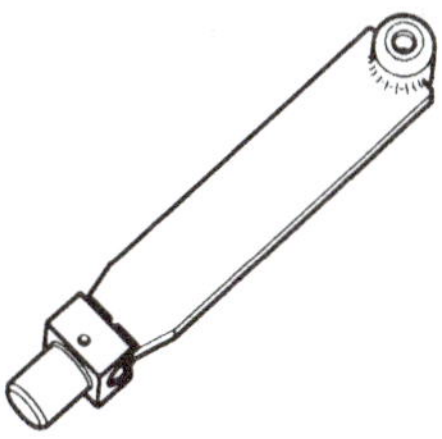
5	棘轮头 Hazet 6404-1	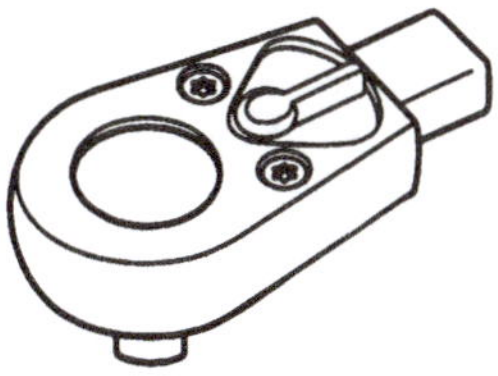
6	扭矩扳手 Hazet 6292-1CT	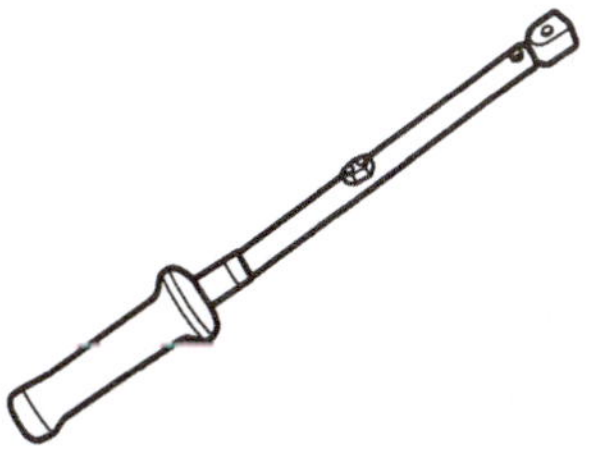

（续）

序号	名称	图片
7	旋转角扳手 V.A.G 1756	
8	角度盘 Hazet 6690	
9	星形扳手 Hazet 990-14	

② 举升车辆。

③ 拆下车轮。

④ 松开传动轴至轮毂的十二角凸缘螺栓。

⑤ 拆下车辆底部隔音板。

⑥ 将连杆 1 的六角螺母从悬挂支柱上旋出，如图 6-2-2 所示。

⑦ 旋出左前侧车辆水平高度传感器 G78-2 到摆臂 3 上的六角螺母 1，并从摆臂上取出左前侧车辆水平高度传感器 G78，如图 6-2-3 所示。

图 6-2-2　拆卸连杆六角螺母

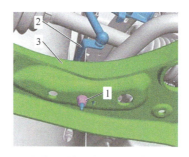

图 6-2-3　拆卸左前侧车辆水平高度传感器

⑧ 旋出固定摆臂的六角螺母，如图 6-2-4 所示。

⑨ 将摆臂从主销球头中拉出。

⑩ 把传动轴的外万向节从轮毂上拉出。

⑪ 用钢丝将传动轴固定在车身上。

⑫ 用一个车轮螺栓将带定位件 T10149 的发动机和变速器举升装置 V.A.G 1383 A 或 SVW 1383 A 与轮毂固定在一起，如图 6-2-5 所示。

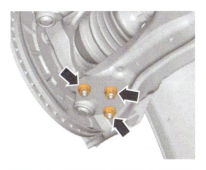

图 6-2-4　旋出固定摆臂的六角螺母

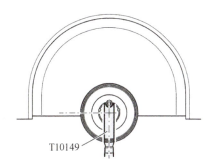

图 6-2-5　安装定位件

⑬ 用星形扳手 Hazet 990-14 松开车轮轴承壳体到悬挂支柱的内十二角花键螺栓连接，如图 6-2-6 所示。

⑭ 将扩张器 3424 或 Hazet 4912-1 插入车轮轴承壳体的开槽内，如图 6-2-7 所示。

⑮ 使用棘轮扳手旋转 90°，并从扩张器 3424 或 Hazet 4912-1 上将其拔下。

⑯ 用手沿悬挂支柱方向压住制动盘。

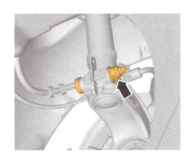

图 6-2-6　拆卸固定螺栓

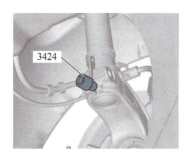

图 6-2-7　安装扩张器

⑰ 向下把车轮轴承壳体从减振器管中拔出，并用发动机和变速器专用举升装置 V.A.G 1383 A 或 SVW 1383 A 降低，直至减振器管悬空。

⑱ 用钢丝把车轮轴承壳体固定到副梁上。

⑲ 将发动机和变速器举升装置 V.A.G 1383 A 或 SVW 1383 A 从车轮轴承壳体下拉出。

⑳ 拆卸刮水器臂。

㉑ 拆卸落水槽盖板。

㉒ 拆卸减振器上部固定在车身上的六角螺栓 1 并取出悬挂支柱，如图 6-2-8 所示。

2）安装减振器：

① 用一个车轮螺栓将带定位件 T10149 的发动机和变速器举升装置 V.A.G 1383 A 或 SVW 1383 A 与轮毂固定在一起，如图 6-2-5 所示。

② 将悬挂支柱安装到车轮轴承壳体并确保其用内十二角花键螺栓和新螺母固定。

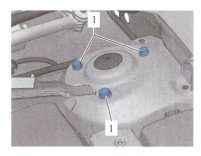

图 6-2-8　拆卸减振器上部固定螺栓

③ 取出扩张器 3424 或 Hazet 4912-1。
④ 安装弹簧座，此时两个标记中的一个必须指向行驶方向，如图 6-2-9 所示。
⑤ 取下固定车轮轴承壳体上的钢丝。
⑥ 用发动机和变速器举升装置（V.A.G 1383 A 或 SVW 1383 A）小心地抬高车轮轴承壳体，直到能插入连接悬挂支柱的六角螺栓 1。
⑦ 拧紧减振器上部固定在车身上的六角螺栓 1，如图 6-2-8 所示。
⑧ 拆下定位件 T10149。
⑨ 拧紧车轮轴承壳体和悬挂支柱的螺栓连接，如图 6-2-6 所示。
⑩ 把传动轴装入轮毂内。
⑪ 将带主销球头的车轮轴承壳体装入摆臂。
⑫ 拧紧固定主销球头和摆臂的六角螺母，如图 6-2-4 所示。
其余的安装按与拆卸减振器相反的顺序进行。

图 6-2-9 安装弹簧座

（3）拆装螺旋弹簧

1）拆卸螺旋弹簧：
① 使用弹簧张紧装置（V.A.G 1752 或 SVW 1752B）预张紧螺旋弹簧，直至上部深槽推力球轴承未占用，如图 6-2-10 所示。
② 确保螺旋弹簧在弹簧保持架（V.A.G 1752/4 或 SVW 1752B）上的正确位置，如图 6-2-11 所示。

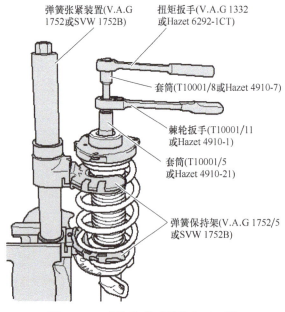

图 6-2-10 拆卸螺旋弹簧的专用工具

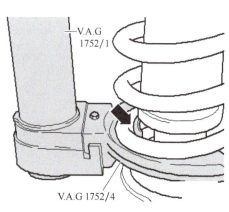

图 6-2-11 确保螺旋弹簧在弹簧保持架

③ 将六角螺母从活塞杆中旋出。

④ 使用弹簧张紧装置（V.A.G 1752 或 SVW 1752B）拆卸悬挂支柱的零件和螺旋弹簧。

2）安装螺旋弹簧：

① 将弹簧底座 1 安装到减振器 2 上，如图 6-2-12 所示。

② 用弹簧张紧装置（V.A.G 1752 或 SVW 1752B）将螺旋弹簧 3 装到下部的弹簧底座 1 上。

③ 螺旋弹簧 3 的尾部必须紧靠在弹簧底座 1 上箭头所示位置（图 6-2-12）。

④ 将新六角螺母拧在活塞杆上。

⑤ 松开弹簧张紧装置（V.A.G 1752 或 SVW 1752B）并从螺旋弹簧上拆下。

⑥ 安装悬挂支柱。

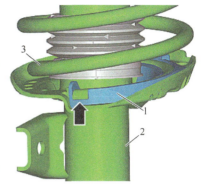

图 6-2-12　安装螺旋弹簧

2. 车轮与四轮定位

（1）车轮

车轮与轮胎是汽车行驶系统中的重要部件，其功用是：支承整车；缓和由路面传来的冲击力；通过轮胎同路面间存在的附着力作用来产生驱动力和制动力；汽车转弯行驶时产生平衡离心力的侧向力，在保证汽车正常转向行驶的同时，通过车轮产生的自动回正力矩，使汽车保持直线行驶方向；提高汽车通过性等。

（2）四轮定位

转向桥在保证汽车转向功能的同时，应使转向轮有自动回正作用，以保证汽车稳定直线行驶。即当转向轮在偶遇外力作用发生偏转时，一旦作用的外力消失后，应能立即自动回到原来直线行驶的位置。这种自动回正作用是由转向轮的定位参数来保证的，也就是转向轮主销和前轴之间的安装应具有一定的相对位置（图 6-2-13）。转向轮的定位参数主要有主销后倾角、主销内倾角、前轮外倾角、前轮前束。

前轮前束值可以通过改变转向横拉杆长度来调整。而通过横向移动副车架，可以在很小的范围内平衡车轮外倾角。四连杆后桥上可以调整单个前束角和车轮外倾角值；扭杆梁后桥由于结构原因，无法进行调整。

图 6-2-13　四轮定位调整

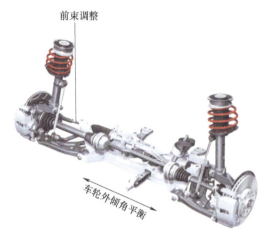

图 6-2-13 四轮定位调整（续）

三　转向系统的结构认知、拆装

1. 转向系统的结构认知

汽车转向系统分为两大类：机械转向系统和动力转向系统，完全靠驾驶人手动操纵的转向系统称为机械转向系统，借助动力操纵的转向系统称为动力转向系统。机械转向系统如图 6-3-1 所示。

动力转向系统又可分为液压动力转向系统（图 6-3-2）和电动助力转向系统（图 6-3-3）。

现代汽车普遍采用动力转向系统，不仅大大改善了汽车操纵轻便性，还提高了汽车行驶安全性。动力转向系统是在机械转向系统的基础上加设一套依靠发动机输出动力的转向助力装置而形成的。轿车普遍采用齿轮齿条式转向器，这种转向器结构简单、操纵灵敏性高、转向操纵轻便，而且由于转向器完全封闭的，平时无须检查调整。

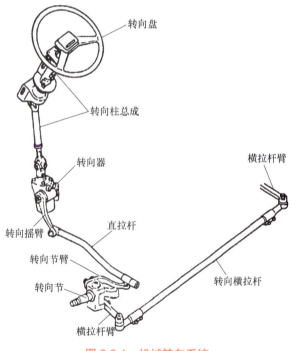

图 6-3-1　机械转向系统

2. 转向系统零部件的拆装

（1）拆装转向横拉杆

1）拆卸横拉杆：

① 将车轮转正，转向盘回复到直线行驶状态。

第六章 汽车底盘结构认知、拆装

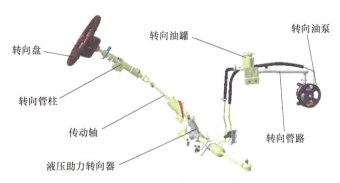

图 6-3-2　液压动力转向系统

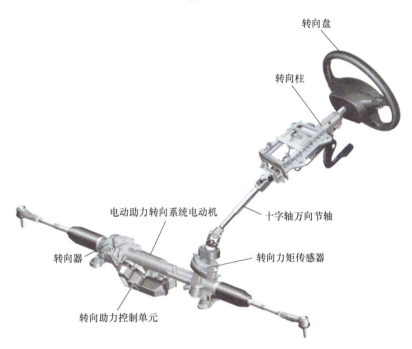

图 6-3-3　电动助力转向系统

② 拆下车轮。

③ 清洁橡胶防尘罩区域中的转向机外部。

④ 松开六角螺母 3，同时固定住横拉杆球头 2，如图 6-3-4 所示。

⑤ 松开横拉杆球头的六角螺母，但先不要旋下。

⑥ 用球形万向节拔出器 T10187 1 将横拉杆球头从车轮轴承壳体上压出并拧下螺母，如图 6-3-5 所示。

⑦ 旋下横拉杆头的螺母。

⑧ 将弹簧卡箍用软管扎带钳 Hazet 798-5 从橡胶防尘罩上松开并推到转向横拉杆上。

⑨ 拆下卡箍并从转向机壳体上拉下橡胶防尘罩。

⑩ 使用呆扳手 V.A.G 1923 从转向机齿条上松开转向横拉杆，如图 6-3-6 所示。如果齿

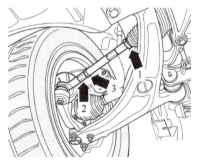

图 6-3-4　松开六角螺母

225

条上出现锈蚀、损坏、磨损或污物的痕迹，必须更换整个转向机；如果在齿条上无法看到润滑脂，也须更换整个转向机。

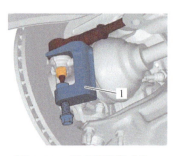

图 6-3-5　压出横拉杆球头

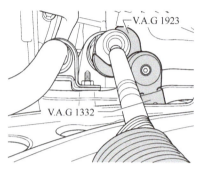

图 6-3-6　松开转向横拉杆

2）安装横拉杆：
① 将车轮转正，转向盘回复到直线行驶状态。
② 将新的卡箍和橡胶防尘罩安装到转向横拉杆上。
③ 将转向横拉杆转到转向横拉杆球头中，直到长度达到 a，如图 6-3-7 所示。

尺寸 $a=373mm \pm 1mm$

④ 拧紧转向横拉杆。
⑤ 将转向横拉杆旋入转向机齿条。
⑥ 在橡胶防尘罩和转向横拉杆之间涂抹润滑脂。
⑦ 使用呆扳手 V.A.G 1923 将转向机齿条拧紧。
⑧ 将橡胶防尘罩 2 推向转向横拉杆 1，并注意其正确的安装位置，如图 6-3-8 所示。
⑨ 将橡胶防尘罩推至转向机壳体直到极限位置。
⑩ 使用软管扎带钳 Hazet 798-5 将弹簧卡箍固定在橡胶防尘罩上。
⑪ 给波纹管/转向机构壳体的密封件薄薄地涂抹一层油脂。

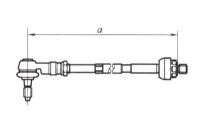

图 6-3-7　将转向横拉杆转到转向横拉杆球头中

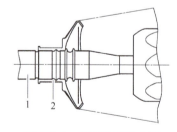

图 6-3-8　安装橡胶防尘罩

⑫ 使用转向机压力钳 VAS 6199 安装新的卡箍，如图 6-3-9 所示。
⑬ 其余的安装按与拆卸横拉杆相反的顺序进行。
⑭ 完成安装后进行车轮定位。

（2）拆装转向横拉杆球头

1）拆卸转向横拉杆球头：
① 举升车辆。

② 拆卸车轮螺栓，并取下车轮。
③ 标记横拉杆球头在转向横拉杆上的位置。
④ 松开转向横拉杆球头上的螺母 2 但不要完全拆下，如图 6-3-10 所示。
⑤ 用球形万向节拔出器 T10187 3 将转向横拉杆球头从车轮轴承壳体上压出并拧下螺母。
⑥ 松开螺母 1。
⑦ 从转向横拉杆上松开并取下转向横拉杆球头。

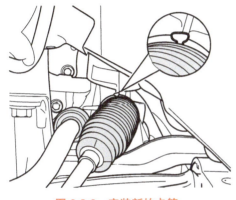

图 6-3-9　安装新的卡箍

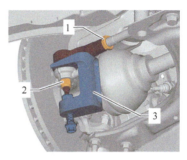

图 6-3-10　松开转向横拉杆球头上的螺母

2）安装转向横拉杆球头（图 6-3-11）：

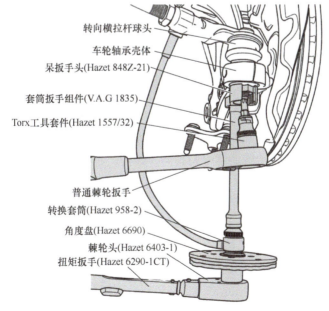

图 6-3-11　安装转向横拉杆球头

按照与拆卸转向横拉杆球头相反的顺序安装，要注意以下事项：
- 确保横拉杆球头在每侧的安装位置正确，如图 6-3-12 所示。
- 将右侧的横拉杆球头标记为 A（图 6-3-12a），将左侧的横拉杆球头标记为 B（图 6-3-12b）。

- 将横拉杆球头拧到横拉杆上标记好的位置并用螺母固定好。
- 将横拉杆球头插入车轮轴承壳体上,用新螺母固定好。
- 安装好车轮并进行四轮定位。

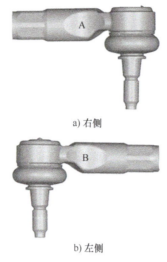

a) 右侧

b) 左侧

图 6-3-12　横拉杆球头位置

四　制动系统的结构认知、拆装

（一）制动系统组成

汽车制动系统主要由以下各部分组成,如图 6-4-1 所示。

1）供能装置：包括供给、调节制动所需能量以及改善传能介质状态的各种部件。其中产生制动能量的部分称为制动能源。人的肌体也可作为制动能源。

2）控制装置：包括产生制动动作和控制制动效果的各种部件,如制动踏板、制动阀等。

3）传动装置：包括将制动能量传输到制动器的各个部件,如制动主缸和制动轮缸等。

4）制动器：产生制动摩擦力矩的部件。

较为完善的制动系统还具有制动力调节装置、报警装置、压力保护装置等附加装置。

（二）制动系统零部件

1. 前盘式制动器

（1）前盘式制动器的组成

前盘式制动器由制动衬块、制动衬块导向片、制动盘、制动钳、制动钳和制动衬块支架、制动钳浮动销等组成,如图 6-4-2 所示。

（2）拆装制动片

1）拆卸制动片：

① 举升车辆。

第六章 汽车底盘结构认知、拆装

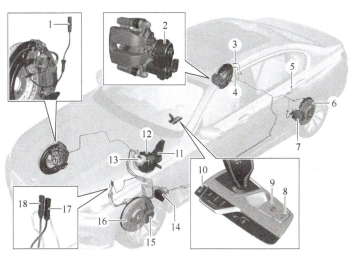

图 6-4-1 宝马 7 系制动系统

1—右前车轮转速传感器插接触点；2—EMF 执行机构（电动机械式驻车制动器执行机构）；3—右后车轮转速传感器插接触点；4—右后制动摩擦片磨损传感器插接触点；5—左后车轮转速传感器插接触点；6—后桥制动盘；7—后桥制动钳；8—制动驻车按钮；9—驻车制动按钮；10—DSC 按钮；11—踏板机构支撑座；12—制动助力器；13—制动液补液罐；14—动态稳定控制系统（DSC）；15—前桥制动钳；16—前桥制动盘；17—左前车轮转速传感器插接触点；18—左前制动摩擦片磨损传感器插接触点

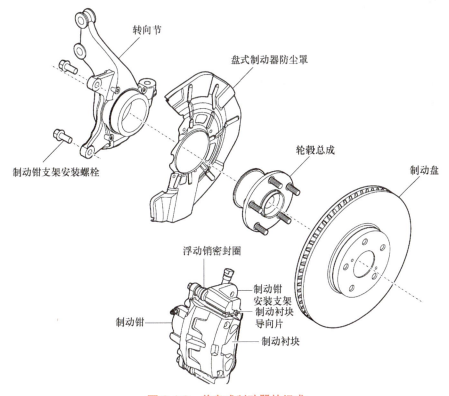

图 6-4-2 前盘式制动器的组成

② 拆卸前轮。
③ 拆卸制动钳下端装配螺栓，如图 6-4-3 所示。
④ 向上翻动制动钳。
⑤ 拆卸制动衬块，如图 6-4-4 所示。

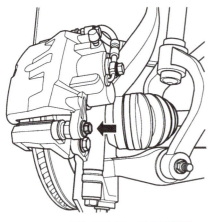

图 6-4-3　拆卸制动钳下端装配螺栓

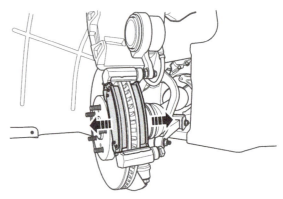

图 6-4-4　拆卸制动衬块

2）安装制动片：
① 将制动衬块安装到制动钳支架上。
② 必要时使用专用工具向里推活塞。

> **注意**
>
> 向下拉制动钳和安装下端装配螺栓时，要小心，不要损坏活塞防尘密封件。

③ 向下拉制动钳并安装下端装配螺栓。安装力矩：53.5N·m。
④ 安装前轮。
⑤ 放下车辆。

（3）拆装制动盘

1）拆卸制动盘：
① 举升车辆。
② 拆卸前轮。
③ 拆卸制动钳上、下固定螺栓，如图 6-4-5 所示。

> **注意**
>
> 拆卸制动钳，无须拆卸制动钳制动软管，应使用一根钢丝悬挂制动钳，以免损坏制动软管。

④ 拆卸制动衬块。
⑤ 拆卸制动钳支架固定螺栓，如图 6-4-6 所示。

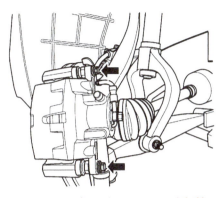

图 6-4-5 拆卸制动钳上、下固定螺栓

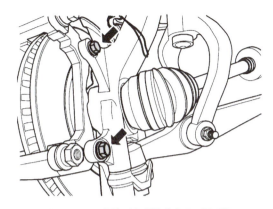

图 6-4-6 拆卸制动钳支架固定螺栓

⑥ 拆卸制动盘。

2）安装制动盘：

① 安装制动盘到车上。

② 安装制动钳支架固定螺栓并紧固。紧固力矩：100N·m。

③ 安装制动衬块。

④ 安装制动钳。

⑤ 安装前轮。

⑥ 放下车辆。

2. 后盘式制动器

（1）后轮盘式制动器的组成

后盘式制动器由制动衬块、制动衬块导向片、制动盘、制动钳和制动钳安装支架等组成，如图 6-4-7 所示。

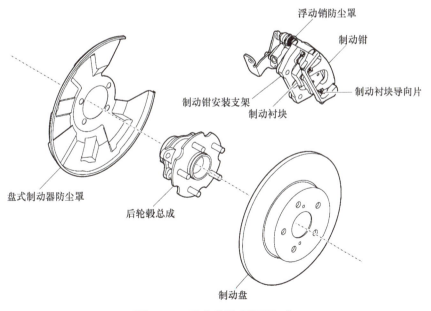

图 6-4-7 后盘式制动器的组成

（2）拆装制动片

1）拆卸制动片：

① 释放驻车制动。

② 拆卸后轮。

③ 拆卸制动钳上、下装配螺栓，如图 6-4-8 所示。

④ 拆下制动钳。

⑤ 拆卸制动衬块，如图 6-4-9 所示。

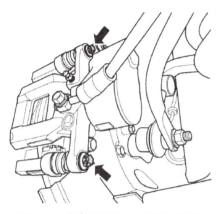

图 6-4-8　拆卸制动钳上、下装配螺栓

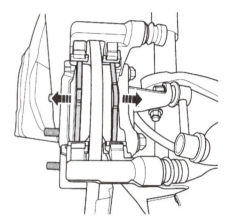

图 6-4-9　拆卸制动衬块

2）安装制动片：

① 将制动衬块装入制动钳支架上。

② 安装制动钳并紧固装配螺栓。紧固力矩：40N·m。

③ 安装后轮。

④ 放下车辆。

3. 液压制动系统

如图 6-4-10 所示，液压制动系统由制动总泵、真空助力器、制动总泵储液罐等组成。

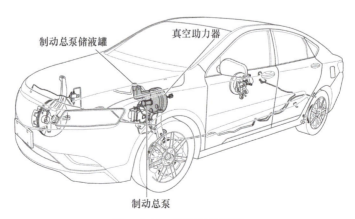

图 6-4-10　液压制动系统

（1）制动踏板

制动踏板是制动时驾驶人用脚踏的控制装置。制动踏板从驾驶人处接收、放大和传输制动系统的输入力。

（2）制动踏板推杆

制动踏板推杆将经过放大的制动踏板输入力传递到真空助力器。

（3）真空助力器

制动系统输入力通过制动踏板而放大，并由制动踏板推杆传递到真空助力器，经过真空助力器助力后施加到液压制动总泵。真空助力器利用真空源进行助力，减少驾驶人施加在制动踏板的操纵力。

（4）真空软管

真空软管用于输送真空助力器所需的真空源。

（5）电动真空泵

电动真空泵用于发动机进气管可以提供真空源的车辆，它独立于发动机工作，与进气管真空管路并联，弥补某些工况下发动机进气管真空度不足。

（6）制动总泵储液罐

制动总泵储液罐内部装有供液压制动系统使用的制动液。

（7）制动总泵

制动总泵将机械输入力转换为液压输出压力，液压输出压力由总泵分配给两个液压油路，为对角式车轮制动油路供油，如图 6-4-11 所示。

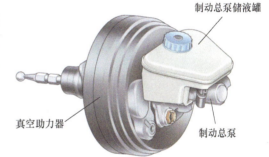

图 6-4-11　制动总泵

（8）制动硬管和制动软管

传递制动液流经液压制动系统各部件。

（9）制动分泵

将液压输入压力转换为机械输出力。

（10）制动液位低警告灯

组合仪表检测到制动液液面过低情况（信号电路为低电位），组合仪表将点亮制动液位低警告灯。

4. 驻车系统

电子驻车制动系统（Electrical Parking Brake，EPB）采用更先进的电子控制技术来代替传统的机械式驻车制动器，可以在发动机熄火后自动施加驻车制动，使驻车方便、可靠，可防止意外的发生。电子驻车制动系统减少了手动驻车器所需空间，节省了车辆内部空间。

车辆熄火时，EPB 的控制模块接收到制动踏板位置信号、变速器档位传感器信号后，EPB 可自动驻车，可以避免驾驶人停车时忘记驻车制动而导致意外发生。车辆起步时，EPB 即可自动解除驻车制动。

（三）防抱死制动系统

防抱死制动系统（ABS）由下列部件组成。

（1）液压电子控制单元

液压电子控制单元控制系统功能并检测故障。当启动开关并且未出现防抱死制动系统故障诊断码时，系统给继电器通电，从而向电磁阀和泵提供蓄电池正极电压。液压电子控制单元不断检测车轮的状态，控制车轮的滑移率保持在一定的范围内，从而保持车辆的稳定性。液压控制管路采用对角线分路式配置，使制动总泵的油液一路流向左前轮和右后轮，另一路油液流向右前轮和左后轮。对角分路在液压控制上是隔离的，这样当一条制动主管路泄漏或出现故障时，另一路可保证连续的制动能力，如图 6-4-12 所示。

液压电子控制单元包括以下主要部件：
① ABS 控制模块。
② ABS 泵（图 6-4-12）及其继电器。
③ 进油阀（每个进油阀控制一个车轮）。
④ 排油阀（每个排油阀控制一个车轮）。
⑤ 电磁线圈继电器。

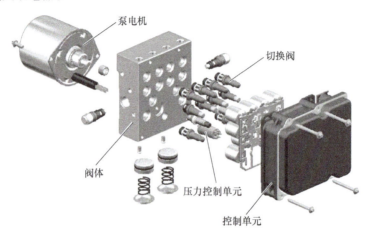

图 6-4-12　ABS 泵结构

（2）车轮速度传感器

车轮速度传感器是霍尔式转速传感器，随着车轮旋转，ABS 控制模块利用轮速信号计算车轮速度。车轮速度传感器可以单独更换，但信号盘（齿圈）镶在半轴上，和半轴一同更换，如图 6-4-13 所示。

（3）制动灯

踩下制动踏板时点亮制动灯，同时向 ABS 控制模块发送制动信号。

图 6-4-13　车轮速度传感器

（4）ABS 警告灯

ABS 警告灯位于组合仪表上，通过点亮来通知驾驶人 ABS 发生故障，当发生如下事件时，仪表板组合仪表将点亮 ABS 警告灯：

① ABS 控制模块检测到 ABS 系统有故障，组合仪表通过 CAN 总线从 ABS 控制模块接到请求点亮的信息，指示灯点亮约 3 s。

② 组合仪表在每个点火循环开始时执行自检测试，指示灯点亮约 3 s。

③ 组合仪表检测到与 ABS 控制模块之间的通信丢失。

第七章 汽车车身结构认知、拆装

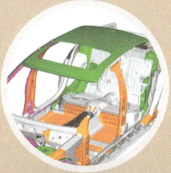

本章目录

一、车身分类
二、中央控制门锁系统的结构认知、拆装
三、车窗升降器的结构认知、拆装
四、座椅的结构认知、拆装
五、后视镜的结构认知、拆装
六、刮水器的结构认知、拆装

一 车身分类

1. 非承载式车身

非承载式车身（图 7-1-1）是指车架承载着整个车体，发动机、悬架和车身都安装在车架上，车架上有用于固定车身的螺孔以及固定弹簧的基座的一种底盘形式。

非承载式车身的汽车有一刚性车架，又称底盘大梁架。车架与车身通过弹簧或橡胶垫柔性联接。发动机、传动系统的一部分、车身等总成部件用悬架装置固定在车架上，车架通过前、后悬架装置与车轮联接。非承载式车身比较笨重、质量大、高度高，一般用在货车、客车和越野吉普车上（如奔驰G级、吉普牧马人、丰田普拉多等），一些城市SUV（如荣威W5、长城H5、陆风X8等）也采用非承载式车身。由于非承载式车身具有较好的平稳性和安全性，有些高级轿车也使用。

图 7-1-1 非承载式车身

（1）非承载式车身的优点

1）车身和车架采用弹性元件联接，车架的振动通过弹性元件传到车身上，大部分振动被减弱或消除，发生碰撞时车架能吸收大部分冲击力，在颠簸路面行驶时能对车身起到保护作用，车厢变形小，平稳性和安全性好，车厢内噪声也较低。

2）非承载式车身的刚性车架能够提供较高的刚度，就算4个车轮受力不均匀，也是由车架承受，不会传递到车身，所以车身不容易扭曲变形。

3）非承载式车身大部分零件都在底盘大梁上，方便更换和维修。

（2）非承载式车身的缺点

1）非承载式车身保留了底盘大梁，车辆整体质量大，油耗很高。

2）车身安装在底盘大梁上，车身质心高，加之整体质量大且底盘大梁刚度较高，造成车辆操纵稳定性较差、高速转弯非常困难。

3）由于底盘大梁的存在，非承载式车身无法像承载式车身一样通过倒塌吸收冲击力。

2. 承载式车身

承载式车身是汽车底盘结构的一种，其车身负载通过悬架装置传给车轮。承载式车身具有质量小、高度低，装配容易，高速行驶稳定性好等优点，目前大部分轿车采用这种车身结构，如图 7-1-2 所示。

承载式车身的汽车没有刚性车架，只是加强了车头、侧围、车尾、底板等部位，发动机、前后悬架、传动系统的一部分等总成部件装配在车身上设计要求的位置，车身负载通过悬架装置传给车轮。这种承载式车身除了乘载功能外，还要直接承受各种负荷力的作用。经过几十年的发展和完善，承载式车身无论在安全性还是在稳定性方面都有很大的提高。

(1) 承载式车身的优点
1) 承载式车身无刚性车架，减轻了整车质量，油耗较小。
2) 车身结构不影响车厢内部空间，车身高度较低，上下车方便。
3) 车身质心较低，行驶时操纵稳定性较好。
4) 发生碰撞事故时承载式车身可通过塌陷来吸收冲击力，保护车内人员安全。
(2) 承载式车身的缺点
1) 传动系统和悬架的振动、噪声会直接传入车厢内，须采取防振和降噪措施。
2) 当4个车轮受力不均匀时，车身会发生变形。
3) 只适合在良好的路况上行驶，不良路面的通过性较差。
4) 制造成本较高。

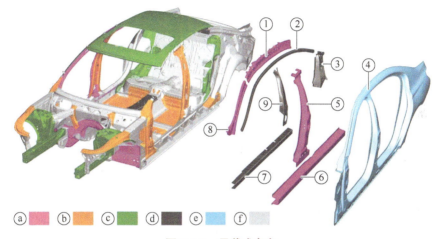

图 7-1-2 承载式车身

a—超高强度钢（>900N/mm²）；b—多相钢（>300N/mm²）；c—铝合金；d—碳纤维；e—深拉延钢（<300N/mm²）；
f—其他钢类；1—内部车顶框架；2—车顶框架加强件；3—C柱加强件；4—外部侧框架（深拉延钢）；
5—B柱加强板；6—车门槛加强板；7—车门槛加强件；8—内部侧框架；9—B柱加强件

二 中央控制门锁系统的结构认知、拆装

1. 中央控制门锁系统的结构认知

中央门锁是指通过设在驾驶座门上的开关，可以同时控制全车车门关闭与开启的一种控制装置。中央控制门锁系统的作用包括：能对车门及行李舱进行集中控制；在中控门锁系统不工作时，乘客仍可使用各车门的机械弹簧锁来控制车门。

大多数汽车的中控门锁系统在左前门（驾驶人侧）设置总开关，可同时控制各车门锁的开关，其他车门上也设有单独的门锁开关，对各自车门锁进行独立控制。中控门锁系统的零件安装位置，如图7-2-1所示。

(1) 门锁总成

中控门锁系统所采用的门锁总成都是电动门锁。常用的电动门锁有直流电动机式、电磁线圈式等。

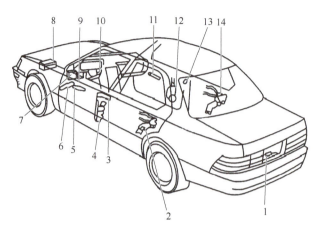

图 7-2-1 中控门锁系统的零件安装位置

1—行李舱门控器电磁阀；2—左后门锁电动机及位置开关；3—门锁控制开关；4—左前门锁电动机、位置开关及门锁开关；5—左前门锁控制开关；6—No.1 接线盒门控线路断路器；7—防盗和门锁控制 ECU 及门锁控制继电器；8—No.2 接线盒、熔断丝；9—行李舱门控器开关；10—点火开关；11—右前门锁控制开关；12—右前门锁电动机、位置开关和门锁开关；13—右前门钥匙控制开关；14—右后门锁电动机及位置开关

门锁总成主要是由门锁传动机构、门锁开关和门锁壳体等组成的。门锁开关用来检测车门的开闭情况，当车门关闭后，门锁开关断开；车门开启时，门锁开关接通。门锁传动机构由电动机、齿轮和位置开关等组成。当门锁电动机转动时，蜗杆带动齿轮转动。齿轮推动锁杆，车门被锁止或打开，然后齿轮在回位弹簧的作用下返回原位置，防止操纵门锁按钮时电动机工作。位置开关在锁杆推向锁门位置时断开，推向开门位置时接通。

直流电动机式中控门锁通过控制直流电动机的正、反转实现门锁的开、关动作。主要由双向直流电动机、门锁开关、连杆操纵机构、继电器及导线等组成。驾乘人员可以利用门锁开关接通或断开门锁继电器，如图 7-2-2、图 7-2-3 所示。

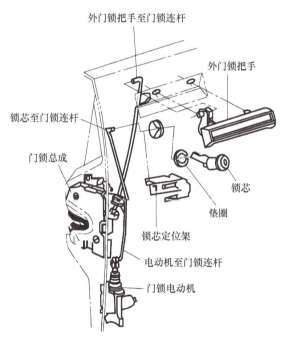

图 7-2-2 直流电动机式中控门锁

电磁线圈式中控门锁执行机构如图 7-2-4 所示，当给锁门线圈通正向电流时，衔铁带动连杆左移，锁门；当给开门线圈通反向电流时，衔铁带动连杆右移，开门。

（2）中央控制门锁开关

中央控制门锁开关安装在左前门和右前门的内侧扶手上，控制全车车门的开启与锁止。中央控制门锁开关常与电动门窗开关组合在一起。

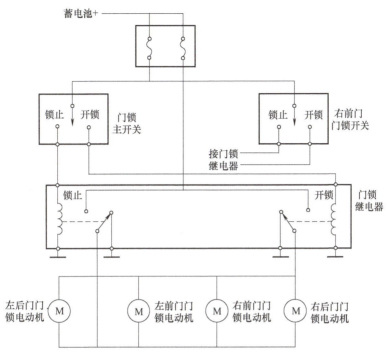

图 7-2-3 直流电动机式中控门锁电路图

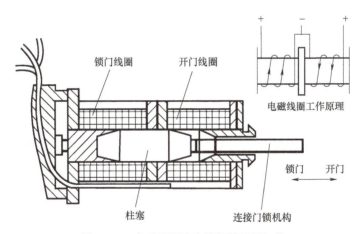

图 7-2-4 电磁线圈式中控门锁执行机构

（3）钥匙控制开关

钥匙控制开关安装在左前门和右前门的外侧门锁上。当从车外用车门钥匙开车门或锁车门时，全车车门同时锁止或打开，同时车门钥匙也是点火开关、行李舱开关等共用的钥匙。

（4）行李舱门开启器开关

行李舱门开启器开关位于仪表板下面，拉动此开关可打开行李舱门。不同车的行李舱门开启器开关有所不同，行李舱门开启器开关操作时，先用钥匙顺时针旋转打开行李舱门开启器主开关，然后再使用行李舱门开启器开关打开行李舱。

（5）行李舱门开启器

行李舱开启器装在行李舱门上，由轭铁、插棒式铁心、电磁线圈和支架组成。当电磁线圈通电时，插棒式铁心将轴拉入并打开行李舱门。线路断路器用于防止电磁线圈因电流过大而过热。

（6）门控开关

门控开关用来检测车门的开闭情况。车门打开时，门控开关接通；车门关闭时，门控开关断开。

2. 拆装车门锁

1）拆卸车门锁：

① 拆卸前车门饰板。
② 拆卸前车门盖板。
③ 拆卸锁芯。
④ 断开插头连接。
⑤ 撬下罩盖 4，如图 7-2-5 所示。
⑥ 拧下梅花螺钉 2。
⑦ 拧下内十二角花键螺钉 3。
⑧ 将带拉索的车门锁 1 穿过车门孔，如图 7-2-6 所示。

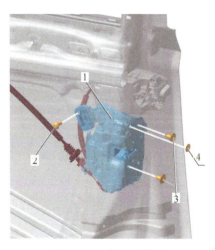

图 7-2-5　撬下罩盖 4

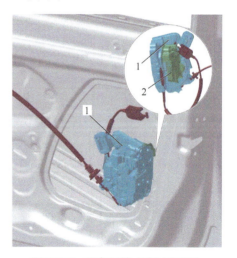

图 7-2-6　将车门锁 1 穿过车门孔

⑨ 取出钢丝拉索。

• 将带套管的钢丝拉索 3 旋转 45°，然后沿箭头 a 所示方向从支架中脱出，如图 7-2-7 所示。

• 沿箭头 b 所示方向旋转带套管的钢丝拉索 3，再沿箭头 c 所示方向拆下带套管的钢丝拉索 3。

• 沿箭头 d 所示方向将钢丝拉索 2 的固定卡扣旋转 45° 后从支架中脱出。

• 沿箭头 e 所示方向拆下带套管的钢丝拉索 2。

⑩ 取出车门锁 1（图 7-2-7）。

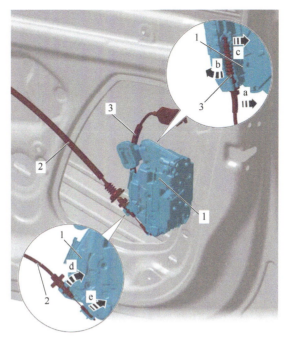

图 7-2-7　取出钢丝拉索

2）安装车门锁：

安装顺序与拆卸时相反。

三　车窗升降器的结构认知、拆装

1. 车窗升降器的结构认知

电动车窗又称电动门窗，驾驶人或乘员在座位上操纵控制开关，利用电动机驱动车窗升降器实现车窗玻璃的升降。驾驶人操作时，可以使4个车窗中任意一个上升或下降，而乘员只能使其所在座位的车窗上升或下降。

车窗升降器主要由车窗玻璃、直流电动机、开关（主控开关、分控开关）等组成，如图 7-3-1 所示。

2. 拆装车窗升降器

1）拆卸车窗升降器：

以左侧两车门为例，介绍车窗升降器的拆卸步骤。

① 将电缆从蓄电池负极端子上断开。

② 拆卸前门内扶手框。

③ 拆卸前门扶手座上面板。

④ 拆卸门控灯总成（带门控灯）。

⑤ 拆卸前门装饰板分总成。

⑥ 拆卸前门内扶手分总成。

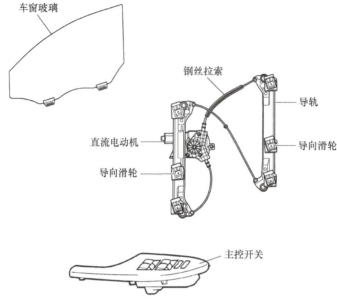

图 7-3-1 车窗升降器的组成

⑦ 拆卸前门下门框支架装饰条。
⑧ 拆卸前门车窗内密封条。
⑨ 拆卸车门装饰板支架。
⑩ 拆卸前门检修孔盖。
⑪ 拆卸前门车窗分总成。
⑫ 拆卸前门车窗升降器分总成。
⑬ 拆卸前电动车窗升降器电动机总成。
⑭ 拆卸后门内扶手框。
⑮ 拆卸后门扶手座上面板。
⑯ 拆卸后门装饰板分总成。
⑰ 拆卸后门内把手分总成。
⑱ 拆卸后门车窗内密封条。
⑲ 拆卸车门装饰板支架。
⑳ 拆卸后门检修孔盖。
㉑ 拆卸后门密封条。
㉒ 拆卸后门车窗升降槽。
㉓ 拆卸后门车窗分隔条分总成。
㉔ 拆卸后门三角窗。
㉕ 拆卸后门车窗分总成。
㉖ 拆卸后门窗升降器分总成。
㉗ 拆卸后电动车窗升降器电动机总成,如图 7-3-2 所示。

2)安装车窗升降器:
安装顺序与拆卸时相反。

第七章 汽车车身结构认知、拆装

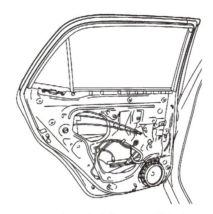

图 7-3-2 拆卸后电动车窗升降器电动机总成

四 座椅的结构认知、拆装

1. 座椅的结构认知

驾驶人电动座椅系统包括以下部件：
① 电动座椅调节开关。
② 电动座椅加热开关（如果装有）。
③ 电动座椅加热器（如果装有）。
④ 座椅前后调节电动机。
⑤ 座椅高度调节电动机。
⑥ 座椅角度调节电动机。
⑦ 座椅靠背调节电动机。

通过电动座椅调节开关可以对座椅前后、座垫上下、座垫的前翘或后翘和靠背的前后倾斜进行电动调整。高配置车辆的座椅安装有加热器，通过电动座椅加热开关可以启用和关闭座椅加热功能。座椅的组成如图 7-4-1 所示。

2. 拆装左前电动座椅

1）拆卸左前电动座椅：
① 断开蓄电池负极电缆。
② 用合适的工具拆卸左前电动座椅后部两处安装支架装饰罩。
③ 用合适的工具拆卸左前电动座椅前部两处安装支架装饰罩。
④ 拆卸电动座椅后部两处固定螺栓，如图 7-4-2 所示。
⑤ 拆卸电动座椅前部两处固定螺栓，如图 7-4-3 所示。
⑥ 断开电动座椅底部四处线束插接器，并移出电动座椅，如图 7-4-4 所示。

2）安装左前电动座椅：
安装顺序与拆卸时相反。

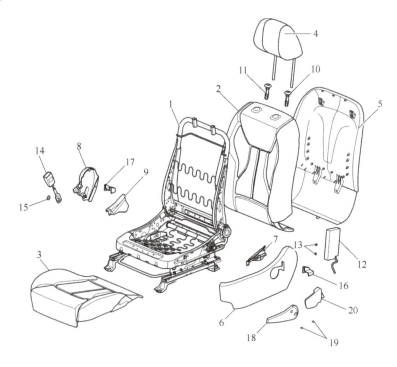

图 7-4-1 座椅的组成

1—左前座椅骨架总成；2—左前靠背面套和泡棉组合；3—左前坐垫面套和泡棉组合；4—前排头枕组合；5—前排背板组合；6—左前座椅外侧外饰罩次组合；7—左前座椅外侧内饰罩；8—左前座椅外侧外饰罩；9—左前座椅内侧内饰罩；10—头枕锁止导套；11—头枕自由导套；12—前排左侧侧气囊；13—六角凸缘螺母；14—前排安全带锁扣总成；15—凸缘螺母B；16—左前座椅外侧支架饰罩；17—左前座椅内侧支架饰罩；18—左前座椅升降器把手；19—紧固螺钉；20—左前座椅仰卧器把手

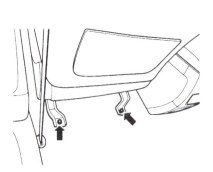

图 7-4-2 拆卸电动座椅后部两处固定螺栓

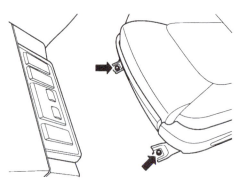

图 7-4-3 拆卸电动座椅前部两处固定螺栓

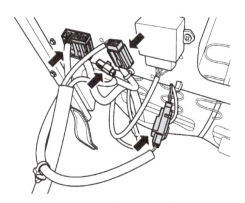

图 7-4-4 断开电动座椅底部四处线束插接器

五 后视镜的结构认知、拆装

1. 后视镜的结构认知

车外后视镜由驾驶人侧车门饰板上的电动后视镜开关总成来控制。选择需要调整的后视镜，可以进行上、下、左、右四个方向的操作，调节到最适合自己的位置。车外后视镜的镜面玻璃内还有加热元件，当按下后窗除雾器开关时，车外后视镜加热元件也将工作。后视镜的组成如图 7-5-1 所示。

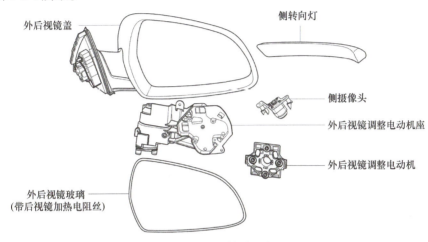

图 7-5-1　后视镜的组成

2. 拆装后视镜

1）拆卸后视镜：

① 断开蓄电池负极电缆。

② 拆卸前门内饰板。

③ 断开电动后视镜线束插接器，如图 7-5-2 所示。

④ 拆卸电动后视镜三颗固定螺母，并取下电动后视镜，如图 7-5-3 所示。

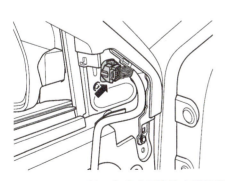
图 7-5-2　断开电动后视镜线束插接器

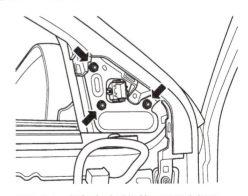
图 7-5-3　拆卸电动后视镜三颗固定螺母

2）安装后视镜：

安装顺序与拆卸时相反。

六　刮水器的结构认知、拆装

1. 刮水器的结构认知

刮水器是刮扫车窗玻璃外表面的雨水、雪花和其他污物的清洁装置。如图 7-6-1 所示，刮水器由刮水器开关、刮水器电动机及连杆总成、刮水器臂、刮水器片等组成。刮水器电动机旋转，带动蜗轮减速机构，使与蜗轮轴相连的摇臂带着两侧连杆做往复运动，连杆则通过摆杆带着左、右刮臂做往复摆动，安装在刮水器臂上的刮水器片便刮去玻璃上的雨水、雪水或灰尘。

刮水器电路中有一个自停装置，该装置由一个蜗杆齿轮和和一个凸轮盘组成，目的是在刮水器开关断开后还能短暂保持电路完整，直到刮水器臂完全回到初始位置时才断开电路。刮水器电动机安装在刮水器支架底板上，与刮水器连杆直接相连。

刮水器的工作原理：刮水器开关提供信号给车身控制模块（BCM），BCM 接收到刮水器开关信号后，驱动刮水器电动机转动；当刮水器开关处于低档时，电流从电动机低速电刷流入电枢线圈，产生大的反电动势，结果是电动机以低速旋转；当刮水器开关处于高档时，电流从电动机的高速电刷流入电枢线圈，产生小的反电动势，结果是电动机以高速旋转。当关闭刮水器开关后，刮水器电动机将继续工作，直到刮水器臂到达风窗玻璃的底部。

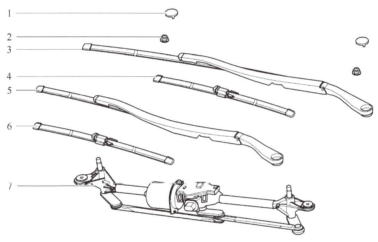

图 7-6-1　刮水器的结构

1—刮水器臂罩；2—六角凸缘螺母；3—左刮水器臂总成；4—左刮水器片总成；
5—右刮水器臂总成；6—右刮水器片总成；7—刮水器电动机及连杆总成

2. 拆装刮水器电动机及连杆总成

1）拆卸刮水器电动机及连杆总成：

① 断开蓄电池负极电缆。

② 拆卸刮水器臂。

③ 拆卸通风盖板。

④ 断开刮水器电动机线束插接器 1，并拆卸刮水器电动机及连杆总成两颗固定螺栓 2，如图 7-6-2 所示。

⑤ 取出刮水器电动机及连杆总成，如图 7-6-3 所示。

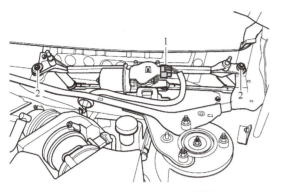
图 7-6-2　拆卸两颗固定螺栓

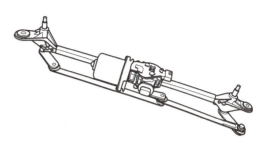
图 7-6-3　取出刮水器电动机及连杆总成

2）安装刮水器电动机及连杆总成：

① 安装并紧固刮水器电动机及连杆总成两颗固定螺栓 2。紧固力矩：20N·m。

② 连接刮水器电动机线束插接器 1。

③ 安装通风盖板。

④ 安装刮水器臂。

⑤ 连接蓄电池负极电缆。

3. 检测刮水器电动机

（1）低速档检查

将蓄电池正极（+）引线连接至端子 5（+1），并将蓄电池负极（-）引线连接至端子 4（E），同时检查并确认电动机低速运行。刮水器电动机插头如图 7-6-4 所示。

正常：电动机低速运行。

（2）高速档检查

将蓄电池正极（+）引线连接至端子 3（+2），并将蓄电池负极（-）引线连接至端子 4（E），同时检查并确认电动机高速运行。

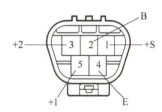
图 7-6-4　刮水器电动机插头

正常：电动机高速运行。

（3）自动停止检查

将蓄电池正极（+）引线连接至端子 5（+1），将蓄电池负极（-）引线连接至端子 4（E）。电动机低速旋转时，断开端子 5（+1），使刮水器电动机停止在除自动停止位置外的任何位置。

连接端子 1（+S）和 5（+1）。然后将蓄电池正极（+）引线连接至端子 2（B），并将蓄电池负极（-）引线连接至端子 4（E），以使电动机以低速重新起动。

正常：电动机在自动停止位置自动停止。

如果结果不正常，则更换电动机总成。

模块三

汽车电气系统

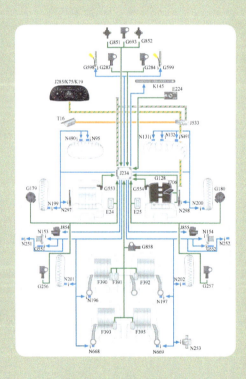

第八章
汽车电气识图基础

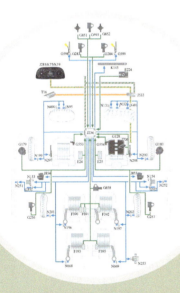

本章目录

一、常用元器件及电气符号的认知
二、电路图的主要类型及认知

一　常用元器件及电气符号的认知

1. 常用元器件的认知

导线、线束、熔断器、插接器、各种开关和继电器等都属于汽车电路的基本元件，是汽车电路的基本组成部分。

（1）导线

随着汽车用电设备的增加，安装在汽车上的导线数量也越来越多，为了便于识别和检修汽车电器设备，通常将电线束中的低压线采用不同的颜色组成。在选配线时习惯采取两种选用原则，即以单色线为基础的选用和以双色线为基础的选用。如果导线为双色线，则第一个字母显示导线底色，第二个字母显示条纹色，中间用"/"分隔。如标注为"R/W"的导线即为红色底白色条纹，如图8-1-1所示。

图 8-1-1　导线颜色及表示

以单色线为基础选用时，其单色线的颜色和双色线主、辅色的搭配及其代号分别见表8-1-1和表8-1-2。其中黑色（B）为专用搭铁线。

表 8-1-1　汽车用单色低压线的颜色与代号

颜色	黑	白	红	绿	黄	棕	蓝	灰	紫	橙
代号	B	W	R	G	Y	Br	BL	Gr	V	O

表 8-1-2　汽车用双色低压线颜色的搭配与代号

导线颜色						
	B	BW	BY			
	W	WR	WB	WBL	WY	WG
	R	RW	RB	RY	RG	RBL
	G	GW	GR	GY	GB	GBL
	Y	YR	YB	YG	YBL	YW
	Br	BrW	BrR	BrY	BrB	
	BL	BLW	BLR	BLY	BLB	BLO
	Gr	GrR	GrY	GrBL	GrG	GrB

以双色线为基础选用时，各用电系统的电源线为单色，其余均为双色。其双色线的主色见表8-1-3。当其标称截面积大于1.5mm^{2}时，导线只用单色线，但电源系统可增加使用主色为红色、辅色为白色或黑色的两种双色线；对于标称截面积小于1.5mm^{2}的双色线，其主、辅颜色的搭配见表8-1-4。

（2）线束

在汽车上，为了使线路条理清晰，安装方便和保护导线绝缘，汽车导线除高压线和蓄电池导线外，都用绝缘材料如薄聚氯乙稀带缠绕包扎成束，称为线束。

安装线束时，应注意以下事项：

表 8-1-3　汽车各用电系统双色低压线主色的规定

用电系统名称	电线主色	代号
电气装置搭铁线	黑	B
点火、起动系统	白	W
电源系统	红	R
灯光信号系统（包括转向指示灯）	绿	G
防空灯系统及车身内部照明系统	黄	Y
仪表及报警指示系统和喇叭系统	棕	Br
前照灯、雾灯等外部灯光照明系统	蓝	BL
各种辅助电动机及电气操纵系统	灰	Gr
收音机、电子钟、点烟器等辅助装置系统	紫	V

表 8-1-4　汽车用标称截面积小于 1.5mm² 双色低压线主、辅色的搭配表

主色	辅色						
	红（R）	黄（Y）	白（W）	黑（B）	棕（Br）	绿（G）	蓝（BL）
红（R）	—	√	√	√	—	√	√
黄（Y）	√	√	√	√	△	△	△
蓝（BL）	√	√	√	√	△	—	—
白（W）	√	√	√	√	√	√	△
绿（G）	√	√	√	√	√	—	—
棕（Br）	√	√	√	√	—	√	√
紫（V）	—	√	√	√	—	√	√
灰（Gr）	√	√	—	√	√	√	√

注："√"表示允许搭配的颜色；"△"表示不推荐搭配的颜色；"—"表示不存在搭配的颜色。

1）线束应用卡簧和绊钉固定，以免松动磨坏，如图 8-1-2 所示。

2）线束在拐弯处或有发生相对移动的部件不应拉得太紧。

3）在穿过洞口和绕过锐角处，应用橡皮、毛毡类垫子或套管保护，使其不被磨损而造成搭铁、短路甚至发生火灾等危险。

4）线束的各个接线端子必须连接可靠、接触良好。

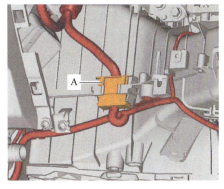

图 8-1-2　线束固定

（3）插接器

插接器可分为以下几类：第一类连接线束和电器元件；第二类连接线束与线束；第三类连接线束与车身；第四类为过渡连接，即将插接器中需要连接的导线用短接端子连接起

来。插接器如图 8-1-3 所示。

为便于接线，汽车线束中各导线端头均焊有接线卡，并在导线与接线卡连接处套以绝缘管，经常拆卸的接线卡一般采用开口式，而拆卸机会少的接线卡则常采用闭口式。

 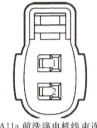 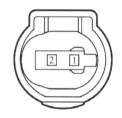

a) CA11 前洗涤电机线束连接器　　b) CA11a 前洗涤电机线束连接器　　c) CA12 右前轮速传感器线束连接器

图 8-1-3　插接器示例

（4）继电器

继电器是一种根据电量（电压、电流等）或者非电量（温度、时间、转速、压力等）信号的变化带动触电动作，来接通或断开所控制的电路或者电器，以实现自动控制和保护点开或电器设备的电器。继电器包括功能继电器和电路控制继电器两种。闪光继电器、刮水器继电器等属于功能继电器；前照灯继电器、雾灯继电器、起动继电器、喇叭继电器等属于电路控制继电器。

继电器在汽车电路中的主要作用有：

1）电流放大：允许使用低电流开关控制大电流的通断。

2）电气隔离：在负载之间提供电气隔离（例如消除潜藏电路）。

3）逻辑反转：将低电平控制信号转换为高电平控制信号。

继电器按结构原理分为电磁继电器、干簧继电器、双金属继电器以及电子继电器；按触点状态分为常开型、常闭型和开闭混合型；按外形分为圆形和方形；按插脚数目分为 3 脚、4 脚、5 脚等；按触点状态分为常开型、常闭型和开闭混合型。4 脚继电器如图 8-1-4 所示。

图 8-1-4　4 脚继电器

2. 图形符号的认知

电路图中的符号是汽车电路中的重要元素，是真实反映汽车电路配置和工作情况的标识，正确识读这些符号对于掌握汽车电路工作过程和规律有着非常重要的意义。图形符号是用于电气图或其他文件中的表示项目或概念的一种图形、标记或字符，是电气技术领域中最基本的工程语言。因此，为了看懂汽车电路图，我们要掌握和熟练地运用图形符号。

汽车电路图中常用的图形符号可分为 7 类，分别为：

① 限定符号，见表 8-1-5。

② 导线、端子和导线的连接符号，见表 8-1-6。

③ 触点与开关符号，见表 8-1-7。

④ 电器元件符号，见表 8-1-8。

⑤ 仪表符号，见表 8-1-9。

⑥ 各种传感器符号，见表 8-1-10。

⑦ 电气设备符号，见表 8-1-11。

第八章 汽车电气识图基础

表 8-1-5 限定符号

序号	名称	图形符号
1	直流	▬▬▬
2	交流	∼
3	交直流	▬▬▬ / ∼
4	正极	+
5	负极	-
6	中性点	N
7	磁场	F
8	搭铁	⊥
9	交流发电机输出接柱	B
10	磁场二极管输出端	D_+

表 8-1-6 导线、端子和导线的连接符号

序号	名称	图形符号
1	接点	●
2	端子	○
3	导线的连接	—○—○—
4	导线的分支连接	┬●
5	导线的交叉连接	┼●
6	插座的一个极	—)
7	插头的一个极	—▬
8	插头和插座	—(▬
9	多极插头和插座（示出的为三极）	(三极符号)
10	接通的连接片	—◯—◯—
11	断开的连接片	◯／◯
12	屏蔽导线	—(⚬)—

表 8-1-7　触点与开关符号

序号	名称	图形符号
1	动合（常开）触点	
2	动断（常闭）触点	
3	先断后合的触点	
4	中间断开的双向触点	
5	双动合触点	
6	双动断触点	
7	单动断双动合触点	
8	双动断单动合触点	
9	一般情况下手动控制	
10	拉拔操作	
11	旋转操作	
12	按动操作	
13	一般机械操作	
14	钥匙操作	
15	热执行器操作	
16	温度控制	θ
17	压力控制	P
18	制动压力控制	BP
19	液位控制	
20	凸轮控制	
21	联动开关	

(续)

序号	名称	图形符号
22	手动开关的一般符号	
23	定位（非自动复位）开关	
24	按钮开关	
25	能定位的按钮开关	
26	拉拔开关	
27	旋转、旋钮开关	
28	液位控制开关	
29	机油滤清器报警开关	
30	热敏开关动合触点	
31	热敏开关动断触点	
32	热敏自动开关的动断触点	
33	热继电器触点	
34	旋转多档开关位置	
35	推拉多档开关位置	
36	钥匙开关（全部定位）	
37	多档开关、点火、起动开关，瞬时位置为2能自动返回到1（即2档不能定位）	
38	节流阀开关	

表 8-1-8 电器元件符号

序号	名称	图形符号
1	电阻器	
2	可变电阻器	
3	压敏电阻器	
4	热敏电阻器	
5	滑线式变阻器	
6	分路器	
7	滑动触点电位器	
8	仪表照明调光电阻器	
9	光敏电阻	
10	加热元件、燃油预热器	
11	电容器	
12	可变电容器	
13	极性电容器	
14	穿心电容器	
15	半导体二极管一般符号	
16	稳压二极管	
17	发光二极管	
18	双向二极管（变阻二极管）	
19	晶闸管	
20	光电二极管	
21	PNP 型晶体管	
22	集电极接管壳晶体管（NPN 型）	

（续）

序号	名称	图形符号
23	具有两个电极的压电晶体	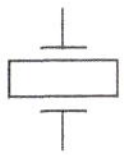
24	电感器、线圈、绕组、扼流圈	
25	带磁心的电感器	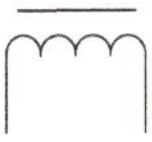
26	熔断器	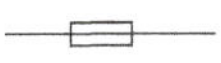
27	易熔线	
28	电路断电器	
29	永久磁铁	
30	操作器件一般符号	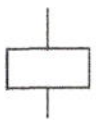
31	一个线圈电磁铁	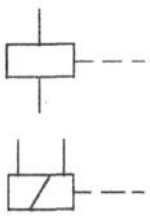
32	两个线圈电磁铁	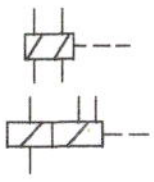
33	不同方向线圈电磁铁	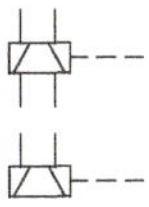
34	触点常开的继电器	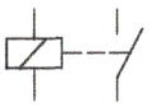
35	触点常闭的继电器	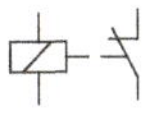

表 8-1-9　仪表符号

序号	名称	图形符号
1	指示仪表	 ＊
2	电压表	 V
3	电流表	 A

（续）

序号	名称	图形符号
4	电压电流表	Ⓐ/Ⓥ
5	电阻表	Ⓞ (Ω)
6	功率表	Ⓦ
7	油压表	ⓄⓅ
8	转速表	Ⓝ (n)
9	温度表	Ⓞ (θ)
10	燃油表	Ⓠ (Q)
11	车速里程表	Ⓥ (v)
12	时钟	 🕐
13	数字式时钟	 🕒

表 8-1-10　各种传感器符号

序号	名称	图形符号
1	传感器的一般符号	∗
2	温度表传感器	θ
3	空气温度传感器	θ_a
4	冷却液温度传感器	θ_w

（续）

序号	名称	图形符号
5	燃油表传感器	 Q
6	油压表传感器	 OP
7	空气质量传感器	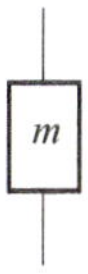 m
8	空气流量传感器	 AF
9	氧传感器	 λ
10	爆燃传感器	 K
11	转速传感器	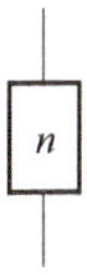 n
12	速度传感器	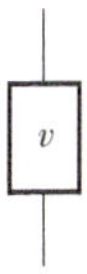 v
13	空气压力传感器	 AP
14	制动压力传感器	 BP

表 8-1-11　电气设备符号

序号	名称	图形符号
1	照明灯、信号灯、仪表灯、指示灯	 ⊗
2	双丝灯	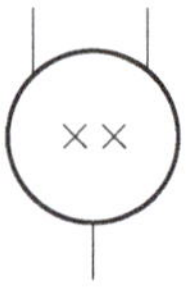
3	荧光灯	
4	组合灯	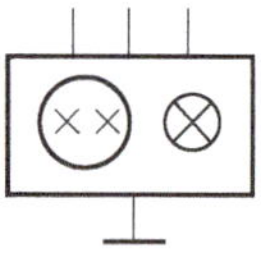
5	预热指示器	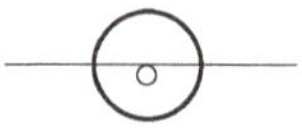
6	电喇叭	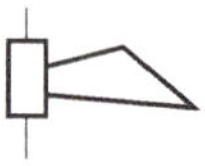
7	扬声器	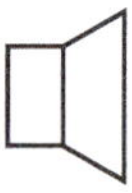
8	蜂鸣器	
9	报警器、电警笛	
10	信号发生器	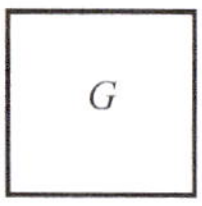 G
11	脉冲发生器	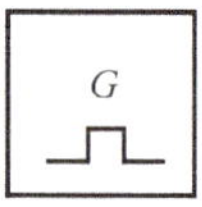 G
12	闪光器	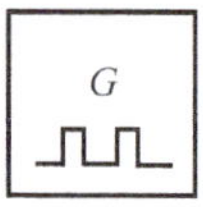 G
13	霍尔信号发生器	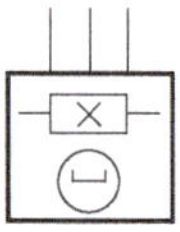

（续）

序号	名称	图形符号
14	磁感应信号发生器	
15	温度补偿器	θ comp
16	电磁阀一般符号	
17	常开电磁阀	
18	常闭电磁阀	
19	电磁离合器	
20	用电动机操纵的怠速调整装置	M
21	过电压保护装置	$U >$
22	过电流保护装置	$I >$
23	加热器（除霜器）	
24	振荡器	~
25	变换器、转换器	
26	光电发生器	G
27	空气调节器	

（续）

序号	名称	图形符号
28	滤波器	
29	稳压器	U const
30	点烟器	
31	热继电器	
32	间歇刮水继电器	
33	防盗报警系统	
34	天线一般符号	
35	发射机	
36	收音机	
37	内部通信联络及音乐系统	
38	收放机	
39	电话机	
40	传声器一般符号	
41	点火线圈	

（续）

序号	名称	图形符号
42	分电器	
43	火花塞	
44	电压调节器	
45	转速调节器	
46	温度调节器	
47	串励绕组	
48	并励或他励绕组	
49	集电环或换向器上的电刷	
50	直流电动机	
51	串励直流电动机	
52	并励直流电动机	
53	永磁直流电动机	
54	起动机（带电磁开关）	
55	燃油泵电动机、洗涤电动机	
56	晶体管电动燃油泵	
57	加热定时器	

（续）

序号	名称	图形符号
58	点火电子组件	
59	风扇电动机	
60	刮水电动机	
61	天线电动机	
62	直流伺服电动机	
63	直流发电机	
64	星形联结的三相绕组	
65	三角形联结的三相绕组	
66	定子绕组为星形联结的交流发电机	
67	定子绕组为三角形联结的交流发电机	
68	外接电压调节器与交流发电机	
69	整体式交流发电机	
70	蓄电池	
71	蓄电池组	

3. 文字符号的认知

文字符号由电气设备、装置和元器件的种类（名称）字母代码和功能（与状态、特征）字母代码组成。文字符号可用于电气技术领域中技术文件的编制，也可标注在电气设备、装置和元器件上或其近旁，以表明电气设备、装置和元器件的名称、功能、状态和特征。此外，文字符号还可与基本图形符号和一般图形符号组合使用，以派生新的图形符号。

文字符号分为基本文字符号和辅助文字符号两大类，基本文字符号又分为单字母符号和双字母符号。

（1）基本文字符号

1）单字母符号。按拉丁字母可将各种电气设备、装置和元器件进行划分，每大类用一个专用单字母符号表示，如"C"表示电容器类，"R"表示电阻类等。

2）双字母符号。由一个表示种类的单字母符号与另一字母组成，双字母符号的组合形式为专用单字母符号在前、另一字母在后，如"R"表示电阻，"RP"表示电位器，"RT"表示热敏电阻；"G"表示电源、发电机、发生器，"GB"表示蓄电池，"GS"表示同步发电机、发生器，"GA"表示异步发电机。常用基本文字符号见表 8-1-12。

表 8-1-12　常用基本文字符号

设备、装置元器件种类	举例	基本文字符号 单字母	基本文字符号 双字母
组件部件	电桥	A	AB
	晶体管放大器		AD
	集成电路放大器		AJ
	印刷电路放大器		AP
	抽屉柜		AT
	支架盘		AR
非电量到电量变换器或电量到非电量变换器	压力变换器	B	BP
	温度变换器		BT
电容器	电容器	C	
二进制元件、延迟器件、存储器件	数字集成电路和器件	D	
其他元器件	发热器件	E	EH
	照明灯		EL
保护器件	熔断器	F	FU
	限压保护器件		FV

（续）

设备、装置元器件种类	举例	基本文字符号	
		单字母	双字母
发生器 发电机 电源	发生器	G	GS
	同步发电机		GA
	异步发电机		GA
	蓄电池		GB
信号器件	声响指示	H	HA
	光指示器		HL
	指示灯		HL
继电器 接触器	交流继电器	K	KA
	双稳态继电器		KL
	接触器		KM
	簧片继电器		KR
电感器 电抗器	感应线圈 电抗器	L	
电动机	电动机	M	
	同步电动机		MS
	力矩电动机		MT
模拟元件	运算放大器 混合模拟/数字器件	N	
测量设备 试验设备	指示器件信号发生器	P	
	电流表		PA
	（脉冲）计数器		PC
	电度表		PJ
	电压表		PV
电力电路的开关器件	断路器	Q	QF
	电动机保护开关		QM
	隔离开关		QS
电阻器	电阻器 变阻器	R	
	电位器		RP
	热敏电阻器		RT
	压敏电阻器		RV

(续)

设备、装置元器件种类	举例	基本文字符号 单字母	基本文字符号 双字母
控制、记忆、信号电路的开关器件选择器	控制开关 选择开关	S	SA
	按扭开关		SB
	压力传感器		SP
	位置传感器		SQ
	温度传感器		ST
变压器	电流互感器	T	TA
	控制电路电源用变压器		TC
	电力变压器		TM
	电压互感器		TV
电子管 晶体管	二极管 晶体管 晶闸管	V	
	电子管		VE
传输通道波导天线	导线 母线 波导 天线	W	
端子 插头 插座	连接插头和插座 接线柱焊 接端子板	X	
	连接片		XB
	测试插孔		XJ
	插头		XP
	插座		XS
	端子板		XT
电气操作的机械器件	气阀	Y	
	电磁铁		YA
	电动阀		YM
	电磁阀		YV

(2) 辅助文字符号

辅助文字符号表示电气设备、装置和元器件以及线路的功能、状态和特征。如"SYN"表示同步,"L"表示限制左或低,"RD"表示红色,"ON"表示闭合,"OFF"表示断开等。常用辅助文字符号见表8-1-13。

表 8-1-13 常用辅助文字符号

序号	文字符号	名称	序号	文字符号	名称
1	A	电流	38	M	中
2	A	模拟	39	M	中间线
3	AC	交流	40	M MAN	手动
4	A AUT	自动	41	N	中性线
5	ACC	加速	42	OFF	断开
6	ADD	附加	43	ON	闭合
7	ADJ	可调	44	OUT	输出
8	AUX	辅助	45	P	压力
9	ASY	异步	46	P	保护
10	B BRK	制动	47	PE	保护搭铁
11	BK	黑	48	PEN	保护搭铁与中性线共用
12	BL	蓝			
13	BW	向后	49	PU	不搭铁保护
14	C	控制	50	R	记录
15	CW	顺时针	51	R	右
16	CCW	逆时针	52	R	反
17	D	延时（延迟）	53	RD	红
18	D	差动	54	R RST	复位
19	D	数字			
20	D	降低	55	RES	备用
21	DC	直流	56	RUN	运转
22	DEC	减	57	S	信号
23	E	搭铁	58	ST	起动
24	EM	紧急	59	S SET	复位，定位
25	F	快速			
26	FB	反馈	60	SAT	饱和
27	FW	正，向前	61	STE	步进
28	GN	绿	62	STP	停止
29	H	高	63	SYN	同步
30	IN	输入	64	T	温度
31	INC	增	65	T	时间
32	IND	感应	66	TE	无噪声（防干扰）、搭铁
33	L	左	67	V	真空
34	L	限制	68	V	速度
35	L	低	69	V	电压
36	LA	闭锁	70	WH	白
37	M	主	71	YE	黄

二 电路图的主要类型及认知

1. 汽车电路方框图的认知

在汽车电路方框图（丰田车系技术资料中称之为系统图）中，每个方框中所标注的内容一般是整车或系统的一个独立部件。各部分之间的关系由方框之间的线条表示，箭头表示信号或电流的传输方向。在分析电路之前，先阅读该电路的方框图有助于快速了解电路的工作原理。

通过方框图分析信号或电流的传输过程时，应认真查看图中的箭头方向。如果没有箭头方向，则可根据方框图的图形符号来判断。箭头如果是双向的，表示信号既能输入也能输出；方框图中的粗线条表示 CAN 总线。对方框图有了整体的认知后，应进一步弄清整车或系统共有几个框（多少部件），框与框之间存在何种关系，再对照汽车电路原理图，就可以更加深刻地理解电路的工作原理。可变气门正时（VVT）系统的电路方框图如图 8-2-1 所示。

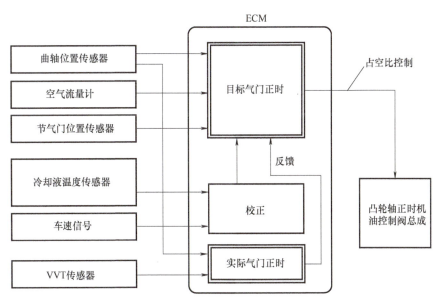

图 8-2-1 可变气门正时（VVT）系统电路方框图

2. 汽车电路原理图的认知

汽车电路原理图是用电路图形符号，按工作顺序或功能布局绘制的，详细表示汽车电路的组成和连接关系，不考虑实际位置的简图。电路原理图可清楚地反映出电气系统各部件的连接关系和电路原理。前风窗玻璃加热器的电路原理图如图 8-2-2 所示。

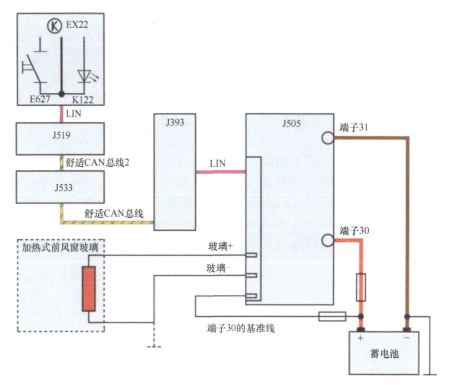

图 8-2-2 前风窗玻璃加热器电路原理图

3. 汽车接线图的认知

汽车接线图是指专门用来标记电气设备的安装位置、外形、线路走向等的指示图。汽车接线图按照全车电气设备安装的实际方位绘制,部件与部件之间的连线按实际关系绘出,为了尽可能接近实际情况,接线图中的电器不用图形符号,而是用该电器的外形轮廓或特征表示,在接线图上应注意将线束中同路的导线尽量画在一起。

汽车接线图明确地反映了汽车实际的线路情况,查线时,很容易找到导线中间的分支、接点等,为安装和检测汽车电路提供了方便。但因其线条密集,纵横交错,也给读图、查找、分析故障带来了不便。汽车接线图如图 8-2-3 所示。

4. 汽车线束图的认知

汽车线束是电路的主干,通过插接器、交接点与车内电器或车体连接从汽车线束图中可以了解线束的走向,并可以通过露在线束外面的线头与插接器的详细编号或字母标记得知线束各插接器的位置。汽车线束图如图 8-2-4 所示。

5. 汽车元件位置图的认知

汽车元件位置图通常用指引线指明元件的位置,用文字说明元件的名称。汽车元件位置图简单、直观、方便查找,识读时注意文字的说明和指引线的指向,即可找到实物所在位置。汽车元件位置图如图 8-2-5 所示。

第八章 汽车电气识图基础

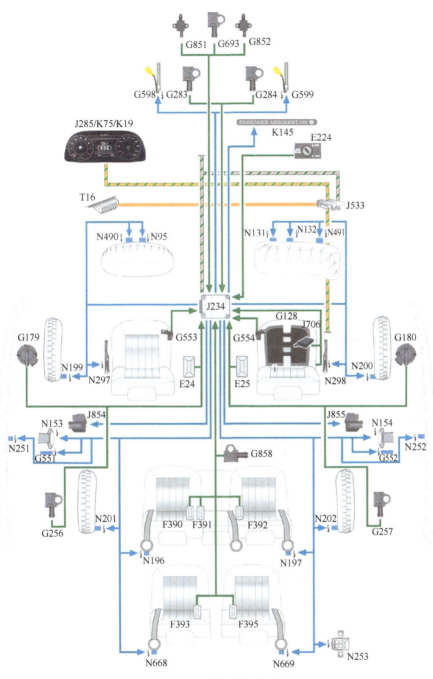

图 8-2-3 汽车接线图示例

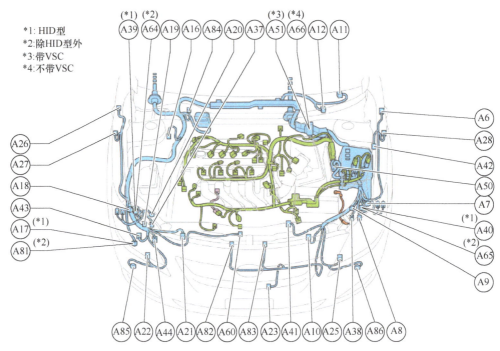

图 8-2-4 汽车线束图示例

A6—左侧转向信号灯总成 A7—左前转向信号灯（左侧前照灯总成） A8—左前示宽灯（左侧前照灯总成） A9—左侧前照灯光束高度调整电动机（左侧前照灯总成） A10—左前气囊传感器 A11—风窗玻璃刮水器电动机总成 A12—制动液液位警告开关（制动主缸储液罐分总成） A16—空调压力传感器 A17—风窗玻璃清洗器电动机和泵总成 A18—右前转向信号灯（右侧前照灯总成） A19—右前示宽灯（右侧前照灯总成） A20—右侧前照灯光束高度调整电动机（右侧前照灯总成） A21—右前气囊传感器 A22—右侧雾灯总成 A23—环境温度传感器 A25—左侧雾灯总成 A26—右侧转向信号灯总成 A27—右前转速传感器 A28—左前转速传感器 A37—右侧前照灯总成（远光） A38—左侧前照灯总成（远光） A39—右侧前照灯总成（近光） A40—左侧前照灯总成（近光） A41—2号冷却风扇ECU A42—遥控门锁蜂鸣器 A43—前照灯清洗器控制继电器 A44—前照灯清洗器喷嘴电动机和泵总成 A50—ECM A51—制动器执行器总成 A60—发动机盖锁总成 A64—右前照灯总成（近光） A65—左前照灯总成（近光） A66—制动器执行器总成 A81—风窗玻璃清洗器电动机和泵总成 A82—低音喇叭总成 A83—高音喇叭总成 A84—警报喇叭总成 A85—1号右前超声波传感器 A86—1号左前超声波传感器

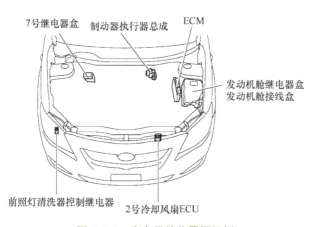

图 8-2-5 汽车元件位置图示例

第九章
汽车电路基础

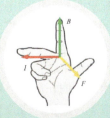

本章目录

一、电学基础
二、汽车电路的组成与特点
三、汽车电路的常用接线方法
四、汽车控制电路的分类
五、汽车电路图识读

一　电学基础

1. 电能的获取方式

（1）电流的三大效应

1）热效应：当电流经过导体时，导体会发热，将电能转变为热能，这种现象叫作电流的热效应。利用电流热效应的汽车电气设备有点烟器和熔断器等，熔断器如图9-1-1所示。

2）光效应：当电流经过导体时，导体会发光，这种现象叫作电流的光效应。利用电流光效应的汽车电气设备有灯泡等，如图9-1-2所示。

3）电磁效应：当电流经过导体或线圈时，导体或线圈周围空间会产生电磁场，这种现象叫作电流的电磁效应。利用电流电磁效应的汽车电气设备有点火线圈、发电机转子、喷油器等，喷油器如图9-1-3所示。

图9-1-1　熔断器

图9-1-2　灯泡

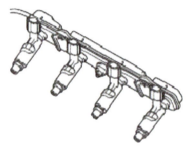

图9-1-3　喷油器

（2）电的三个要素

1）电流：指单位时间内通过导体某截面的电荷净转移量，单位为安培（A）。

2）电压：指移动单位电荷时电场力所做的功，或电场强度的线积分，单位为伏特（V）。

3）电阻：指导电物体阻碍传导电流通过的能力，单位为欧姆（Ω）。

（3）电产生的原理

1）电磁感应：如图9-1-4所示，导体在磁铁N极和S极之间做自由运动，将电流表连接导体，此时形成一个闭合电路。当导体在磁场中做切割磁力线的运动时，导体中就会产生电流；如果导体的运动平行于磁力线方向，就没有电流产生。这种产生感应电动势或感应电流的现象称为电磁感应。这种

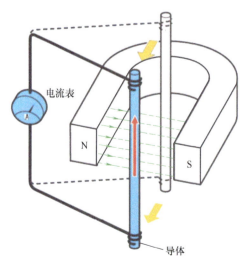

图9-1-4　电磁感应

通过导体的电流叫做感应电流，在电磁感应现象中产生的电动势叫做感应电动势。

2）感应电流的方向：图 9-1-5 显示了磁力线方向、感应电流方向和导体运动方向三者之间的关系。右手 3 根手指互相垂直，拇指方向是导体运动方向、食指方向是磁力线方向、中指方向则为产生的电流方向。这就是弗莱明右手定则。

（4）发电机原理

如图 9-1-6 所示，当一个导体在磁场内旋转时，由于电磁感应将会产生感应电动势。将这个导体弯成框形在磁场中旋转时，就会产生双倍的感应电动势。将这个导体做成一个多匝的线圈，将会产生更大的感应电动势，线圈匝数越多产生的感应电动势就越大。

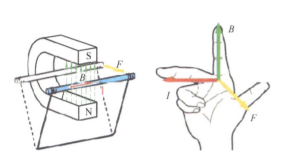

图 9-1-5　感应电流的方向

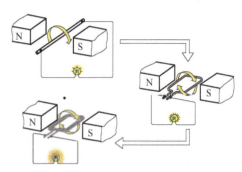

图 9-1-6　发电机原理

（5）交流发电机

单相交流发电机的工作原理如图 9-1-7 所示，用一对磁铁来产生发电机的磁场，磁力线从 N 极到 S 极。为简单清晰，图 9-1-7 中没有显示闭合的磁路，仅显示用来产生电动势部分的磁场。在磁场内放入矩形线圈，线圈两端通向两个滑环，滑环通过电刷连接到输出线上，输出线端连有负载电阻。

当线圈旋转时，根据电磁感应原理，线圈两端将会产生感应电动

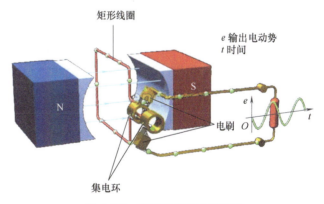

图 9-1-7　交流发电机工作原理

势，当磁场是均匀的，矩形线圈作匀速旋转时，感应电动势按正弦规律变化，在负载电阻上有正弦交流电通过。电流的大小和方向是随线圈位置的变化而变化的，因此，这种设备产生的电流叫作交流电，这种设备叫交流发电机。

2. 电路的基本连接方式

电路的基本连接方式包括串联电路、并联电路、串并联电路以及混联电路。

（1）串联电路

将两个或两个以上电路元件（如电阻、电容、电感、用电器等）逐个顺次首尾相连，则称这些电路元件是串联的，该电路即为串联电路，图 9-1-8 为典型串联电路的电路原理图。当开关闭合时，电流可以流通，灯泡点亮；当开关断开时，电流被切断，灯泡熄灭。

串联电路的结构特点：
1）电路元件逐个顺次连接在电路中。
2）电流从电源正极回到负极只有一条回路。
串联电路的控制特点：
1）开关闭合时，所有电路元件同时工作。
2）开关断开时，所有电路元件同时停止工作。
3）开关的位置对电路控制没有影响。

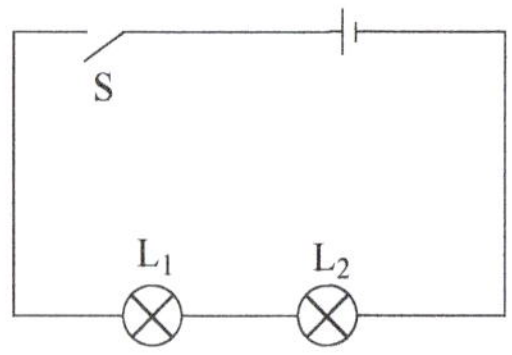

（2）并联电路

将两个或两个以上电路元件（如电阻、电容、电感、用电器等）的两端分别连接在一起，则称这些电路元件是并联的，该电路即为并联电路，图 9-1-9 为典型并联电路的电路原理图。在并联状态下每个电路元件两端的电压相等。

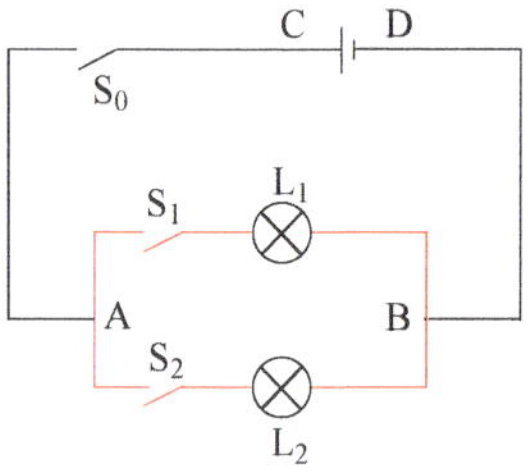

图 9-1-8 串联电路

并联电路的结构特点：
1）用电器并列连接在电路中。
2）电流从电源正极回到负极有多条回路。
并联电路的控制特点：
1）干路开关控制所有用电器。
2）支路开关控制所在支路用电器。
3）开关的位置对电路的控制有影响。

图 9-1-9 并联电路

3. 欧姆定律

（1）基本电路组成

一个电路通常由电源、导线和被电路控制的用电器（如灯泡、电机和电阻器等）组成，如图 9-1-10 所示。

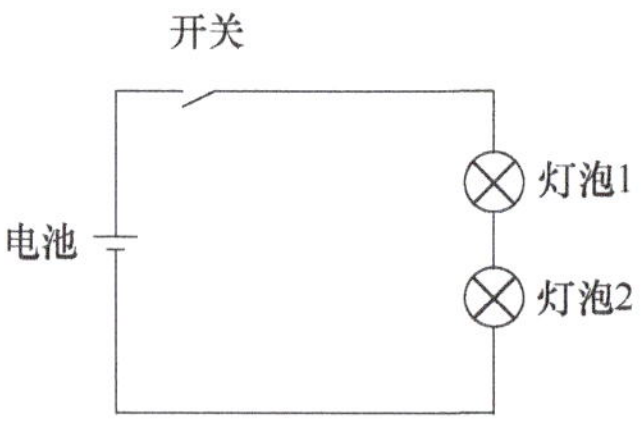

（2）电流、电压和电阻间的关系

在同一电路中，通过某一导体的电流跟这段导体两端的电压成正比，跟这段导体的电阻成反比，这就是欧姆定律，其公式为

图 9-1-10 基本电路组成

$$I = \frac{U}{R}$$

欧姆定律的特点：
1）欧姆定律适用条件：适用于纯电阻电路。
2）能量转化：用电器工作时，消耗的电能完全转化为内能。
3）公式中的 I、U 和 R 必须是对应于同一导体或同一段电路。
4）同一导体（即 R 不变），则 I 与 U 成正比；同一电源（即 U 不变），则 I 与 R 成反比。
5）$R = \dfrac{U}{I}$ 是欧姆定律变换而来的公式，它表示导体的电阻可由 U/I 求出，即 R 与 U、I 的比值有关，但 R 本身的大小与外加电压 U 的高低和通过电流 I 的大小等因素无关。
6）I、U 和 R 中已知任意的两个量就可求剩余的一个量。

(3) 电功率

电流在单位时间内做的功叫做电功率，用 P 表示，是用来表示消耗电能的快慢的物理量，电功率的单位是瓦特（W），简称"瓦"。

一个用电器功率的大小在数值上等于它在 1s 内所消耗的电能。如果在时间 t（单位为 s）内消耗的电能为 W（单位为 J），那么这个用电器的电功率为

$$P = \frac{W}{t}$$

电功率还等于导体两端电压与通过导体电流的乘积，即

$$P = UI$$

计算纯电阻电路的电功率，还可以用公式

$$P = \frac{U^2}{R}$$

或

$$P = I^2 R$$

用电器在额定电压下正常工作的功率叫做额定功率，用电器在实际电压下工作的功率叫做实际功率。

（4）直流电与交流电

1）直流电（Direct Current，简称 DC），指方向始终固定不变的电压或电流。能产生直流电的电源称为直流电源，常见的干电池、蓄电池和直流发电机等都是直流电源。

2）交流电（Alternating Current，简称 AC），指方向和大小都随时间做周期性变化的电压或电流。交流电类型很多，其中最常见是的正弦交流电。我们常见的电灯、电动机等大都使用交流电。

二 汽车电路的组成与特点

1. 最简单的电路组成

最简单的电路由电源、导线、开关和用电器组成，如图 9-2-1 所示。

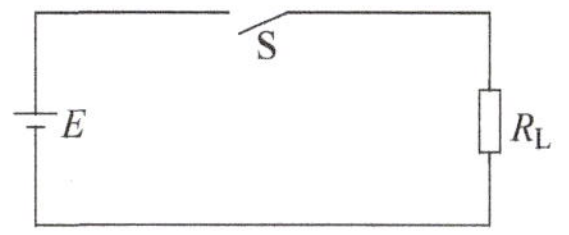

图 9-2-1　最简单的电路组成

2. 汽车整车电路组成

汽车整车电路通常由电源电路、起动电路、点火电路、照明与灯光信号装置电路、仪表信息系统电路、辅助装置电路和电子控制系统电路组成。

1）电源电路：也称充电电路，是由蓄电池、发电机、调节器及充电指示装置等组成的电路，电能分配（配电）及电路保护器件也可归入这一电路。

2）起动电路：由起动机、起动继电器、起动开关及起动保护电路组成的电路。也可将低温条件下起动预热的装置及其控制电路归入这一电路内。

3）点火电路：汽油发动机汽车特有的电路。它由点火线圈、分电器、电子点火控制器、火花塞及点火开关组成。微机控制点火控制系统一般归入发动机电子控制系统中。

4）照明与灯光信号装置电路：由前照灯、雾灯、示廓灯、转向灯、制动灯、倒车灯、车内照明灯及有关控制继电器和开关组成的电路。

5）仪表信息系统电路：由仪表及其传感器、各种警告指示灯及控制器组成的电路。

6）辅助装置电路：为提高车辆安全性、舒适性等而设置的各种辅助电器装置组成的电路。辅助电器装置的种类随车型不同而有所差异，汽车档次越高，辅助电器装置越完善。一般包括风窗刮水及清洗装置、风窗除霜（防雾）装置、空调装置、音响装置等。较高级的车型上还装有车窗电动举升装置、电控门锁、电动座椅调节装置和电动遥控后视镜等。

7）电子控制系统电路：主要由发动机电子控制系统（包括燃油喷射系统、点火系统、排放系统等）、自动变速器及恒速行驶控制系统、制动防抱死系统、安全气囊控制系统等电路组成。

3. 汽车电路的特点

1）单线制：指在汽车电路中从电源正极到用电设备用一根导线相连，而用电设备用汽车底盘、发动机等金属机体作为另一公用导线接地，没有用导线连接电源负极。

2）负极搭铁：汽车电路采用单线制时，将蓄电池的一个电极用导线连接到发动机或底盘等金属车体上，称为搭铁。若蓄电池的负极与金属车体相接，则称负极搭铁。

3）两个电源：汽车电路有蓄电池和发电机两个供电电源。

4）用电设备并联：汽车上的各种用电设备都采用并联方式与电源连接，每个用电设备都由各自串联在其支路中的专用开关控制，互不产生干扰。

5）低压直流供电：柴油车、天然气汽车大多采用24V直流电源供电，汽油车、两用燃料汽车大都采用12V直流电源供电。

4. 汽车电路的3种状态

汽车电路的3种状态：通路，断路，短路。

1）通路：正常接通的电路，通路中有持续电流，用电器能够工作，如图9-2-2所示。

2）断路：电路中某处被切断的电路，电路中没有持续电流，用电器不工作，如图9-2-3所示。

3）短路：

① 电源短路：直接用导线将电源正负极相连的电路。

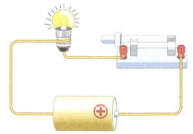

图9-2-2 通路

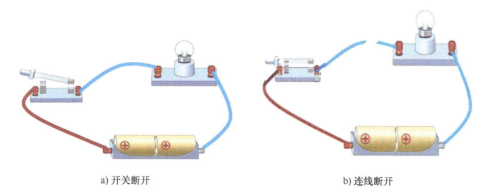

a）开关断开　　　　　　　　　b）连线断开

图9-2-3 断路

电源短路时,电路中会有较大的电流,会烧坏导线和电源,甚至引起火灾,如图 9-2-4 所示。

图 9-2-4　电源短路

② 用电器短路:用电器两端被导线直接连通的情况,如图 9-2-5 所示。用电器短路时用电器没有电流流过,用电器不工作。

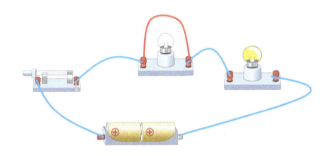

图 9-2-5　用电器短路

三　汽车电路的常用接线方法

1. 一般连接方式

汽车电路一般采用单线制、用电设备并联、负极搭铁、线路用颜色不同的线和编号加以区分,并以点火开关为中心分成几条主干线。

1) 蓄电池正极线:从蓄电池引出直通熔断器盒,有的蓄电池正极线直接引到起动机正极接线柱上,再从那里引出较细的正极线到其他电路。

2) 点火、仪表、指示灯线:必须经汽车钥匙打开才能接通电路。

3) 专用线:用于无论发动机是否工作都需要接入的电器,如收放机、点烟器等,由点火开关单独设置一档予以供电。

4) 起动控制线:起动机主电路的控制开关(触盘)常用磁力开关进行通断。其接线方式有三种形式:小功率起动机磁力开关的吸引线圈和保持线圈由点火开关的起动档控制;大功率起动机的吸引线圈和保持线圈则由起动机继电器控制;装有自动变速器的轿车,为了保证空档起动,常将起动控制线串接在空档开关上。

5) 搭铁线:搭铁点分布在汽车全身,与不同金属相接(如铁、铜与铝、铝与铁)形成电极电位差,有些搭铁部位容易沾染泥水、油污或生锈,有些搭铁部位是很薄的钣金片,这些都可能引起搭铁不良，如灯不亮、仪表不起作用、喇叭不响等。所以，有的汽车采用双搭铁线。

2. 电源系统

发电机与蓄电池并联，蓄申池负极必须搭铁。蓄电池正极经电流表（或直接）接发电机正极，蓄电池静止电动势常在11.5~13.5V之间，发电机输出电压常限定在13.8~15V之间（24V系统28V-30V）。发电机工作时正常电压比蓄电池电压高0.3~3.5V，这主要是为了克服线路压降，使蓄电池既能充满电，又不至于过度充电。

国产硅整流发电机的接线柱旁均有标记或名称，"+"或"B+"为"电枢"接线柱，此接线柱应与电流表或蓄电池"+"极相连；"F"为"磁场"接线柱，与调节器"磁场"接线柱相连；"E"为"搭铁"接线柱，应与调节器的"搭铁"接线柱相接。

3. 起动系统

（1）点火开关直接控制起动机的电路

点火开关在起动档直接控制起动机的吸拉保持线圈，多用于1.2kW以下的起动机的轿车电路；1.5kW以上起动机的磁力开关线圈的电流在40A以上，用起动继电器触点作为开关。

（2）带起动保护的起动机控制电路

当起动点火开关在0档时，电路均断开。点火开关在1档时（未起动）：发电机励磁点火线圈仪表点亮指示灯。点火开关在2档时，除了接通上述电路，还要接通起动机继电器电路：蓄电池正极→电流表→点火开关→起动机继电器线圈→继电器常闭触点→搭铁→蓄电池负极→起动机驱动主机。

与此同时，触桥将点火线圈旁路触点接通，电流直通初级点火线圈，附加电阻被隔除在外。发动机点火工作后，发电机中性点N的对地电压（约发电机调节电压的一半）使起动继电器中的起动保护继电器常闭触点断开，切断充电指示灯搭铁电路，充电指示灯熄灭，表示发电机工作正常。同时也切断了起动继电器线圈的搭铁电路，当发电机正常工作时，即使误将点火开关扳到2档，起动机也不会与飞轮啮合，避免打坏飞轮齿圈与起动机，起到保护起动机的作用。

4. 点火系统

汽车点火系统可以分为普通（有触点）点火系统、无触点点火系统、微机控制点火系统等形式，其工作过程基本都是按以下顺序循环：初级电流接通→初级电流切断（此时恰是某缸活塞处于压缩上止点前某一角度）→初级线圈产生自感电动势（300V左右）→次级线圈互感产生脉冲高压（6000~30000V）→火花塞出现电火花。

无触点点火系统的点火模块必须具备的引出线：由点火开关控制的电源输入线2条，由信号发生器（信号发生器与分电器轴一体）传送来的信号输入线3条，初级电流的输入、输出线2条。

5. 照明系统

汽车照明系统一般由前照灯、示宽灯（位置灯）、尾灯（后示宽灯）、牌照灯、仪表灯、室内灯等组成，其中前照灯又分为远光灯与近光灯，由变光开关控制。

照明灯由灯光开关控制：0档关断，1档为示廓灯、尾灯、仪表灯、牌照灯亮，2档为前照灯、示廓灯同时亮。

灯光系统的电流一般来自蓄电池正极，不受点火开关控制（由于前照灯远光功率较大，常用灯光继电器来控制通断，开关的 2 档用于控制继电器线圈）。超车灯信号常用远光灯亮灭来表示，发出此信号时不通过灯光开关，属于短时接通按钮式。现代汽车的照明系统常用组合开关集中控制，组合开关多装在转向柱上，位于转向盘下侧，操作时驾驶人的手可以不离开转向盘。

6. 仪表警告系统

1）所有电气仪表都受点火开关控制。

2）各仪表的表头与其传感器串联，燃油表、冷却液温度表一般还接有仪表稳压器。

3）电流表串联在发电机正极与蓄电池正极之间。发电机充电电流从电流表正极进去，指针偏向正端，而在蓄电池放电时，指针偏向负端。以下两种电流不通过电流表：超过电流表量程的负载电流，如起动机、预热塞、喇叭灯电流；发电机正常工作时向其他负载的供电电流。

> **注意**
>
> 当发电机不工作时，蓄电池向其他负载供电的电流必须经过电流表。现代汽车多用充电器可代替电流表，其缺点是不知充放电流的大小，过充电不易发现。

4）电压表并接在点火开关之后，只在点火开关接通时显示系统电压。12V 系统常使用 10~18V 的电压表，24V 系统常使用 20~36V 的电压表。

5）指示灯、警告灯常与仪表装配在一个总成内或在其附近布置，与仪表一同受点火开关的工作档（ON）和起动档（ST）控制。在 ON 档时应能检验大多数仪表、指示灯、警告灯是否良好。指示灯和警告灯按照电路接法可分为两种：一种是灯泡接点火开关火线，外接传感开关，开关接通则与搭铁构成通路，灯亮。如：充电指示灯、手制动指示灯、制动液面警告灯、门未关警告灯、机油压力警告灯、冷却液位过低警告灯等。另一种接法是指示灯泡搭铁，控制信号来自其他开关的相线端。如：远光指示灯、转向指示灯、座椅安全带未系指示灯、防抱死制动指示灯、巡航控制指示灯等。

6）汽车仪表常用双金属片电热丝式结构，表头一般只有 2 根线。例如，燃油指示表的两个接线柱是上下排列的，一般情况下应将上接线柱与电源线相连，下接线柱与传感器相连，否则将不能正常工作。此外，还有双线圈十字交叉、中间由一个磁性指针的仪表，为 3 线引出，其中一条接点火开关，另一条线搭铁，还有一条线接传感器。机械式仪表不与电路相接，如软轴传动的车速里程表、直接作用的弯管弹簧式制动气压表、燃油压力表以及乙醚膨胀式冷却液温度表、燃油温度表等，这些仪表读数精度较高，但要将许多管路、软轴引入仪表板，拆装麻烦，易于泄漏，已逐渐被电子控制仪表所代替。

7. 信号系统

信号系统主要有转向信号、危险警告信号、制动信号、倒车信号、喇叭等，这些信号都是由驾驶人根据道路交通情况向其他车辆和行人发出的，带有较强的随机性，一般由自身开关控制，如制动信号多由制动踏板联动控制、倒车灯多由变速杆倒档轴联动控制，不用驾驶人特意操作即可接通，喇叭按钮多安装在转向盘上，驾驶人手不离方向盘即可发出信号。

转向信号灯具有一定的闪频，我国国标中规定60~120次/分，日本规定（85±10）次/分，转向信号灯功率常为21~25W，前、后、左、右均设，大型车辆和轿车往往在侧面还有一个转向信号灯。其电路的一般接法是：转向灯与转向灯开关以及转向闪光继电器经危险警告灯开关的常闭触点与点火开关串联，即转向信号灯是在点火开关处于ON档时使用。

危险警告灯的使用场合主要有：本车有故障或危险不能行驶、本车有牵引其他车辆的任务，需要他车注意、本车需要优先通过、需要他车避让。因此，危险警告灯可以在发动机不工作时使用，此时无须接通点火系统及仪表警告灯，危险警告开关是一个多联动开关，在断开点火开关接线的同时，接通蓄电池接线，闪光器及灯泡电源直接来自蓄电池，并将闪光继电器的输出端与左、右转向灯连在一起。即在闪光继电器动作时，左、右转向灯及指示灯同时发出危险信号。

8. 电子控制系统

1）了解电子控制系统的功用、控制对象是哪些元件、控制哪些物理量。如有些控制系统是控制点火的，有些是控制喷油的，还有些是控制自动变速器的。

2）掌握各传感器的名称、安装部位、功用、结构原理及主要参数。

3）掌握各种执行器的名称、安装部位、功用、结构原理及主要参数。

4）了解控制器内部各主要功能块的作用，掌握各传感器、执行器之间的接线端子序号，字母代号，各端子之间的正常电压或阻值。

5）了解控制器、各传感器、各执行器在车上的安装位置，区别各接插器及其端子的序列号、代号，区别各元件的形状特征。

6）了解故障诊断插座或检测仪通信接口，按国别、厂家与车派查找各车辆的故障代码表，用仪表或故障检查灯的闪光情况读出故障代码，确定故障部位，排除故障。

四 汽车控制电路的分类

1. 直接控制电路

直接控制电路是指不使用继电器，控制单元直接控制用电器的电路，如图9-4-1所示。

2. 间接控制电路

间接控制电路是指控制单元与用电器之间使用继电器的电路，如图9-4-2所示。

3. 非电子控制电路

非电子控制电路是指用手动开关等传统控制部件对用电器进行控制的电路，如图9-4-3所示。

4. 电子控制电路

电子控制电路是指通过信号输入元件，由控制单元直接控制用电器的电路。电子控制电路以控制单元为中心，分为电源输入、信号输入、执行器工作3个电路，如图9-4-4所示。

第九章　汽车电路基础

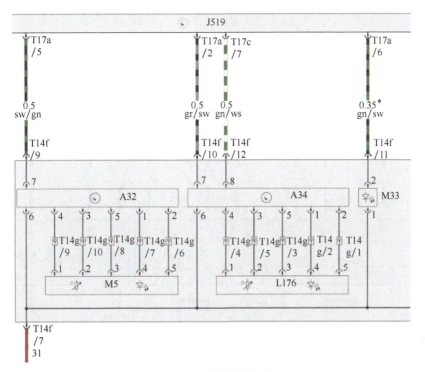

图 9-4-1　直接控制电路

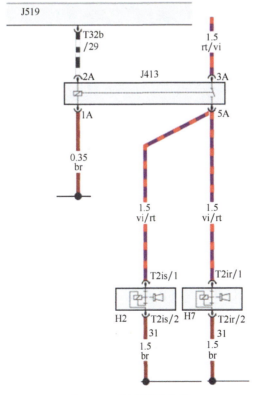

图 9-4-2　间接控制电路

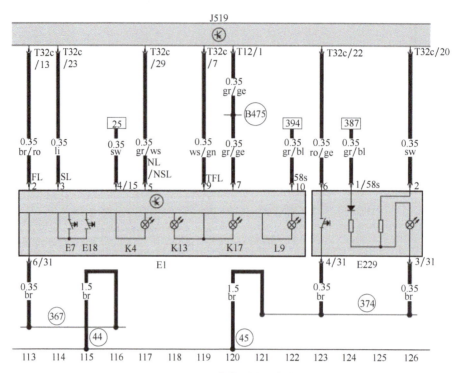

图 9-4-3 非电子控制电路

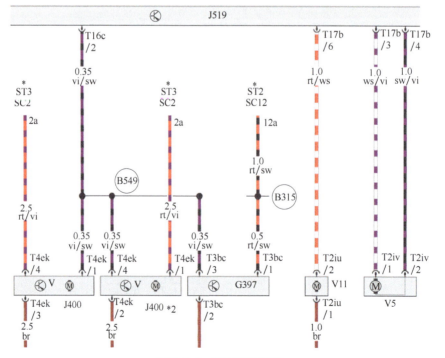

图 9-4-4 电子控制电路

五 汽车电路图识读

1. 大众奥迪车型电路图识读

大众奥迪车型电路图，如图 9-5-1 所示。对图 9-5-1 的解释说明见表 9-5-1。

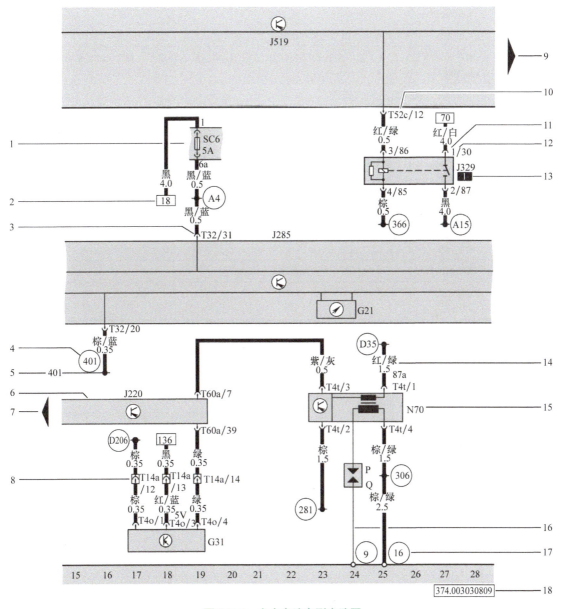

图 9-5-1　大众奥迪车型电路图

表 9-5-1　大众奥迪车型电路图解析

标记	说明
1	熔丝代号，图中"SC6"表示熔丝盒中 6 号位熔丝（5A）
2	指示导线的延续，框内的数字指示导线在相同编号的部分有延续
3	元件上插头的代号，表示插头代号触点数和连接的触点号，如 T32131 表示 32 针插头 T32 的触点 31
4	线束内部连接的代号，可以在电路图下方查到该不可拆式连接位于哪个线束内
5	指示内部接线的去向，数字表示电路图中下一个部分有相同数字的内部接线相连
6	元件的符号
7	三角箭头指示该元件在电路图上一页有延续
8	线束的插头连接代号，指示多针脚插头代号，触点数和连接的触点号，如 T14a/12 表示 14 针插头 T14a 的触点 12
9	三角箭头，表示接下一页电路图
10	车身控制单元（BCM）上多针脚插头代号及插头的触点号，如 T52c/12 表示 52 针插头 T52c 的触点 12
11	接线端子号，元件上的接线端子号或多针插头触点号
12	触点代号，在继电器上表示继电器上单个触点，例如 30 代表继电器上的触点 30
13	继电器位置编号
14	导线截面积（单位：mm^2）和颜色
15	元件代号，可以在电路图下方查到元件名称
16	内部连接（细实线），这个连接并不是作为导线存在，而是表示元件或导线束内部的电路
17	搭铁点的代号，可以在电路图下方查到搭铁点在车上的位置
18	电路图图号，例如 374.003030809 中；374 表示车型；003 表示组号；03 表示页码；08 表示月份；09 表示年份

2. 通用别克车型电路图识读

通用别克车型电路图，如图 9-5-2 所示。对图 9-5-2 的解释说明见表 9-5-2。

表 9-5-2　通用别克车型电路图解析

标记	说明
1	电源接通说明，在电路图的上方用黑框表示，框内文字说明框下熔丝在什么情况下有电。"B+"表示该电路任何时间都有电，电压为蓄电池工作电压
2	熔丝 F31UA7.5A
3	虚线框表示没有完全标示出发动机舱盖下熔丝盒的所有部分
4	导线是由发动机舱盖下熔丝盒的 X1 连接插头的 5 插脚引出，连接插头编号 X3 写在左侧，插脚编号 8 写在右侧
5	7、8、9、10、13 插脚均属于 X1 连接插头
6	"140"表示该导线所在的电路号码，"RD/WH"表示带白色条的红色导线
7	发动机控制模块 K20 的 X3 插接器 67 插脚
8	输出低压侧驱动开关（-），这里发动机控制模块 K20 的 X1 插接器 67 插脚输出低电压信号，控制发动机控制点火继电器 KR75 的线圈工作

(续)

标记	说明
9	搭铁
10	选装件断裂点
11	输出下拉电阻器，这里把来自熔丝 F13UA 的电压信号输出给发动机控制模块的内部控制电路
12	串行数据通信功能，该图标表明该串行数据电路详细信息未完全显示
13	部件的名称
14	需要参考数据通信电气线路图
15	不完整物理接头
16	直列线束插接器，左侧"X403"表示连接插头编号（其中 X 表示连接插头），右侧"21"表示直列线束插接器的 21 插脚
17	特殊图标提示

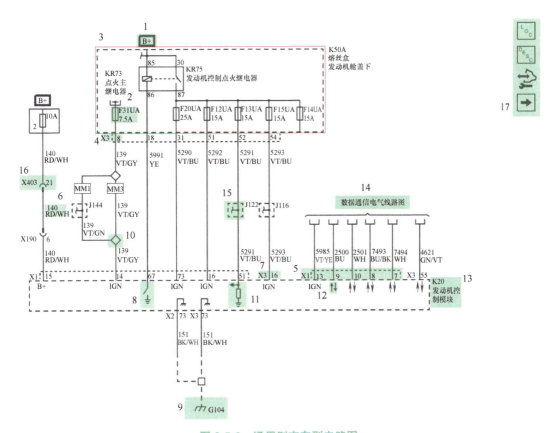

图 9-5-2 通用别克车型电路图

3. 丰田车型电路图识读

丰田车型电路图，如图 9-5-3 所示。对图 9-5-3 的解释说明见表 9-5-3。

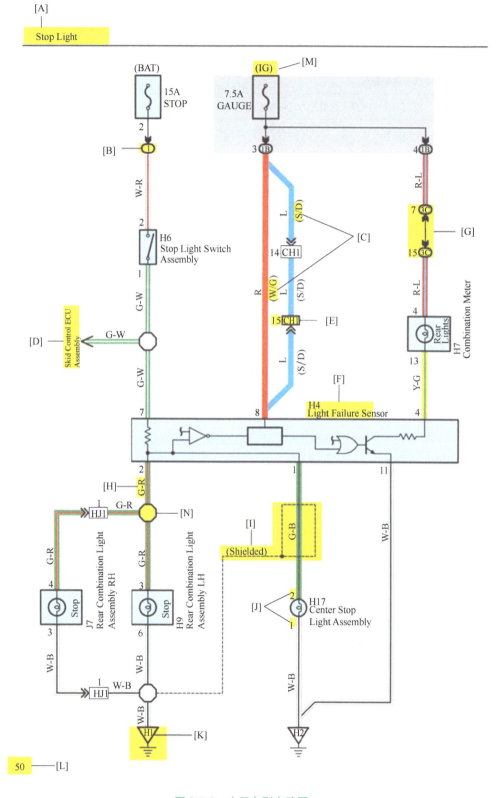

图 9-5-3　丰田车型电路图

表 9-5-3 丰田车型电路图解析

标记	说明
A	系统名称
B	继电器盒，无阴影表示且仅显示继电器盒号以区别接线盒
C	当车辆型号、发动机类型或规格不同时，用（ ）表示不同的配线和插接器
D	相关系统
E	连接两根线束的（阳或阴）连接器的代码，该插接器代码由两个字母和一个数字组成。插接器代码的第一个字符表示指示带阴插接器的线束的字母代码，第二个字符表示带阳插接器的线束的字母代码，第三个字母表示在出现多种相同的线束组合时，用于区分线束组合的系列号（如 CH1 和 CH2）
F	零件（所有零件用天蓝色表示），此代码与零件位置图中所用的代码相同
G	接线盒（圈内的数字是接线盒号，旁边为插接器代码）。接线盒用阴影标出，以便将它与其他零件清楚地区别开来。如 3C 表示在 3 号接线盒内部
H	配线颜色。第一个字母表示基本配线颜色，第二个字母表示条纹的颜色
I	屏蔽电缆
J	插接器引脚的编号。阳插接器和阴插接器的编号系统各异
K	搭铁点，该代码由两个字符组成：一个字母和一个数字。第一个字符为指示线束的字母代码，第二个字符为同一线束有多个搭铁点时作区别用的系列号
L	页码
M	熔丝通电时的点火开关位置
N	配线接点

4. 现代起亚车型电路图识读

现代起亚车型电路图，如图 9-5-4 所示。

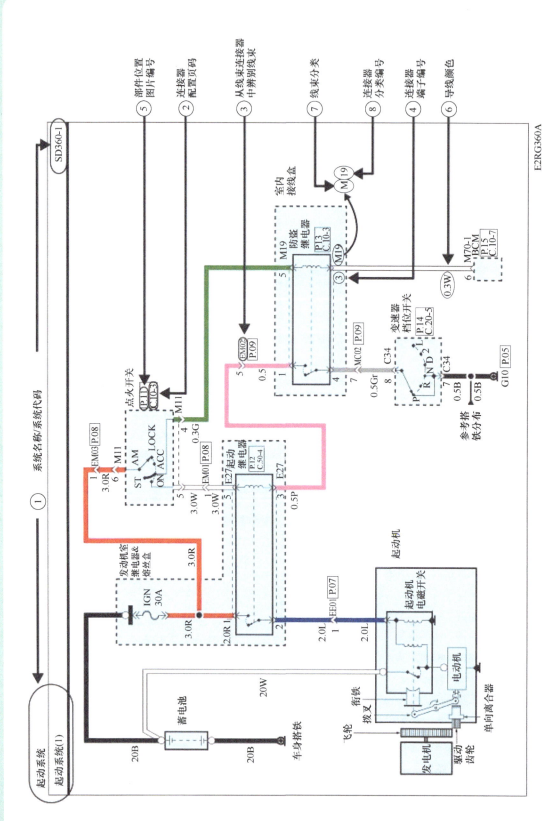

图 9-5-4 现代起亚车型电路图

5. 吉利车型电路图识读

吉利车型电路图，如图 9-5-5 所示。对图 9-5-5 的解释说明见表 9-5-4。

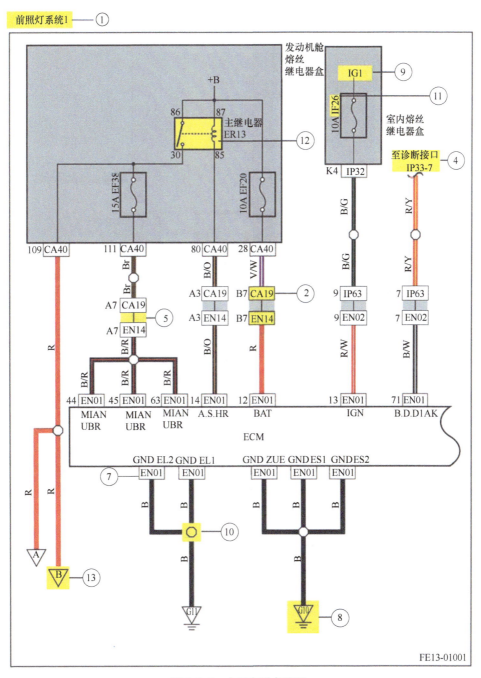

图 9-5-5 吉利车型电路图

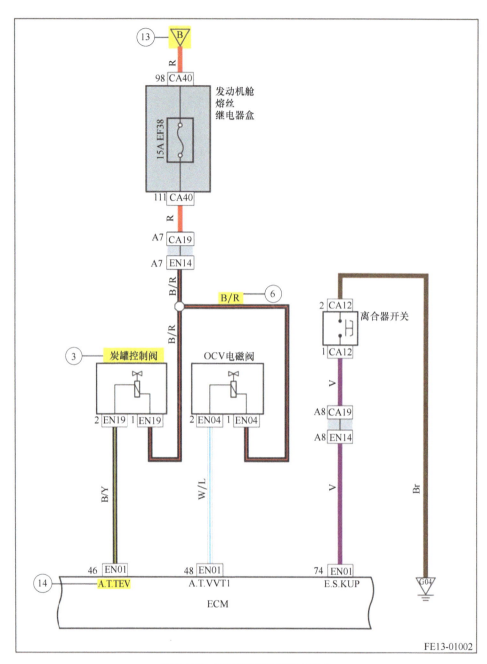

图 9-5-5 吉利车型电路图（续）

表 9-5-4 吉利车型电路图解析

标记	说明
1	系统名称
2	线束插接器编号
3	部件名称
4	显示此电路连接的相关系统信息

（续）

标记	说明
5	插头间连接用细实线表示，并用灰色阴影覆盖，用于与物理线束进行区别；物理线束用粗实线表示，颜色与实际导线颜色一致
6	导线颜色，如果导线为双色线，则第一个字母显示导线底色，第二个字母显示条纹色，中间用"/"分隔
7	接插件的端子编号，注意相互插接的线束插接器端子编号顺序互为镜像
8	搭铁点编号，除发动机线束搭铁点以 P 开头外，其余均为以 G 开头的序列编号标识。搭铁点位置详细参见搭铁点布置图
9	给保险供电的电源类型
10	导线节点  未连接交叉线路　　相连接交叉线路
11	熔丝编号由熔丝代码和序列号组成，位于发动机舱的熔丝代码为 EF，室内熔丝代码为 IF。熔丝编号详细参见熔丝列表
12	继电器编号用单个英文字母标识
13	如果一个系统内容较多，线路需要用多页表示时，线路起始点用  ▶ 表示，线路到达点则用  ◀ 表示，如一张图中有一条以上的线路转入下页，则分别以 B、C 等字母表示，以此类推
14	端子名称

第十章
汽车电路中主要电气元件的检查

3DG201

3DG57B

CD568

3DG12

3AD18D

3DD15

本章目录

一、开关装置的检查方法
二、电阻器的检查方法
三、电容器的检查方法
四、插接器的检查方法
五、继电器的检查方法
六、二极管和晶体管的检查方法

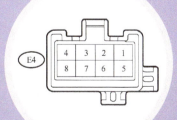

一 开关装置的检查方法

1. 点火开关

检测点火开关的电阻,根据图 10-1-1 所示测量各档位的电阻。

1)将点火开关旋至 LOCK 档,测量所有端子之间的电阻,正常值应为 10kΩ 或更大。

2)将点火开关旋至 ACC 档,测量 AM1(E4/2)与 ACC(E4/3)之间的电阻,正常值应小于 1Ω。

3)将点火开关旋至 ON 档,测量 AM1(E4/2)与 ACC(E4/3)、AM1(E4/2)与 IG1(E4/4)、IG2(E4/6)与 AM2(E4/7)之间的电阻,正常值应小于 1Ω。

4)将点火开关旋至 START 档,测量 ST1(E4/1)与 AM1(E4/2)、ST1(E4/1)与 IG1(E4/4)、IG2(E4/6)与 AM2(E4/7)、IG2(E4/6)与 ST2(E4/8)之间的电阻,正常值应小于 1Ω。

2. 灯光组合开关

检测灯光组合开关的电阻,根据图 10-1-2 所示测量各档位的电阻。各电阻标准值见表 10-1-1~表 10-1-5。

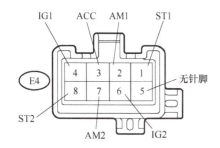

图 10-1-1 点火开关端子定义

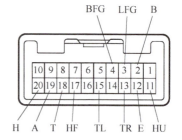

图 10-1-2 灯光组合开关端子定义(带自动灯控系统)

(1)检查灯控开关

表 10-1-1 检查灯控开关

测量端子	开关位置	标准值
12(E)-18(T)	OFF	≥10kΩ
18(T)-19(A)		
19(A)-20(H)		
12(E)-18(T)	TAIL(示廓灯)	<1Ω
12(E)-18(T)	HEAD(近光灯)	<1Ω
18(T)-20(H)		
12(E)-19(A)	AUTO(自动灯光)	<1Ω

（2）检查变光开关

表 10-1-2　检查变光开关

测量端子	开关位置	标准值
12（E）-17（HF）	HIGHFLASH（超车灯）	<1Ω
11（HU）-12（E）	HIGHFLASH（超车灯）	<1Ω
11（HU）-12（E）	HIGH（远光灯）	<1Ω

（3）检查转向信号灯开关

表 10-1-3　检查转向信号灯开关

测量端子	开关位置	标准值
12（E）-13（TR）	OFF	≥10kΩ
12（E）-15（TL）	OFF	≥10kΩ
12（E）-13（TR）	RH（右转向灯）	<1Ω
12（E）-15（TL）	LH（左转向灯）	<1Ω

（4）检查前雾灯开关

表 10-1-4　检查前雾灯开关

测量端子	开关位置	标准值
3（LFG）-4（BFG）	OFF	≥10kΩ
3（LFG）-4（BFG）	ON	<1Ω

（5）检查后雾灯开关

表 10-1-5　检查后雾灯开关

测量端子	开关位置	标准值
2（B）-3（LFG）	OFF	≥10kΩ
2（B）-3（LFG）	ON	<1Ω

3. 危险警告开关

检测危险警告开关的电阻，根据图 10-1-3 所示测量各档位的电阻，其标准值见表 10-1-6。

图 10-1-3　危险警告开关端子

表 10-1-6　检查危险警告开关

测量端子	开关位置	标准值
1-4	ON	<1Ω
	OFF	≥10kΩ

4. 制动灯开关

检测制动灯开关的电阻，根据图 10-1-4 所示测量各档位的电阻，其标准值见表 10-1-7。

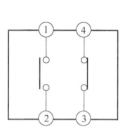

图 10-1-4　制动灯开关端子定义

表 10-1-7　检查制动灯开关

测量端子	开关位置	标准值
1-2	按下	≥10kΩ
	未按下	<1Ω
3-4	按下	<1Ω
	未按下	≥10kΩ

5. 门控灯开关

检测门控灯开关的电阻，根据图 10-1-5 所示测量电阻，其标准值见表 10-1-8。

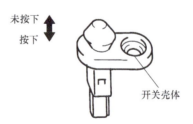

图 10-1-5　门控灯开关

表 10-1-8　检查门控灯开关

测量端子	开关位置	标准值
开关壳体	未按下（ON）	<1Ω
	按下（OFF）	≥10kΩ

6. 刮水器及洗涤器开关

检测刮水器及洗涤器开关的电阻，根据图 10-1-6 所示测量电阻，其标准值见表 10-1-9 和表 10-1-10。

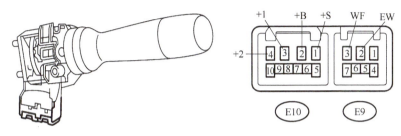

图 10-1-6　刮水器及洗涤器开关

（1）检查前刮水器开关

表 10-1-9　检查前刮水器开关

测量端子	开关位置	标准值
E10/1（+S）-E10/3（+1）	INT（间隙档）	<1Ω
	OFF（刮水器关闭）	
E10/2（+B）-E10/3（+1）	MIST（刮水器工作一次）	
E10/2（+B）-E10/4（+2）	LO（低速档）	
	HI（高速档）	

（2）检查前清洗器开关

表 10-1-10　检查前清洗器开关

测量端子	开关位置	标准值
E9/2（EW）-E9/3（WF）	ON	<1Ω
	OFF	≥10kΩ

二　电阻器的检查方法

1. 固定电阻器的检测

将两表笔（不分正负）分别与电阻的两端引脚相接即可测出实际电阻值。为了提高测量精度，应根据被测电阻标称值的大小来选择量程。由于欧姆档刻度的非线性关系，其中间一段分度较为精细，因此应使指针指示值尽可能落到刻度的中段位置，即 20%~80% 弧度范围内，以使测量更准确。根据电阻误差等级不同，读数与标称阻值之间分别允许有 ±5%、±10% 或 ±20% 的误差。如不相符，超出误差范围，则说明该电阻变值了。

> **注意**
>
> 测试时，特别是在测几十 kΩ 以上阻值的电阻器时，手不要触及表笔和电阻的导电部分；被检测的电阻要从电路中焊下来，至少要焊开一个头，以免电路中的其他元件对测试产生影响，造成测量误差；色环电阻的阻值虽然能以色环标志来确定，但在使用时最好还是用万用表测试一下其实际阻值。

2. 水泥电阻器的检测

检测水泥电阻器的方法及注意事项与检测普通固定电阻完全相同。

3. 熔断电阻器的检测

在电路中，当熔断电阻器熔断开路后，可根据经验作出判断：若发现熔断电阻器表面发黑或烧焦，可断定是其负荷过重，通过的电流超过额定值很多倍所致；如果其表面无任何痕迹而开路，则表明流过的电流刚好等于或稍大于其额定熔断值。对于表面无任何痕迹的熔断电阻器好坏的判断，可借助万用表 R×1 档来测量，为保证测量准确，应将熔断电阻器一端从电路上焊下。若测得的阻值为无穷大，则说明此熔断电阻器已失效开路；若测得的阻值与标称值相差甚远，表明电阻变值，也不宜再使用。在维修实践中发现，也有少数熔断电阻器在电路中被击穿短路的现象，检测时也应予以注意。

4. 电位器的检测

检查电位器时，首先要转动旋柄，检查旋柄转动是否平滑，开关是否灵活，开关通、断时"咔嗒"声是否清脆，并听一听电位器内部接触点和电阻体摩擦的声音，如有"沙沙"声，说明质量不好。用万用表测试时，先根据被测电位器阻值的大小，选择好万用表的合适电阻档位，然后可按下述方法进行检测。

首先，用万用表的欧姆档测"1""3"两端之间的电阻，其读数应为电位器的标称阻值，如万用表的指针不动或阻值相差很多，则表明该电位器已损坏。

其次，检测电位器的活动臂与电阻片的接触是否良好。用万用表的欧姆档测"1""2"（或"2""3"）两端之间的电阻，将电位器的转轴按逆时针方向旋至接近"关"的位置，这时电阻值越小越好。再顺时针慢慢旋转轴柄，电阻值应逐渐增大，表头中的指针应平稳移动。当轴柄旋至极端位置"3"时，阻值应接近电位器的标称值。如万用表的指针在电位器的轴柄转动过程中有跳动现象，说明活动触点有接触不良的故障。

5. 正温度系数热敏电阻（PTC）的检测

检测时，用万用表 R×1 档，具体可分两步操作：

1）常温检测（室内温度接近 25℃）：将两表笔接触 PTC 热敏电阻的两引脚，测出其实际阻值，并与标称阻值进行对比，二者相差在 ±2Ω 内为正常。实际阻值若与标称阻值相差过大，则说明其性能不良或已损坏。

2）加温检测：在常温测试正常的基础上，即可进行加温检测。将一热源（如电烙铁）靠近 PTC 热敏电阻对其加热，同时用万用表监测其电阻值是否随温度的升高而增大，如是，说明热敏电阻正常；若阻值无变化，说明其已损坏，不能继续使用。

不要使热源与 PTC 热敏电阻靠得过近或直接接触热敏电阻，以防止将其烫坏。

6. 负温度系数热敏电阻（NTC）的检测

（1）测量标称电阻值

用万用表测量 NTC 热敏电阻的方法与测量普通固定电阻的方法相同，即根据 NTC 热敏电阻的标称阻值选择合适的电阻档可直接测出 R_t 的实际值。但因 NTC 热敏电阻对温度很敏感，故测试时应注意以下几点：

1）标称电阻值是生产厂家在环境温度为 25℃时所测得的，所以用万用表测量 R_t 时，亦应在环境温度接近 25℃时进行，以保证测试的可信度。

2）测量功率不得超过规定值，以免电流热效应引起测量误差。

3）测试时，不要用手捏住热敏电阻体，以防止人体温度对测试产生影响。

（2）估测温度系数

先在室温下测得电阻值，再用电烙铁作热源，靠近热敏电阻，测出电阻值，同时用温度计测出此时热敏电阻表面的平均温度，利用公式即可计算出温度系数。

7. 压敏电阻的检测

用万用表的 R×1kΩ 档测量压敏电阻两引脚之间的正、反向绝缘电阻，应均为无穷大，否则，说明漏电流大。若所测电阻很小，说明压敏电阻已损坏，不能使用。

8. 光敏电阻的检测

1）用一黑纸片将光敏电阻的透光窗口遮住，此时用万用表 R×1kΩ 档测量光敏电阻两引脚之间电阻，万用表的指针基本保持不动，阻值接近无穷大。此值越大说明光敏电阻性能越好。若此值很小或接近为零，则说明光敏电阻已烧穿损坏，不能再继续使用。

2）将一光源对准光敏电阻的透光窗口，此时万用表的指针应有较大幅度的摆动，阻值明显减少，此值越小说明光敏电阻性能越好。若此值很大甚至无穷大，表明光敏电阻内部开路损坏，也不能再继续使用。

3）将光敏电阻透光窗口对准入射光线，用小黑纸片在光敏电阻的遮光窗上部晃动，使其间断受光，此时万用表指针应随黑纸片的晃动而左右摆动。如果万用表指针始终停在某一位置不随纸片晃动而摆动，说明光敏电阻的光敏材料已经损坏。

三 电容器的检查方法

主要分为三个大类：可变电容器的检测、电解电容器的检测、固定电容器的检测。

1. 可变电容器的检测

1）用手轻轻旋动转轴，应感觉十分平滑，不应感觉时松时紧甚至卡滞。将转轴向前、后、上、下、左、右等各个方向推动时，转轴不应有松动的现象。

2）用一只手旋动转轴，另一只手轻摸动片组的外缘，不应感觉有任何松脱现象。转轴与动片之间接触不良的可变电容器，是不能再继续使用的。

3）将万用表置于 R×10k 档，一只手将两个表笔分别接可变电容器的动片和定片的引出端，另一只手将转轴缓缓旋动几个来回，万用表指针都应在无穷大位置不动。在旋动转轴的过程中，如果指针有时指向零，说明动片和定片之间存在短路点；如果在某一角度时，万用表读数不为无穷大而是出现一定阻值，说明可变电容器动片与定片之间存在漏电现象。

2. 电解电容器的检测

1）因为电解电容的容量较一般固定电容大得多，所以，测量时，应针对不同容量选用合适的量程。根据经验，一般情况下，$1\sim47\mu F$ 的电容可用 R×1k 档测量；大于 $47\mu F$ 的电容可用 R×100 档测量。

2）将万用表红表笔接电容器的负极、黑表笔接电容器的正极，在刚接触的瞬间，万用表指针即向右偏转较大角度（对于同一电阻档，容量越大，摆幅越大），接着逐渐向左回转，直到停在某一位置。此时的阻值便是电解电容的正向漏电阻，此值略大于反向漏电阻。实际使用经验表明，电解电容的漏电阻一般应在几百 $k\Omega$ 以上，否则，将不能正常工作。在测试中，若正向、反向均无充电的现象，即表针不动，则说明容量消失或内部断路；如果所测阻值很小或为零，说明电容漏电大或已击穿损坏，不能再使用。

3）对于正、负极标志不明的电解电容器，可利用上述测量漏电阻的方法加以判别。即先任意测一下漏电阻，记住其大小，然后交换表笔再测出一个阻值。两次测量中阻值大的那一次便是正向接法，即黑表笔接的是正极、红表笔接的是负极。

4）使用万用表电阻档，采用给电解电容进行正、反向充电的方法，根据指针向右摆动幅度的大小，可估测出电解电容的容量。

3. 固定电容器的检测

（1）检测 10pF 以下的小电容

因 10pF 以下的固定电容器容量太小，用万用表进行测量，只能定性的检查其是否有漏电、内部断路或击穿现象。测量时，可选用万用表 R×10k 档，用两表笔分别任意接电容的两个引脚，阻值应为无穷大。若测出阻值（指针向右摆动）为零，则说明电容漏电损坏或内部击穿。

（2）检测 $10pF\sim0.01\mu F$ 固定电容器是否有充电现象，进而判断其好坏

万用表选用 R×1k 档。两只晶体管的 β 值均为 100 以上，且穿透电流要小。可选用 3DG6 等型号硅晶体管组成复合管。万用表的红、黑表笔分别与复合管的发射极和集电极相接。由于复合晶体管的放大作用，把被测电容的充放电过程予以放大，使万用表指针摆幅度加大，从而便于观察。应注意的是：在测试操作时，特别是在测较小容量的电容时，要反复调换被测电容引脚接触点，才能明显地看到万用表指针的摆动。

（3）检测 $0.01\mu F$ 以上的固定电容

可用万用表的 R×10k 档直接测试电容器有无充电过程以及有无内部断路或漏电，并可根据指针向右摆动的幅度大小估计出电容器的容量。

四　插接器的检查方法

1. 插接器的结构
插接器主要由针脚、外壳、附件组成。

2. 插接器的分类
插接器有两种类型：线束和线束之间的插接器、线束和组件之间的插接器。

3. 插接器的检查

（1）目测检查

检查氧化情况，这可能会引起插头内部端子连接不良；检查插脚和端子是否损坏；检查其是否正确地插入接头；检查确定电线正确地连接在插脚或端子上；要特别仔细地检查插脚及端子。

（2）插头测量

在电线两端之间连接一个万用表测量电阻，如果插头接触良好，没有开路，万用表的读数应小于1Ω。

（3）插头针脚松脱检查

检查插头上的导线针脚是否有松脱迹象，如果发现，需要及时修复。

五　继电器的检查方法

1. 继电器的结构

电磁式继电器一般由铁心、线圈、衔铁、复位弹簧、触头等组成。常开、常闭混合型继电器内部结构图，如图10-5-1所示。

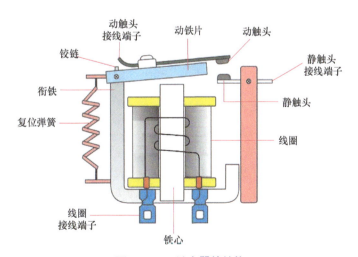

图10-5-1　继电器的结构

2. 继电器的分类

继电器按接通及断开方式可分为常开继电器、常闭继电器，以及常开、常闭混合型继电器。

3. 继电器的工作原理

当开关闭合时，继电器线圈两端加上一定的电压，线圈中就会流过一定的电流，从而产生电磁效应，衔铁就会在电磁力的吸引作用下克服复位弹簧的拉力吸向铁心，从而带动衔铁的动触头与静触头（常开触点）闭合，此时红色灯泡亮起。当线圈断电后，电磁的吸力也随之消失，衔铁就会在复位弹簧的反作用力下返回原来的位置，使动触头与静触头（常闭触点）吸合，此时绿色灯泡亮起。这样通过吸合、释放，可达到在电路中导通、切断的目的。

对于继电器的"常开""常闭"触点，可以这样来区分：继电器线圈未通电时处于断开状态的静触头，称为"常开触点"；处于接通状态的静触头称为"常闭触点"。继电器一般有两个电路，一个为控制电路，另一个为工作电路。

4. 继电器的检测

（1）检测电阻

用万用表电阻档检测继电器 1-2 号端子线圈的阻值，从而判断该线圈是否存在开路或短路现象，如图 10-5-2 所示。

（2）通电检测

如果电阻符合要求，再给继电器线圈加上工作电压，然后用万用表检查继电器 3-5 号端子触点的导通情况，如果是常开触点，触点应闭合，测得电阻为小于 1Ω；如果是常闭触点，触点应断开，测得电阻为无穷大。

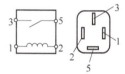

图 10-5-2　继电器端子

六　二极管和晶体管的检查方法

1. 二极管的检测

二极管和晶体管是半导体电路上常见的两种电子元器件。二极管和晶体管虽然形体小，但是作用大，如果失灵将导致整个半导体器件不能正常工作。

（1）二极管的极性判别

普通二极管外壳上一般标有极性，如用箭头、色点、色环或管脚长短等形式做标记。箭头所指方向或靠近色环的一端为阴极，有色点或长管脚为阳极，若标识不清时可用万用表进行判别。用万用表的 R×1k 档（或 R×100 档），两表笔分别接触二极管两个电极，如果二极管导通，表针指在 10kΩ 左右（5k~15kΩ 之间），两表笔反向，表针不动，则二极管导通时黑表笔一端为二极管的正极，红表笔一端为二极管的负极。

（2）二极管的好坏判断

用万用表检测二极管，当有下列现象之一者，二极管损坏或不良：

1）两表笔正反向测量表针均不动，二极管开路。

2）两表笔正反向测量阻值均很小或为 0Ω，二极管短路。

3）正向测量表针指示 10kΩ 左右，反向测量表针指示值亦较小，二极管反向漏电流大，不宜使用。

二极管正、反向电阻阻值差越大，说明其质量越好。

若用数字万用表进行检测，可以直接使用二极管档。对于硅二极管，当红表笔接在管子的正极，黑表笔接在管子的负极，显示数字在 500~700mV 之间为正常；对换表笔再次测量，应无数字显示。对于锗二极管，当红表笔接在管子的正极，黑表笔接在管子的负极，显示数字小于 300mV 为正常。如果两次测量均无数字显示，说明二极管开路；两次测量均为零，说明二极管短路。

2. 晶体管的检测

（1）晶体管的分类

晶体管（也叫三极管）是具有两个 PN 结的三极半导体器件。晶体管种类很多，按制作材料和导电极性不同分为 NPN 硅管、PNP 硅管、NPN 锗管、PNP 锗管，按结构不同分为点接触型晶体管和面接触型晶体管，按功率不同分为大、中、小功率晶体管，按频率不同分低频管、高频管、微波管，按功能和用途不同分为放大管、开关管、达林顿管等。常见晶体管型号如图 10-6-1 所示。

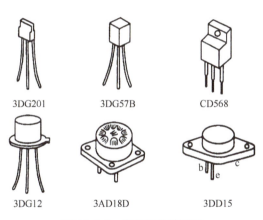

图 10-6-1　常见晶体管型号

（2）管型及管脚的判别

NPN 型和 PNP 型晶体管的 PN 结等效电路如图 10-6-2a 所示。用万用表欧姆档测量集电极 c 和发射极 e，不管表笔怎样连接，总有一个 PN 结处于反向截止状态，所以在晶体管的 3 个电极中，如果测得其中有两个电极正、反向电阻值均较大，则剩下的电极为基极 b。当基极确定后，用黑表笔接基极，红表笔分别和另外两个电极相接，若测得两个电阻均很小，即为 NPN 型晶体管；若测得两个电阻均很大，即为 PNP 型晶体管。

（3）判断集电极和发射极

通过一个 100kΩ 电阻把已知的基极和假定的集电极接通，如果是 NPN 型晶体管，万用表黑表笔接假定的集电极，红表笔接假定的发射极，如图 10-6-2b 所示。此时，万用表上读出一个阻值；然后把假定的集电极和发射极互换，进行第二次测量，两次测量中，测得阻值小的那一次，与黑表笔相接的那一极便是集电极。

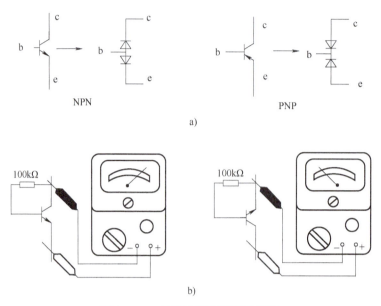

图 10-6-2 万用表判别管型及管脚

> **注意**
> 晶体管的管脚必须正确确认，否则，接入电路中不但不能正常工作，还可能烧坏晶体管。

参 考 文 献

[1] 李昌凤. 汽车故障诊断思路与快修实例 [M]. 北京：机械工业出版社，2019.
[2] 王军，李伟. 电动汽车常见故障诊断与排除 [M]. 北京：机械工业出版社，2021.
[3] 胡欢贵. 纯电动插电混动油电混动汽车维修资料大全 [M]. 北京：机械工业出版社，2019.
[4] 于海东，蔡晓兵. 汽车构造原理从入门到精通 [M]. 北京：机械工业出版社，2020.
[5] 于海东，蔡晓兵. 汽车电工从入门到精通 [M]. 北京：机械工业出版社，2020.

机械工业出版社 | 汽车分社

读者服务

机械工业出版社立足工程科技主业,坚持传播工业技术、工匠技能和工业文化,是集专业出版、教育出版和大众出版于一体的大型综合性科技出版机构。旗下汽车分社面向汽车全产业链提供知识服务,出版服务覆盖包括工程技术人员、研究人员、管理人员等在内的汽车产业从业者,高等院校、职业院校汽车专业师生和广大汽车爱好者、消费者。

一、意见反馈

感谢您购买机械工业出版社出版的图书。我们一直致力于"以专业铸就品质,让阅读更有价值",这离不开您的支持!如果您对本书有任何建议或宝贵意见,请您反馈给我。我社长期接收汽车技术、交通技术、汽车维修、汽车科普、汽车管理及汽车类、交通类教材方面的稿件,欢迎来电来函咨询。

咨询电话:010-88379353　编辑信箱:cmpzhq@163.com

二、课件下载

为满足读者电子阅读需求,我社已全面实现了出版图书的电子化,读者可以通过京东、当当等渠道购买机械工业出版社电子书。获取方式示例:打开京东App—搜索"京东读书"—搜索"(书名)"。

三、教师服务

机械工业出版社汽车分社官方微信公众号——机工汽车,为您提供最新书讯,还可免费收看大咖直播课,参加有奖赠书活动,更有机会获得签名版图书、购书优惠券等专属福利。欢迎关注了解更多信息。

微信公众号
机工汽车

四、购书渠道

编辑微信
13641202052

我社出版的图书在京东、当当、淘宝、天猫及全国各大新华书店均有销售。

团购热线:010-88379735

零售热线:010-68326294　88379203

推荐阅读

书号	书名	作者	定价（元）
汽车维修必读			
9787111715054	动画图解汽车构造原理与维修	胡欢贵	99.90
9787111708261	汽车常见故障诊断与排除速查手册（赠全套352分钟维修微课）（双色印刷）	邱新生，刘国纯	79.00
9787111649571	新能源汽车维修完全自学手册	胡欢贵	85.00
9787111693307	新能源汽车从业人员安全必读	郭栋	99.80
9787111703914	纯电动公交客车从业人员必读	李预明，翟景森，骆瑞清	99.80
9787111712817	汽车改装技术一本通	郭建英，曾丹	89.00
9787111685128	电动汽车常见故障诊断与排除	王军、李伟	69.90
9787111673729	奥迪/大众车系数据流诊断宝典	郭俊辉，戴斌	99.00
9787111634539	图解电动汽车结构·原理·维修	曹砚奎	69.80
9787111649977	汽车电路图识读与电路分析	麻友良，游彩霞	89.00
9787111644224	机动车检验：设备原理与使用指南	崔艳江，姚伟	38.00
9787111634270	教你快速识读汽车电路图	胡欢贵	69.90
9787111592549	汽车使用与维修1000问	赵英勋、丁礼灯	79.00
9787111587583	汽车波形与数据流分析（第3版）	张捷辉	59.90
汽车维修从入门到精通书系			
9787111663546	汽车构造原理从入门到精通（彩色图解＋视频）	于海东，蔡晓兵	78.00
9787111626367	新能源汽车维修从入门到精通（彩色图解＋视频）	杜慧起	89.00
9787111602699	汽车维修从入门到精通（彩色图解＋视频）（附赠汽车故障诊断图表手册）	于海东	78.00
9787111661290	汽车电工从入门到精通（彩色图解＋视频）	于海东，蔡晓兵	78.00
新能源与智能网联汽车维修技术彩色图解丛书			
9787111680024	新能源汽车维修入门彩色图解	康杰，刘福华	89.00
9787111682400	新能源汽车故障诊断技巧彩色图解（上册基础篇）	刘朝丰，陈保山	128.00
9787111682141	新能源汽车故障诊断技巧彩色图解（下册诊断篇）	刘朝丰，陈保山	128.00
新能源汽车维修入门书系			
9787111650546	电动汽车彩色图解：结构原理保养（高清彩图＋动画视频）	王恒	59.00
9787111623427	电动汽车维修快速入门一本通	黄费智	69.00
9787111603450	新能源汽车构造原理与检测维修	北京德和顺天科技有限公司	45.00
9787111602804	新能源汽车关键技术数据速查手册	广州瑞佩尔信息科技有限公司	88.00
9787111613510	新能源汽车关键部件结构图解手册	胡欢贵	99.00
9787111626664	新能源汽车高压及电控系统电路彩色图解	胡欢贵	89.90
9787111653561	新能源汽车关键技术	付铁军、郭传慧、沈斌	89.90

(续)

书号	书名	作者	定价（元）
汽车电工从入门到精通系列			
9787111703518	汽车电气系统原理与电路分析	麻友良，孟芳	79.90
9787111713241	汽车电路与电子技术基础	麻友良，游彩霞	69.90
9787111704348	汽车电子控制系统结构与控制原理	麻友良，杨帆	79.90
9787111704560	汽车数据流分析详解与应用	麻友良，张威	69.90
汽车美容快修专业技能培训视频教程丛书			
9787111688204	汽车机修快修技能教程	谭本忠	79.90
9787111701873	汽车钣金维修技能教程	谭本忠	69.90
9787111694052	汽车喷涂技能教程	谭本忠	69.90
汽车检修技能技巧入门提升系列			
9787111688662	汽车电路图识读、分析、检测、故障诊断	刘春晖，王学军	99.90
9787111677727	汽车传感器结构、原理、拆装、检测、维修	刘春晖，刘逸宁	99.00
9787111680086	汽车控制器与执行器结构、原理、检测、诊断	刘春晖，刘逸宁	89.00
跟我学做一流汽修技师丛书			
9787111687115	汽车维修入门与经验技巧一点通	栾琪文	79.90
9787111673736	自动变速器（AT/CVT/DCT）维修技术与经验集锦（全彩印刷）	李明诚	85.00
9787111670452	彩色图解新能源汽车构造原理与检修（全彩印刷）	吴荣辉	159.00
9787111624950	汽车电器维修技术与经验集锦	李明诚	69.00
9787111613091	图解汽车波形分析与诊断应用	焦建刚	79.00
9787111592747	汽车故障诊断一点通	栾琪文	65.00
9787111518112	汽车发动机电脑控制系统故障与维修（第2版）	祁栋玉	59.00
9787111475149	最实用的汽车电工维修经验与技巧	吴文琳	49.50
汽车维修技能与技巧点拨丛书			
9787111680512	汽车维修技能与技巧点拨	刘春晖，王学军	79.90
9787111660897	汽车底盘控制系统维修技能与技巧点拨	刘春晖	59.90
9787111682332	汽车自动变速器维修技能与技巧点拨	刘春晖，殷海访	69.90
9787111677314	汽车空调系统维修技能与技巧点拨	刘春晖	69.90
9787111673859	汽车发动机维修技能与技巧点拨	刘春晖	69.90
9787111675440	汽车车身控制系统维修技能与技巧点拨	刘春晖、郭长保	69.90
9787111675495	汽车中控门锁与防盗系统维修技能与技巧点拨	刘春晖、何运丽	69.90
9787111673781	汽车车载网络系统维修技能与技巧点拨	刘春晖、王桂波	69.90
9787111650461	新能源汽车维修技能与技巧点拨	刘春晖、魏代礼	59.90
9787111650195	汽车电工维修技能与技巧点拨	刘春晖、王淑芳	59.90